KEJIXING ZHONGXIAOQIYE
ZHISHI CHANQUAN CHENGZHA

科技型中小企业自主知识产权成长机制研究

易蓉 ⊙ 著

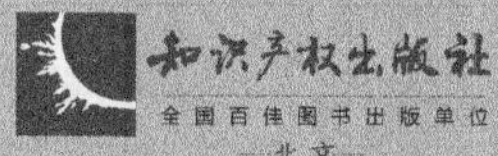

图书在版编目（CIP）数据

科技型中小企业自主知识产权成长机制研究／易蓉著．—北京：知识产权出版社，2023.4
ISBN 978-7-5130-8688-2

Ⅰ．①科…　Ⅱ．①易…　Ⅲ．①高技术企业—中小企业—知识产权—研究—中国
Ⅳ．① D923.404

中国国家版本馆 CIP 数据核字（2023）第 036016 号

内容提要

本书从我国科技型中小企业自主知识产权开发和保护管理的实际需要出发，从企业视角系统研究知识产权管理的脉络，分析科技型中小企业在知识产权管理方面存在的问题，对企业自主创新知识产权管理各阶段的风险要素进行识别并提出风险防范建议。

本书可供知识产权管理及知识产权法专业研究生、相关领域研究学者等阅读使用。

责任编辑：曹婧文　　**责任印制**：孙婷婷

科技型中小企业自主知识产权成长机制研究

易　蓉　著

出版发行：知识产权出版社有限责任公司	**网　　址**：http：//www.ipph.cn
电　　话：010-82004826	http：//www.laichushu.com
社　　址：北京市海淀区气象路 50 号院	**邮　　编**：100081
责编电话：010-82000860 转 8763	**责编邮箱**：laichushu@cnipr.com
发行电话：010-82000860 转 8101	**发行传真**：010-82000893
印　　刷：北京中献拓方科技发展有限公司	**经　　销**：新华书店、各大网上书店及相关专业书店
开　　本：720mm × 1000mm　1/16	**印　　张**：20.5
版　　次：2023 年 4 月第 1 版	**印　　次**：2023 年 4 月第 1 次印刷
字　　数：285 千字	**定　　价**：88.00 元

ISBN 978-7-5130-8688-2

前　言

在世界经济复杂多变的环境下，知识产权成为保障科技型中小企业成功创业和促进企业快速发展的主要抓手。中国企业当前正面临以美国为首的跨国企业借保护知识产权之名，实则抑制我国产品出口的严峻挑战，我国自 2008 年实施《国家知识产权战略纲要》以来，出台了一系列与知识产权保护相关的政策和规划，知识产权事业发展产生了巨大的历史性变革，更体现出知识产权是提高我国科技型中小企业竞争力最大的激励，是关乎国家安全的重要支撑。在日益激烈的市场竞争环境中，企业也成为知识产权所保护的主体，其所拥有的资源也成为获得和保持竞争优势的基础，同时企业也是知识产权保护的最大受益者。在所有的社会资源中，知识资源既是一种重要的资源，也是促进企业长效发展的基础。在我国企业中，特别是科技型中小企业普遍面临着自主知识产权开发动力不足，技术创新、新产品开发失败率较高，知识管理水平落后等问题，这些现象严重制约了科技型中小企业的发展。因此，无论是理论界还是实践界都需要结合我国企业实际情况，重新审视自主知识产权成长机制，探讨如何减少知识管理中存在的不确定性风险，健全科技型中小企业的自主知识产权的管理体系。本书的主要内容如下：

第一，本书从我国科技型中小企业自主知识产权开发和保护管理的实际需要出发，提出了研究的背景和意义；对本书的核心问题进行了概念界定，提出了本书的焦点问题；通过文献分析，梳理了国内外学者关于企业自主知识产权成长机制、自主知识产权开发与管理、自主知识产权风险预警方面的研究成果，系统研究了从企业视角进行知识产权管理的脉络；从实践视角对我国科技型中小企业自主知识产权管理的发展历程进行了梳理，分析了目前科技型中小企业在自主知识产权管理方面存在的问题。通过比较分析对发达国家知识产权管理的有益经验进行整理，得到了重要的经验启示。

第二，从科技型中小企业知识产权战略的概念入手，阐述了科技型中小企业实施知识产权战略的意义，以及知识产权战略的组织和实施方法，为科技型中小企业在自主知识产权战略指导下开展技术创新提供理论指导。其次，分析了科技型中小企业知识产权的主要来源和技术创新与新产品开发之间的关系，提出了科技型中小企业培育技术创新能力的方法，分析了企业技术创新能力系统的内涵与特性，以及技术创新能力系统对企业创造自主知识产权的作用。

第三，本书先从企业内生视角，对科技型中小企业自主知识产权生成机制内生要素进行了识别，应用系统动力学模型构建了科技型中小企业自主知识产权内在生成机制形成的反馈回路，并利用调查获取的企业真实数据对模型进行仿真分析，探究关键影响变量对内生机制的影响作用及关系；又从企业外部环境视角，识别了影响科技型中小企业自主知识产权生成的外部影响因素，并应用协同创新的思想，分析了外部影响因素的协同作用机制；还构建出科技型中小企业自主知识产权系统成长的自组织演化框架，提出了科技型中小企业在自主知识产权成长过程中，随着技术创新项目的进行和自主知识产权的成长，形成“创新—自主知识产权—优势形成（知识高地）—创新”螺旋上升的良性循环机制，刻画出科技型中小企业自主创新动态能力的演进过程。

第四，基于自主知识产权生成过程视角，本书对自主创新知识产权形成阶段、自主知识产权开发阶段、自主知识产权成果化阶段和自主知识产权应用阶段，分别进行了风险要素识别；构建了自主知识产权风险预警体系，设计了知识产权风险预警流程，从风险源视角设计了风险预警指标，采用多级模糊综合评价方法对风险进行评价。结合过程视角和风险源视角提出知识产权风险防范对策。选取典型科技型中小企业，通过实地调研、访谈、问卷等方法采集企业自主知识产权开发与管理的实际数据和资料，验证本书的结论，对研究成果进行了应用性研究，并提出今后需要进一步研究的问题。

第五，本书在最后部分介绍了科技型中小企业自主知识产权保护的主要内容。首先，分析了科技型中小企业自主知识产权保护的重要性和保护现状。其次，从国家及社会和企业内部两方面提出了加强自主知识产权保护的方法。最后，介绍了知识产权保护的国际法律规制和国内法律规制，分析了我国知识产权司法保护现状。选取了商标侵权、反不正当竞争、专利及商业秘密等经典案件的判决进行了案例分析。通过案例分析，从科技型中小企业知识产权法律保护验证应用中得到管理启示。

本书采用文献研究与实地调研相结合、统计分析与案例研究相结合、定性研究与定量研究相结合的复合研究方法，在现有研究的基础上做出了如下的创新：从内外部两个视角系统分析了科技型中小企业自主知识产权的成长机制；运用复杂系统相关理论，研究自主知识产权成长的演化过程，构建了科技型中小企业自主知识产权的自组织成长系统，并研究了企业内部各子系统之间的协同作用；对现有知识产权风险预警研究进行了深化，突破现有研究大多集中于知识产权风险的识别、风险评价和对策控制，从自主知识产权开发的过程视角构建了风险防控流程系统，将整个系统分为风险识别子系统、风险评价子系统和风险预警子系统，有利于企业在知识产权开发的全过程中防控风险。

目　录

第 1 章　绪　论……1

1.1　研究背景与意义……2

1.2　概念界定……5

1.3　研究思路、研究内容与研究方法……15

1.4　研究的创新之处……22

第 2 章　国内外相关研究现状与发展动态评述……24

2.1　国内外研究现状评述……24

2.2　科技型中小企业自主知识产权管理发展的历程……30

第 3 章　科技型中小企业自主知识产权的形成机理……51

3.1　自主知识产权战略指导下的科技型中小企业创新……53

3.2　技术创新促进科技型中小企业自主知识产权的形成……67

3.3　技术创新能力系统对企业形成自主知识产权的作用……88

第 4 章　科技型中小企业自主知识产权的成长要素……97

4.1　科技型中小企业自主知识产权内生识别要素……97

4.2　科技型中小企业自主知识产权外部识别要素与作用机制……116

第 5 章　科技型中小企业自主知识产权的成长机制……132

5.1　科技型中小企业自主知识产权的成长过程……133

5.2　科技型中小企业自主知识产权的创新能力……145

第 6 章　科技型中小企业自主知识产权风险预警分析……154

6.1　基于自主知识产权生成过程的风险要素识别……155

6.2　知识产权风险预警体系构建……158

第 7 章　科技型中小企业自主知识产权成长机制和风险预警案例研究……178

7.1　研究方法与设计……178

7.2　苏州世名科技股份有限公司的自主知识产权管理分析……181

7.3　天紫环保投资股份有限公司的自主知识产权管理分析……200

第 8 章　科技型中小企业自主知识产权保护……214

8.1　科技型中小企业自主知识产权保护的主要内容……214

8.2　加强科技型中小企业自主知识产权保护的方法……230

8.3　知识产权保护的法律规制……241

第 9 章 科技型中小企业知识产权法律保护案例及管理启示……249
9.1 侵害商标权及不正当竞争案例分析……249
9.2 专利纠纷案例分析……257
9.3 侵害商业秘密纠纷案……270
9.4 典型案例对科技型中小企业知识产权保护的启示……276

第 10 章 研究结论及展望……282
10.1 本书总结……282
10.2 管理建议……285
10.3 研究不足及展望……286

参考文献……288
附 录……304

第1章 绪 论

近年来，我国坚持创新引领发展，知识产权量质齐升；严格的知识产权保护为国内外企业塑造了公平良好的营商环境；以知识产权为桥梁促进国际合作共赢。随着创新发展理念深入人心以及创新驱动发展战略的实施，中国知识产权保护工作不断取得新进展。2008 年，我国正式颁布了《国家知识产权战略纲要》; 2015 年，国务院提出加快知识产权强国建设；国家《智能制造发展规划（2016—2020 年）》提出，加强关键共性技术创新，突破一批关键共性技术，布局和积累一批核心知识产权;2017 年 1 月 13 日，国务院印发《“十三五”国家知识产权保护和运用规划》;2018 年 3 月国务院办公厅发布《关于印发〈知识产权对外转让有关工作办法（试行）〉的通知》; 2021 年 3 月 14 日，十三届全国人大四次会议通过《中华人民共和国国民经济和社会发展第十四个五年规划和 2035 年远景目标纲要》; 2021 年 9 月 22 日，中共中央、国务院印发《知识产权强国建设纲要（2021—2035 年）》; 2021 年 10 月 9 日，国务院印发《“十四五”国家知识产权保护和运用规划》。习近平总书记在博鳌亚洲论坛 2018 年年会的讲话中特意提出要“加强知识产权保护”，并在论述中强调了目前我国加强知识产权保护的重大举措。随着科技创新的快速发展，中国知识产权规模连年高速增长，国际影响力与日俱增，由此知识产权保护和管理工作进入了一个新的发展阶段。

企业在日益激烈的市场竞争环境中，其所拥有的资源成为获得和保持竞争优势的基础，企业也成为知识产权所保护的主体，同时也是知识产权保护的最大受益者。在所有资源中，知识资源既是一种重要的资源，也是企业有效利用其他资源的基础。而我国企业，特别是中小企业普遍面临着知识产权开发动力不足、知识开发失败率高、知识管理水平落后的问题，这严重制约了中小企业的壮大和发展。因此，无论是理论界还是实践界都需要结合我国企业实际情况，审视知识产权成长机制，探讨如何减少知识管理中存在的不确定性风险。

1.1 研究背景与意义

1.1.1 研究的背景

在世界经济迅猛发展的经济环境下，知识产权是科技型企业创业和快速发展的核心竞争力。中国企业当前正面临跨国公司知识产权大兵压境的严峻挑战，科技型中小企业作为我国企业的重要组成部分，在研发新产品技术、申请专利、提供就业机会、维护社会安定等方面都发挥着不可替代的作用，构成我国经济中一股重要的力量。2014 年国家知识产权局在《深入实施国家知识产权战略行动计划（2014—2020 年）》（以下简称《行动计划》）中指出，近年来，党中央、国务院高度重视知识产权工作，《行动计划》明确提出了“努力建设知识产权强国”的新目标。2015 年 1 月 25 日，由国务院发展研究中心、中国企业评价协会组织编纂的《中国企业自主创新评价报告（2014）》正式发布。其中数据显示，2013 年我国全年研究与试验发展（R&D）经费支出达到 11906 亿元，占国内生产总值的 2.09%；研发人员占全球总量的 29.2%，居世界第一；国际科学论文数量居世界第二，高被引论文数量居世界第四；我国发明专利申请量和授权量分别居世界第一和第二，占到全球总量的 37.9% 和 22.3%；全国有效期内的高新技术企业数量近 6 万家；创业板上市企业中高新技术企业占 93%。由此看来，从数量上我国已经成为知识产权大国，但是又存在大而不强、多而不优的情况，知识产权的总体质量和运用效益不高。报告也显示，目前我国企业因为研发费用过高和研发偿还期过长、研发风险大、缺乏研发及维护资金和技术人员等影响因素，使企业自主创新在总体上仍然以引进技术消化吸收再创新为首选，而原始创新积极性并不高。

科技型中小企业是典型的知识产权型企业，尤其是科技型中小企业自主知识产权的拥有量不仅关系到企业自身的发展命运，而且关系到行业、区域和国家创新能力以及核心竞争的能力。在各个行业及各类企业中，科技型中小企业创新效率比较高，试错成本相对较低，是国家创新的根基。我国的科技型中小企业是“产学研”一体、科技成果转化的推动力量，也是推动多元化多层次市场形成的主体。它能够推进现代产业结构升级，推动建立完整产业链，助力开拓新兴市场增值业务。中小企业中将层出不穷地成长出如华为、腾讯、阿里巴巴、百度等优强的科技型企业。在 2015 年 1 月科学技术部印发的《关于进一步推动科技型中小企业创新发展的若干意见》中指出，我国科技型中小企业仍然面临创新能力有待加强、创业环境有待优化等问题，政府要鼓励科技创业，引导金融机构面向科技型中小企业开展服务创新，拓宽融资渠道。

1.1.2 研究的意义

1. 理论意义

知识产权是人们因其智力活动和其他活动而完成的智力成果，是一门跨学科的交叉学科。从法律的角度看，知识产权是一种民事权利，相关的法律规定了知识产权的产生、归属及使用等；从经济学的角度看，知识产权具有价值和使用价值；从管理学的角度看，知识产权是一种可供使用的资本性资源。

① 本书综合运用各个学科的理论和方法，借鉴不同领域的研究成果，采用不同学科的研究方法，从管理学、经济学、法学等不同的视角，对我国科技型中小企业自主知识产权成长机制和风险预警进行系统研究。

② 本书通过分析科技型中小企业自主知识产权的管理现状，对该类型企业如何建立有效的自主知识产权保护体制提出对策与建议。本书提出，通过鼓励提高创新能力来促进技术进步，可以能够引导和鼓励科技型中小企业自主创新，进而将创新成果尽快地产业化。

2. 现实意义

随着经济科技全球化和知识经济的发展，决定企业竞争优势的主要因素已从过去的自然资源和廉价劳动力转向创新能力、技术和管理优势。随着知识经济的不断发展和深化，自主知识产权已经成为衡量国家和企业核心竞争力的重要指标，本书有以下两方面现实意义。

① 有助于科技型中小企业建立并完善自主知识产权管理体系。当前，我国中小企业的发展正面临前所未有的困境和挑战，正面临产业转型和升级的考验。

研究我国中小企业自主知识产权的成长机制，提高我国中小企业的创新效率，缩短研发周期，帮助中小企业提高自主知识产权的成长速度和成功概率，有效获取并促进自主知识产权成长，从而对提高我国中小企业的核心竞争力，具有重要意义。

② 有利于政府部门制定有效的政策。全球创新制胜的发展形势下，政府要鼓励和保护企业创新，必然要制定出行之有效的政策体系，有关部门可以根据科技型中小企业的特质，有针对性地对其健康快速的发展提供相应的指导意见，并从法律层面上对自主知识产权提供保障，充分调动企业自主创新的积极性，使中小企业变大变强，在竞争激烈的全球市场中占有不可替代的地位。

1.2 概念界定

本书选择从企业视角研究自主知识产权的成长机制和风险管理问题。为了使研究更具有针对性，本书将研究的企业类型限定于科技型中小企业。它们是我国优化经济结构、促进就业、实现自主创新的基础力量，也是最具有创新活力的企业类型，同时也是进行自主知识产权开发的主力军。以天津为例，2016年全市科技型中小企业专利申请量年均增长30%以上，拥有有效专利3.4万件，占全市企业专利拥有量的44%。本书在进行知识产权管理问题研究时，将研究对象聚焦于自主知识产权，我国已提出建设创新型国家的国家战略，而自主知识产权正是“自主创新”的核心支撑和重要基础。因此，本书的两个核心概念是科技型中小企业和自主知识产权。

1.2.1 科技型中小企业的界定

1. 中小企业

在对科技型中小企业界定之前，首先应对中小企业的界定进行说明。中小企业是相对于大型企业和小微企业而产生的一个概念，不同国家、不同行业所界定出来的标准也是不一样的。但是都是从定性和定量两个方面来界定中小企业。大部分国家是将行业、组织形式等作为定性的指标，将营业收入、从业人员数量、资产总值等作为定量的指标。国外中小企业的划型标准见表 1.1。

表 1.1 国外中小企业的划型标准

国家	行业分类	从业人员数量 / 人	营业收入
美国	制造业	500 以下	600 万美元以下
	服务业	100 以下	600 万美元以下
日本	制造业	300 以下	3 亿日元以下
	服务业	100 以下	5 000 万日元以下
德国	制造业	500 以下	1 亿欧元以下
	服务业	50 以下	200 万欧元以下

根据我国工业和信息化部、国家统计局、国家发展和改革委员会、财政部研究制定并于 2011 年出台的《中小企业划型标准规定》，我国中小企业划分为中型、小型、微型三种类型，具体标准根据企业从业人员、营业收入、资产总额等指标，结合行业特点制定。具体划分标准见表 1.2。

表 1.2　我国中小企业的划型标准

行业名称	划型标准	企业规模	条件说明
农、林、牧、渔业	从业人员数 / 人	1 000 以下	同时满足
	营业收入 / 万元	20 000 以下	
工业	从业人员数 / 人	1 000 以下	同时满足
	营业收入 / 万元	40 000 以下	
建筑业	营业收入 / 万元	80 000 以下	同时满足
	资产总额 / 万元	80 000 以下	
批发业	从业人员数 / 人	200 以下	同时满足
	营业收入 / 万元	400 000 以下	
零售业	从业人员数 / 人	300 以下	同时满足
	营业收入 / 万元	20 000 以下	
交通运输业	从业人员数 / 人	1 000 以下	同时满足
	营业收入 / 万元	30 000 以下	
仓储业	从业人员数 / 人	200 以下	同时满足
	营业收入 / 万元	30 000 以下	
邮政业	从业人员数 / 人	1 000 以下	同时满足
	营业收入 / 万元	30 000 以下	
住宿业	从业人员数 / 人	300 以下	同时满足
	营业收入 / 万元	10 000 以下	
餐饮业	从业人员数 / 人	300 以下	同时满足
	营业收入 / 万元	10 000 以下	
信息传输业	从业人员数 / 人	2 000 以下	同时满足
	营业收入 / 万元	100 000 以下	
软件和信息技术服务业	从业人员数 / 人	300 以下	同时满足
	营业收入 / 万元	10 000 以下	
房地产开发经营业	从业人员数 / 人	200 000 以下	同时满足
	营业收入 / 万元	10 000 以下	

续表

行业名称	划型标准	企业规模	条件说明
物业管理	从业人员数 / 人	1 000 以下	同时满足
	营业收入 / 万元	5 000 以下	
租赁和商务服务业	从业人员数 / 人	300 以下	同时满足
	资产总额 / 万元	120 000 以下	
其他行业	从业人员数 / 人	300 以下	同时满足

2. 科技型中小企业

科技型中小企业这一概念，目前还没有统一定义。对于科技型中小企业，国际上主要称为高新技术中小企业，大多是指主要以高新技术为企业主要核心竞争力，利用创造企业技术价值资源驱动企业成长的中小型企业，包括自主创新、技术研发到转化为知识产权，实现产业化的全部过程。

2009 年中国银行业监督管理委员会和科学技术部联合发布的《关于进一步加大对科技型中小企业信贷支持的指导意见》，确定科技型中小企业应符合以下几个标准。

① 符合中小企业国家标准。

② 企业产品（服务）属于《国家重点支持的高新技术领域》的范围：电子信息技术、生物与新医药技术、航空航天技术、新材料技术、高技术服务业、新能源及节能技术、资源与环境技术、高新技术改造传统产业。

③ 企业当年研究开发费（技术开发费）占企业总收入的 3% 以上。

④ 企业有原始性创新、集成创新、引进消化再创新等可持续的技术创新活动，有专门从事研发的部门或机构。

同年，商务部、科学技术部发布的《关于鼓励科技型企业“走出去”的若干意见》中关于科技型企业的认定标准为符合以下条件之一的即可认定为科技型企业。

① 经省级以上人民政府科技主管部门认定的高新技术企业。

② 在中国境内注册，并同时具备下列条件的企业可由省级以上人民政府科技主管部门进行认定：具有企业法人资格；具有大专以上学历的科技人员占企业职工总数 20% 以上，直接从事研究开发的科技人员占职工总数的 5% 以上；企业每年用于高新技术及其产品研究开发的经费占本企业当年总销售额的 3% 以上；企业技术性收入与高新技术产品销售收入的总和占本企业当年收入的 50% 以上；新办企业在高新技术领域的投入占总投入 50% 以上。

在《2013 年科技型中小企业技术创新基金项目指南》中，“电子信息”“生物医药”“新材料”“光机电一体化”“环境与资源”“新能源与高效节能”“新能源汽车”“现代农业”等 8 个领域被列为创新基金优先支持的技术领域。

科技型中小企业应同时满足科技型企业和中小企业的两方面规定。综合以上规定内容，科技型中小企业是以高新技术及产品的研制开发、生产转化和销售经营为主体业务的中小企业，前期需要投入的智力劳动、时间成本及人力成本比较高。

具体来说，科技型中小企业应满足以下条件，划分标准见表 1.3。

表 1.3　科技型中小企业界定标准

行业名称	划型标准	企业规模	条件说明
农、林、牧、渔业	从业人员数 / 人	1 000 以下	同时满足
	营业收入 / 万元	20 000 以下	
工业	从业人员数 / 人	1 000 以下	同时满足
	营业收入 / 万元	40 000 以下	

续表

行业名称	划型标准	企业规模	条件说明
建筑业	营业收入 / 万元	80 000 以下	同时满足
	资产总额 / 万元	80 000 以下	
批发业	从业人员数 / 人	200 以下	同时满足
	营业收入 / 万元	400 000 以下	
零售业	从业人员数 / 人	300 以下	同时满足
	营业收入 / 万元	20 000 以下	
交通运输业	从业人员数 / 人	1 000 以下	同时满足
	营业收入 / 万元	30 000 以下	
仓储业	从业人员数 / 人	200 以下	同时满足
	营业收入 / 万元	30 000 以下	
邮政业	从业人员数 / 人	1 000 以下	同时满足
	营业收入 / 万元	30 000 以下	
住宿业	从业人员数 / 人	300 以下	同时满足
	营业收入 / 万元	10 000 以下	
餐饮业	从业人员数 / 人	300 以下	同时满足
	营业收入 / 万元	10 000 以下	
信息传输业	从业人员数 / 人	2 000 以下	同时满足
	营业收入 / 万元	100 000 以下	
软件和信息技术服务业	从业人员数 / 人	300 以下	同时满足
	营业收入 / 万元	10 000 以下	
房地产开发经营业	从业人员数 / 人	200 000 以下	同时满足
	营业收入 / 万元	10 000 以下	
物业管理	从业人员数 / 人	1 000 以下	同时满足
	营业收入 / 万元	5 000 以下	
租赁和商务服务业	从业人员数 / 人	300 以下	同时满足
	营业收入 / 万元	120 000 以下	
其他行业	从业人员数 / 人	300 以下	同时满足

① 行业范围：电子信息、生物医药、新材料、光机电一体化、环境与资源、新能源与高效节能、新能源汽车、现代农业。

② 认定标准：在中国境内注册，具备企业法人资格，基本具备健全的财务管理制度；具有大专以上学历的科技人员占企业职工总数 20% 以上，电子信息、高技术服务业中要求该比例为 30% 以上（微型企业除外）；直接从事研究开发的科技人员占职工总数的 10% 以上，微型企业该比例要求为 5% 以上；企业每年用于高新技术及其产品研究开发的经费占本企业当年总销售额的 3% 以上（微型企业不受此限制）；企业技术性收入与高新技术产品销售收入的总和占本企业当年收入的 50% 以上（微型企业不受此限制）；省级以上人民政府科技主管部门有权对科技型企业进行认定。

③ 企业规模：根据企业所属的具体行业、从业人员数、营业收入等符合《中小企业划型标准规定》中关于中小企业、中型企业、小型企业及微型企业划型标准的。

综合以上，本书所研究的科技型中小企业主要是指同时符合上述从业人员和销售收入条件的企业规模，并以技术自主创新能力为主要核心竞争力，以自主知识产权产品转化为生产力的科技驱动的企业。

1.2.2　自主知识产权的界定

1. 知识产权

知识产权（Intellectual Property）是指法律赋予人们对其智力成果，在一定期限和地域内享有的一种专有权。知识本身是无形的，它以智力成果或者知识产品的形式存在，法律一般要求创造者要对其智力成果或者知识产品有一个书面描述，然后在相关的管理机关登记备案，创造者取得相应的权利证明文件。知识产权与汽车、房屋这些实物资产一样，具有价值和使用价值，受国家法律保护。

知识（财产）所有权是由17世纪中期法国卡普佐夫提出的一种权利范畴，比利时学者皮卡弟在其基础上发展，将知识产权作为一种特殊的权利范围来研究，区别于对物的所有权。1967年《世界知识产权组织公约》签订，把知识产权定义为人类智力创造的成果所产生的权利。

关于知识产权的范围界定，有广义知识产权和狭义知识产权之分。广义知识产权包括著作权、邻接权、商标权、商号权、商业秘密权、产地标记权、专利权、集成电路布图设计权、新植物品种权等各种权利。主要由《成立世界知识产权组织公约》（WIPO公约）和《与贸易有关的知识产权协定》（TRIPs）来界定，但是二者的界定又有所差异。1967年签订的《成立世界知识产权组织公约》，知识产权的范围包括一切人类智力创作的成果。该公约第2条具体规定了以下权利：① 关于文学、艺术和科学作品的权利；② 关于表演艺术家的表演活动、录音制品和广播的权利；③ 关于人们在一切领域中的发明的权利；④ 关于科学发明的权利；⑤ 关于工业品外观设计的权利；⑥ 关于商品商标、服务标记、厂商名称和其他商业标记的权利；⑦ 关于制止不正当竞争的权利；⑧ 在工业、科学和文学艺术领域中一切其他来自智力活动的权利。1994年关税及贸易总协定各缔约方所签订的《知识产权协定》，其知识产权的范围包括：① 著作权及其相关权利（即邻接权）；② 商标权；③ 地理标识权；④ 工业品外观设计权；⑤ 专利权；⑥ 集成电路布图设计权；⑦ 未公开信息专有权（即商业秘密权）。我国已经加入了世界贸易组织（WTO），接受并适用TRIPs，所以我国的知识产权保护的范围大致与 TRIPs 相同，具体包括：① 著作权（文学、科学和艺术作品、计算机软件等）；② 邻接权（出版物、演出、录音录像以及广播电视节目）；③ 发现权（科学发现）；④ 专利权（发明、实用新型、外观设计）；⑤ 发明权和其他科技成果权（发明、科学技术进步、合理化建议、技术改进）；⑥ 商标权（商标及服务标记）。与 WIPO 和 TRIPs 保护的知识产权范围有所差异，我国将发明权、发现权和其他科技成果权也纳入了知识产权的保护范围。

狭义知识产权一般认为包括著作权（版权）和工业产权，其中著作权包括作者权和传播者权（即邻接权），工业产权包括专利权、商标权、禁止不正当竞争权等。我国立法采用狭义知识产权，围绕着著作权、专利权、商标权这三大类权利，目前分别制定了各自的单行法，包括《中华人民共和国著作权法》《中华人民共和国商标法》《中华人民共和国专利法》《计算机软件保护条例》《集成电路布图设计保护条例》，它们构成了我国知识产权法体系的主体部分。我国《中华人民共和国反不正当竞争法》也涉及对于商业秘密的保护，但商业秘密与一般知识产权（商标权、专利权、著作权）相比具有特殊性，商业秘密首先必须是处于秘密状态的信息，不可能从公开的渠道所获悉。我国著作权、商标权、专利权及商业秘密的具体保护范围见表 1.4。

表 1.4　我国著作权、商标权、专利权、商业秘密保护范围对比

项目	著作权	商标权	专利权	商业秘密
保护主体	著作权人 作者	商标权人	专利权人	持有人
保护客体	文学、艺术和科学著作创作的客观表达形式	商品、服务的品牌标识及商誉	新技术	具有商业价值的信息

续表

项目	著作权	商标权	专利权	商业秘密
保护期限	作者终生及死后 50 年	注册之日起 10 年（但可申请续展）	申请之日起，发明 20 年，实用新型和外观设计 10 年	没有固定期限
保护要件	独创性、原创性	显著性	新颖性、实用性、进步性	采取适当的保密措施
取得形式	自动取得	注册取得 申请在先原则	申请登记取得	自动取得
权利范围	作品的发表权、修改权、保护作品完整权、使用权和获得报酬权	指定商品使用商标的权利	排除他人制造、买卖、使用的权利	采取保护措施的技术及商业信息
保护目的	保护作者的创作作品	鼓励、保护发明创造	保障商标的专用权	保护技术和商业信息

2. 自主知识产权

自主知识产权是我国独创的词汇，与知识产权不同，这不是一个法律用语。它是指知识产权权利人通过创新或以其他方式主动获得的不受或较少受到他人知识产权影响并能获得全部或大部分实施收益的知识产权。国内众多学者对于自主知识产权的定义多源于 2000 年 11 月科学技术部颁布的《高科技产业自主知识产权认定指南》中对自主知识产权的界定：自主知识产权是中国自然人、法人或非法人单位主导研究开发、设计而创作形成的，并由其依法自主享有实现该技术权益的知识产权。申请人在从中国其他自然人、法人或非法人单位处继续取得的自主知识产权基础上进行二次开发而形成的知识产权视为自主知识产权。它包括三方面的含义：① 所称的中国法人或非法人单位是指其原始资本构成中，外资不占主导地位的法人或非法人单位；② 所称“主导研究开发、设计”包括独立自主的研究开发或设计创作，也包括在与他人的合作中己方的创造性劳动占主要地位的研究开发或设计创作；③ 所称知识产权包括发明专利、新科技产品、外观设计、有关科技成果方面的专有技术、计算机软件（含数据库、多媒体及网络产品）、集成电路芯片布图设计、动植物新品种、中药保护品种。由此可以看出，自主知识产权应当是自行研发、委托研发或合作研发所原始取得的知识产权，同时自主知识产权要求知识产权人的创造行为蕴含于知识产品中，既包括开拓性的发明创造又包括在原有技术基础上的改进。

企业获得自主知识产权有多种途径，主要包括自主创新、委托研发、收购兼并、资产置换等，其中自主创新是获得自主知识产权的主要途径。自主创新是以己为主，发展与整合创新资源、掌握核心技术、获取自主知识产权、提高创新能力的创新活动，主要包括原始性创新、改进性创新和集成创新。自主创新的关键和核心是生成自主知识产权，而自主知识产权是自主创新的产权化和法律保障。

本书中所说的自主知识产权主要是指中国境内的自然人、企业或其他组织通过自身技术创新所取得的知识产权，包括著作权、商标权、专利权和技术秘密。

1.3 研究思路、研究内容与研究方法

1.3.1 研究思路

本书从科技型中小企业持续成长的现实困境出发，在对国内外相关文献进

行回顾与评述的基础上，研究如何推动企业进行自主知识产权开发并促进知识产权成果转化，最终形成企业持续发展的动态创新能力问题。本书从自主知识产权成长的过程视角来展开：首先，研究自主知识产权的成长要素，通过对我国 27 家科技型中小企业真实数据分析和系统仿真，确定自主知识产权的内生成长要素和外部影响要素，并分析了内外部因素的协同作用机制；其次，基于自组织理论研究了科技型中小企业自主知识产权的成长机制，指出形成企业动态创新能力是自主知识产权开发的目的和效果，并构建了动态创新能力的能力要素与持续创新成长机制；再次，作为自主知识产权开发的保障支撑，从过程管理视角和风险源视角构建了自主知识产权风险预警体系，最后，结合案例研究给出本书的结论和建议。研究思路如图 1.1 所示。

1.3.2 研究内容

本书根据设定的研究逻辑框架，将研究主要内容分为 10 个部分，如图 1.2 所示。

第 1 章——绪论。主要从我国科技型中小企业自主知识产权开发和保护管理的实际需要出发，提出了研究的背景和意义；对本书的核心问题进行了概念界定，提出了研究的焦点问题；构建了研究的逻辑框架；提出了研究的思路和方法；最后，说明了研究的创新之处。

第 2 章——国内外相关研究现状与发展动态评述。首先，从理论视角，通过文献分析，梳理了国内外学者关于企业自主知识产权成长机制、自主知识产权开发与管理、自主知识产权风险预警方面的研究成果，系统研究了从企业视角进行知识产权管理的研究脉络，提出了本书的空白点和机会。其次，从实践

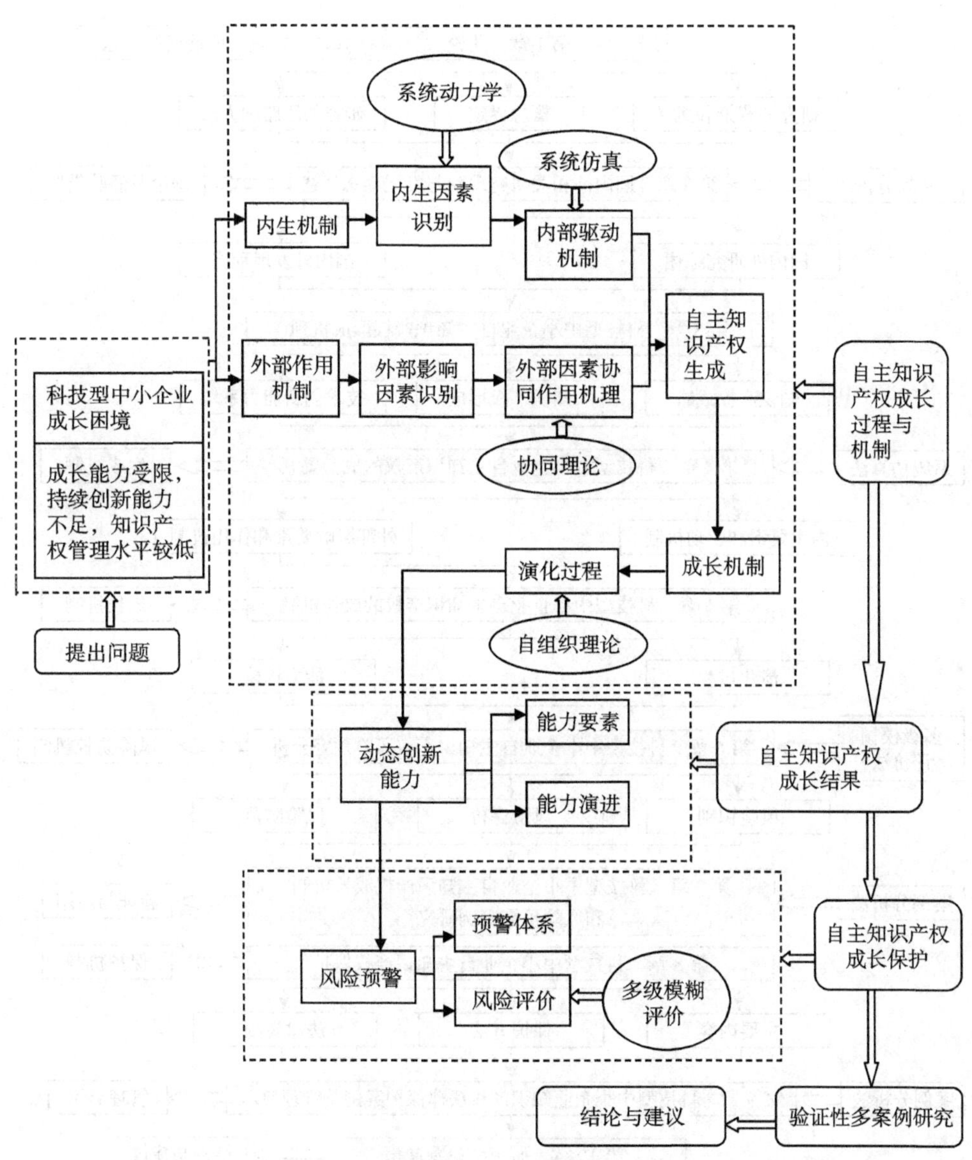
系统动力学
系统仿真
内生机制
内生因素识别
内部驱动机制
自主知识产权生成
外部作用机制
外部影响因素识别
外部因素协同作用机理
协同理论
自主知识产权成长过程与机制
科技型中小企业成长困境
成长能力受限，持续创新能力不足，知识产权管理水平较低
提出问题
成长机制
演化过程
自组织理论
动态创新能力
能力要素
能力演进
自主知识产权成长结果
预警体系
风险预警
风险评价
多级模糊评价
自主知识产权成长保护
结论与建议
验证性多案例研究

图 1.1 研究思路

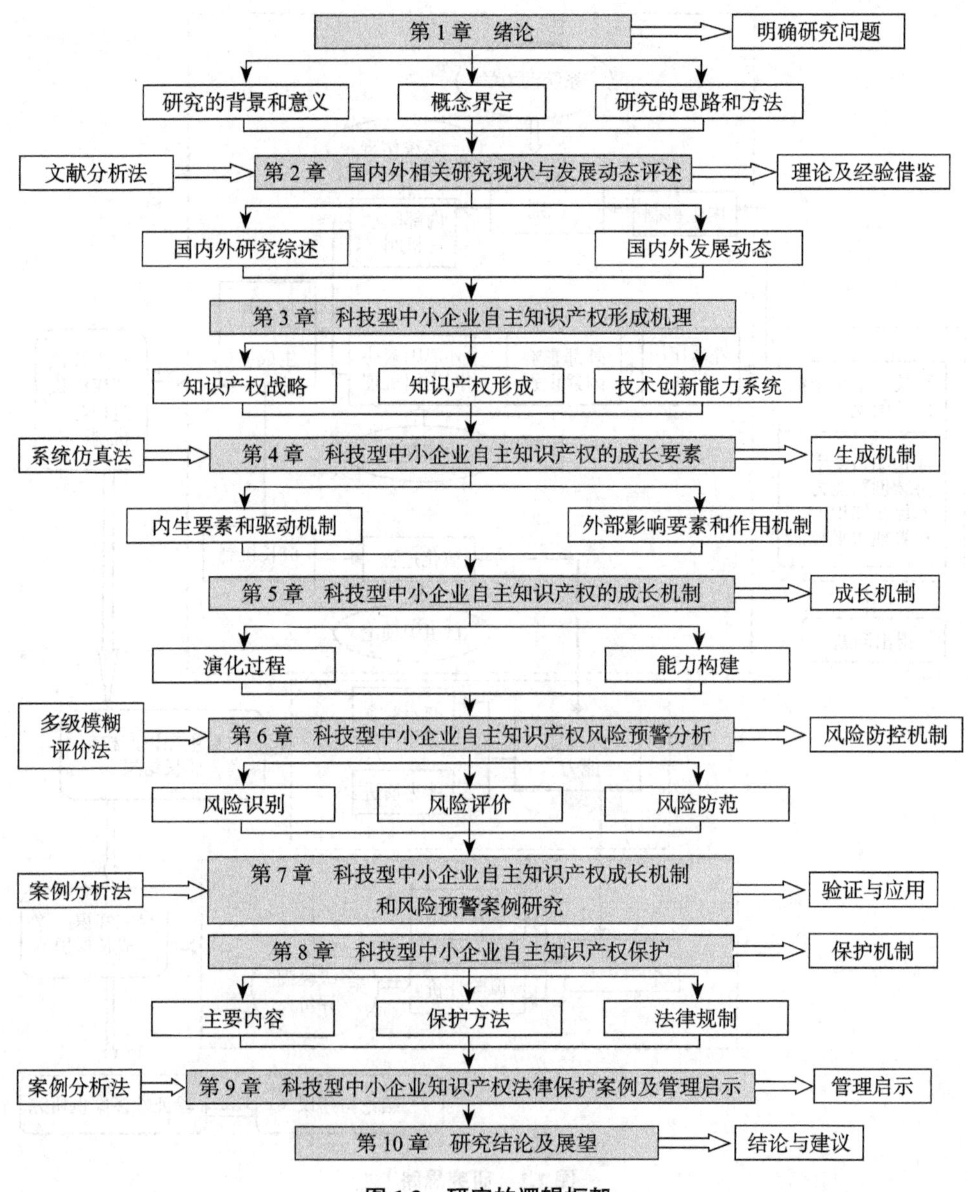
第1章　绪论
明确研究问题
研究的背景和意义
概念界定
研究的思路和方法
文献分析法
第2章　国内外相关研究现状与发展动态评述
理论及经验借鉴
国内外研究综述
国内外发展动态
第3章　科技型中小企业自主知识产权形成机理
知识产权战略
知识产权形成
技术创新能力系统
系统仿真法
第4章　科技型中小企业自主知识产权的成长要素
生成机制
内生要素和驱动机制
外部影响要素和作用机制
第5章　科技型中小企业自主知识产权的成长机制
成长机制
演化过程
能力构建
多级模糊评价法
第6章　科技型中小企业自主知识产权风险预警分析
风险防控机制
风险识别
风险评价
风险防范
案例分析法
第7章　科技型中小企业自主知识产权成长机制和风险预警案例研究
验证与应用
第8章　科技型中小企业自主知识产权保护
保护机制
主要内容
保护方法
法律规制
案例分析法
第9章　科技型中小企业知识产权法律保护案例及管理启示
管理启示
第10章　研究结论及展望
结论与建议

图 1.2　研究的逻辑框架

视角，对我国科技型中小企业自主知识产权管理的发展历程进行了梳理，分析了目前科技型中小企业在自主知识产权管理方面存在的问题。最后，通过比较分析对发达国家知识产权管理的有益经验进行了整理，得到本书重要的经验启示。

第3章——科技型中小企业自主知识产权形成机理。首先，介绍了科技型中小企业知识产权战略的概念，阐述了科技型中小企业实施知识产权战略的意义，以及知识产权战略的组织和实施方法，为科技型中小企业在自主知识产权战略指导下开展技术创新提供理论指导。其次，分析了科技型中小企业知识产权的主要来源和技术创新与新产品开发之间的关系，提出了科技型中小企业培育技术创新能力的方法，分析了企业技术创新能力系统的内涵与特性，以及技术创新能力系统对企业创造自主知识产权的作用。

第4章——科技型中小企业自主知识产权的成长要素。首先，从企业内生视角，对科技型中小企业自主知识产权生成机制内生要素进行了识别，应用系统动力学模型构建了科技型中小企业自主知识产权内在生成机制形成的反馈回路，并利用调查获取的企业真实数据对模型进行仿真分析，探究关键影响变量对内生机制的影响作用及关系。其次，从外部环境视角，识别了影响科技型中小企业自主知识产权生成的外部影响因素，并应用协同创新的思想分析了外部影响因素的协同作用机制。

第5章——科技型中小企业自主知识产权的成长机制。首先，基于自组织理论，对科技型中小企业自主知识产权的成长演化过程进行了分析，构建了科技型中小企业自主知识产权系统成长的自组织演化机制。其次，基于动态能力理论，提出了科技型中小企业在自主知识产权成长过程中，随着技术创新项目的进行和自主知识产权的成长，形成“创新—自主知识产权—优势形成（知识高地）—创新”螺旋上升的良性循环机制，并刻画了科技型中小企业自主创新动态能力的演进过程。

第 6 章——科技型中小企业自主知识产权风险预警分析。首先，基于自主知识产权生成过程视角，从自主创新知识形成阶段、自主知识产权开发阶段、自主知识产权成果化阶段和自主知识产权应用阶段，分别进行了风险要素识别。其次，构建了自主知识产权风险预警体系，设计了知识产权风险预警流程，从风险源视角设计了风险预警指标，采用多级模糊综合评价方法对风险进行评价。最后，结合过程视角和风险源视角提出风险防范对策。

第 7 章——科技型中小企业自主知识产权成长机制和风险预警案例研究。选取典型科技型中小企业，通过实地调研、访谈、问卷等方法采集企业自主知识产权开发与管理的实际数据，验证本书的结论，并对研究成果进行了应用性研究。

第 8 章——科技型中小企业自主知识产权保护。首先，介绍了科技型中小企业自主知识产权保护的主要内容，分析了科技型中小企业自主知识产权保护的重要性和保护现状。其次，介绍了国家及社会加强科技型中小企业自主知识产权保护的方法，以及如何从企业内部加强自主知识产权的保护。最后，介绍了知识产权保护的国际法律规制和国内法律规制，分析了我国知识产权司法保护现状。

第 9 章——科技型中小企业知识产权法律保护案例及管理启示。首先选取了“乔丹”系列商标案、商标权与企业名称权冲突案、恶意抢注“老字号”案三个典型案例进行分析；然后分析共享单车涉案专利无效案、确认不侵犯专利权案、发明专利权无效纠纷案，并通过典型案件分析从科技型中小企业知识产权法律保护验证应用中得到启示。

第 10 章——研究结论及展望。本书在末尾对研究结论进行了总结，提出了对策建议。最后，指出了本书的局限以及未来需要进一步研究的问题。

1.3.3　研究方法

1. 文献研究与实地调研相结合的方法

本书对主题相关的理论支撑采用文献研究的方法，广泛搜集整理国内外学者关于自主知识产权成长机制、知识产权运营管理、知识产权风险预警等方面的研究成果，并对相关研究进展和研究空白点进行评述；同时大量搜集整理了发达国家关于知识产权管理方面的成功做法，梳理出我国可以借鉴的经验和启示，通过文献研究初步提出研究框架。在文献研究的基础上，本书还结合我国科技型中小企业的实际情况，深入企业实际做了大量的调研工作，通过访谈、问卷等形式，发现我国科技型中小企业自主知识产权管理方面存在的问题。

2. 统计分析与案例研究相结合的方法

在研究科技型中小企业自主知识产权的成长机制问题时，充分搜集了大量科技型中小企业的实际数据，并应用 SPSS 软件对数据行进统计分析，找到各内生因素对自主知识产权生成的作用效果。同时，为验证研究成果，本书还选取了典型案例，深入企业实际，采用案例研究方法对案例素材进行整理、分析，并采用档案分析、观察、访谈、问卷等多种方法，深入分析典型案例企业的自主知识产权成长机制和知识产权风险管理水平，两方面相结合形成了本书的实践基础。

3. 系统仿真、多级模糊综合评价等量化方法

在科技型中小企业自主知识产权成长机制的研究中，内生机制采用系统动力学模型和仿真进行了定量研究；在风险预警研究中，用定性研究方法从过程视角，分析了知识产权开发过程中的系统风险；同时应用多级模糊评价方法，从风险源视角，构建了定量评价模型。

1.4 研究的创新之处

本书的创新之处主要体现在以下几方面。

第一，从内外部两个视角系统分析了科技型中小企业自主知识产权的成长机制。尽管国内外学者关于知识产权成长路径方面的研究已有了一些研究成果，但是大部分研究多针对成长要素识别，且缺少针对科技型中小企业的研究。本书将研究对象聚焦于科技型中小企业的自主知识产权，提出自主知识产权的形成离不开内外部机制的共同作用，本书利用系统动力学方法构建企业自主知识产权内生系统的流程图，并进行仿真分析，探寻各关键因素对自主知识产权增长的影响规律。在外部影响机制方面，本书不仅识别出影响自主知识产权成长的外部因素，而且系统研究了各因素之间的共同协同作用关系，本书对自主知识产权成长机制的现有研究做了有益的补充和深化研究。

第二，构建了科技型中小自主知识产权演化分析框和自组织成长系统。目前许多学者对于科技型中小企业的自主知识产权的管理与保护停留在静态层面，少有研究关注科技型中小企业自主知识产权自身的动态发展规律。本书运用复

杂系统相关理论，研究自主知识产权成长的演化过程，构建了科技型中小企业自主知识产权的自组织成长系统，并研究了企业内部各子系统之间的协同作用。本书提出科技型中小企业自主知识产权的成长演化，是通过创造、应用、管理和保护等众多环节，涉及人才、知识、技术、资金和配套设备等众多相关元素，有机整合形成的系统演化过程。

第三，构建了科技型中小企业知识产权风险预警流程和预警体系。本书对现有知识产权风险预警研究进行了深化，突破了现有研究大多集中于知识产权风险的识别、风险评价和对策控制层面上，试图构建知识产权风险预警系统。本书不仅基于科技型中小企业自主知识产权的风险源构建了风险评级指标体系，而且从自主知识产权开发的过程视角构建了风险防控流程系统，将整个系统分为风险识别子系统、风险评价子系统和风险预警子系统，有利于企业在知识产权开发的全过程中防控风险。

第2章　国内外相关研究现状与发展动态评述

2.1　国内外研究现状评述

2.1.1　关于自主知识产权成长机制方面的相关研究

国外学者基于实证研究从企业内外部环境影响因素的角度分析了知识产权的成长机制。如有学者从政策、技术转移等外部环境因素探讨了中小企业知识产权成长的瓶颈。有学者识别出企业研发投入比、研发人员比、高管素质、政策环境和国际网络是影响知识产权创造的关键要素。也有从系统论的视角对中小企业知识产权及自主创新的驱动力和驱动机制进行的研究（Shen，Lin，2013）。

国内学者分别从不同视角分析了企业知识产权生成机制和成长路径。佟晶石（2003）从产学研角度分析了产学研合作创新与自主知识产权的关系，指出通过整合产学研合作创新的资源与过程，建立以自主知识产权为主的核心技术系统，是企业提升核心竞争力的关键发展道路。方琳瑜等（2008）将中小型企业自主知识产权生成机制看作是一种自组织机制，即企业自主知识产权生成和演化能够自主地从简单走向复杂、从无序走向有序。他指出，在创新成果生成阶段，需要系统各个单元（如研发资金、技术、设备、人员等要素）相互作用，而在自主知识产权成长过程中则需要自主知识产权管理和保护的支撑，而整个成长系统则应由产品营销子系统、技术研发子系统、管理调控子系统和服务支撑子系统共同构成。黄永春等（2011）基于价值链角度考察了企业自主知识产权名牌的成长路径，构建了企业的研发创新能力、生产制造能力、营销创新能力和企业管理协同能力（如战略引导、组织结构和流程建设等）的指标体系，并实证分析了四者对自主知识产权名牌的影响关系。胡颖慧和陈伟（2013）基于自组织理论构建了高新技术企业自主知识产权创造的协同竞争模型。

从现有研究文献看，关于中小企业自主知识产权成长机制的研究还比较少，现有的研究主要集中于对中小企业自主知识产权成长的关键影响因素研究，而对于成长机制的系统研究还不足。

2.1.2　关于企业自主知识产权开发与管理的研究

国外学者对于企业自主知识产权开发与管理方面的研究工作开展得比较早，相关研究主要集中于：一是关于知识产权保护与企业创新的相关性研究。例如：以美国为例，指出美国知识产权的私有性对高新技术企业进行自主知识产权开发有重要的推动作用，并有利于技术创新扩散；提出对科技型中小企业知识产权自主创新的成功具有影响的关键要素，分别是创新资金投入、科技人员数量、外部环境和管理者素质；提出知识产权保护缺失和过度保护都不利于推动企业创新行为，但缺少相应保护给企业带来的损失会更大；应用内生增长模型得出结论：知识产权过度保护将阻碍社会的科学技术创新。也有学者从价值链视角研究了日本传媒行业自主知识产权开发绩效与保护制度之间的关系。也有学者探讨了知识产权保护政策和制度如何影响企业在初创阶段进行自主创新和采用新技术的积极性（André，2014）。二是关于自主知识产权保护的实证研究。曼斯菲尔德（Mansfield，1981）利用48个产品创新案例估算模仿成本和模仿时间，估算出在4年内超过一半的已获得专利的创新都会被模仿。曼斯菲尔德（1986）还估算了企业技术信息的泄密事件，估算出1年到1年半的时间企业技术信息、技术方法会泄露。有学者对2849个医药企业进行分析，得出在医药行业专利比商业秘密更能有效阻止竞争对手的“搭便车”行为。也有学者运用测量理论比较了英国工业企业，得出中小企业和小微企业知识产权保护意识较弱，而这种现象不利于小企业的长远发展（Pitkethly，2001）。三是企业知识产权管理体系构建与管理策略方面。阿拉希（Arahi，2000）以日本的跨国企业为研究对象，构建了一个将技术、组织、知识资产和风险管理融合的综合性的动态知识产权管理体系。有学者以日本公司为研究对象，构建了专利、标准化信息管理和知识产权扩展管理的企业知识产权管理模式。

国内学者关于知识产权开发与管理的研究主要集中在以下几方面：一是关于知识产权开发机制和路径的研究。学者们重点关注了高新技术企业知识产权的开发问题，如周寄中和徐倩云（2002）对技术创新与知识产权的相关性进行了研究。杨晨等（2008）运用BCG矩阵推演了企业自主知识产权名牌的成长路径并运用索洛模型和生产者均衡理论构建了企业自主知识产权名牌成长路径的选择模型。王闻萍（2008）提出了高新技术企业自主知识产权在构建企业核心竞争力方面具有重要作用。陈伟和于丽艳（2011）提出了高新技术企业知识产权开发的关键要素，并从内部和外部视角构建了高新技术企业知识产权开发动力机制。二是关于知识产权保护方面的研究。国内学者分别从法律、政策、管理视角研究了知识产权保护措施对知识产权绩效的影响，如郑秉秀（2002）对比了发达国家和欠发达国家在知识产权激励机制、产权壁垒和保护制度方面的保护效果。徐斐和尹碧涛（2005）从战略管理视角分析了中小企业知识产权保护策略与方法。李敏和刘和东（2008）针对软件行业，用博弈论方法开发知识产权保护在不同制度环境下的策略选择。刘春（2010）提出了三种不同的知识产权模式并给出不同的保护策略。三是关于知识产权运营和管理方面的研究。马虎兆等（2010）以天津高新技术企业为例，应用多元化的数据实证分析法分析了企业在知识开发、运用、管理及人才培养等方面存在的不足。冯晓青（2010）从管理层次、动态管理、价值管理和法制管理四个维度构建了企业知识产权管理体系。陈东泰（2014）从我国企业知识产权管理的现状出发，建立了知识产权管理体系框架。王清漩和李杰义（2014）选取浙江省 116 家企业进行统计分析，指出企业知识产权管理体系建设中存在的问题并提出对策建议。

综上所述，国内外学者充分论证了知识产权管理对于企业自主创新、提高企业竞争力的重要作用和意义。大多数学者选择了某一研究视角，如战略视角、产业视角、法律视角、运营管理视角研究企业知识产权开发过程中的某一个或几个环节的问题和对策，也有学者构建了某一行业的企业知识产权管理体系。但是，现有研究成果大多从静态的角度对企业知识产权管理问题进行研究，对企业特别是科技型中小企业自主知识产权成长过程中的动态管理体系和各阶段的管理策略研究还不充分。因此，需要结合我国科技型中小企业成长过程中的自主知识产权开发现实问题进行系统的针对性研究，以提高科技型中小企业自主知识产权管理水平。

2.1.3 关于企业自主知识产权保护的研究

国外关于企业自主知识产权保护方面的研究中，有观点认为知识产权保护中，应该强调保护的强度；也有观点认为保护知识产权的安全是知识产权管理中至关重要的一环；有学者提出了知识产权保护中应制定的经济目标，同时阐述商业结构在自主知识产权开发过程中的作用；有学者说明了企业技术创新和知识产权保护力度强度之间的正相关性；有学者提出技术创新与知识产权保护的关系是倒 U 形的假设；有学者实证研究了发展中国家的知识产权保护数据，发现知识产权的保护与高新技术研发是非线性相关，但是企业知识产权与高新技术研发和社会的科研呈环境相关。

韩玉雄和李怀祖（2005）构建了内生增长技术创新模型，测算出中国各地区的知识产权保护水平。有学者研究了著作权保护，提出对网络环境下的著作权的保护对策建议；有学者从影响技术创新的供求因素上，研究研发资本和研发人员投入对知识产权保护效用的关系；有学者分析了不同阶段地区的知识产权保护对人均 GDP 增长率的影响存在差异。

综上所述，国内外学者关于知识产权保护方面的研究大都限于静态的模式下，并没有对在知识产权产生前的动因以及转换为知识产权如何保护进行研究。另外，没有对不同行业不同规模的企业自主知识产权的演化过程进行研究，针对下列问题的研究更是寥寥无几：科技型中小企业特性的自主知识产权保护，科技型中小企业在初创期、成长期和成熟期与自主创新之间是何种关系，自主创新能力如何转化为知识产权。

2.1.4　关于企业自主知识产权风险预警的研究

国外关于企业风险预警的研究最早开始于财务风险领域，构建了 Z 分模型和 ZETA 模型。此后，一些学者将研究视角延伸到企业管理的其他方面。从 2000 年以来，随着知识管理理论的兴起，一些学者开始关注其中的风险识别与防范，如分析企业知识管理中的风险及对企业知识管理计划产生的影响；将知识管理风险归纳为不恰当的信息政策、员工流失、信息可转移性差、知识产权的脆弱性、知识产品生命周期短等风险要素。在实践方面，美国、日本等发达国家从法律上建立了自己的知识产权预警体系和机制。例如，日本在 2000 年推出了知识产权战略大纲；美国商务部设立了 16 个行业贸易咨询委员会，包括知识产权保护咨询委员会，对各类知识产权纠纷提供咨询及快速协调处理服务。

国内关于企业知识产权风险的研究开始于 21 世纪初，大部分研究成果集中于风险识别与风险防范对策方面，如将知识产权风险划分为投入风险、道德风险、流失风险、外溢风险、转化风险、成功风险、安全风险。也有少数学者进行了知识产权风险预警体系的探索性研究，如黄立军（2002）从主客观视角构建了企业知识管理风险预警指标体系，并把风险强度划分为轻警区、中警区、重警区和巨警区四个等级；李颖和林聪颖（2009）从知识资本视角识别知识管理风险并提出了预警指标体系；周文光和黄瑞华（2009）识别了企业自主创新中知识产权风险预警机制关键要素；祁明和秦雷（2012）分别从企业视角、政府视角和国际合作视角构建了基于TRIZ的知识产权预警体系框架。

综上所述，国内外学者关于企业财务、研发、管理等风险方面的论述比较充足，但是关于知识产权风险的研究成果还比较少，而现有研究大多集中于知识产权风险识别、风险评价和对策控制上，对知识产权风险预警系统的研究就更少，风险指标设置上偏重于定性化指标，涉及权重、量化的论文较少，而针对科技型中小企业知识产权风险预警的文献几乎没有涉及，现有研究不足以指导企业主动、及时防控知识产权风险。

2.2 科技型中小企业自主知识产权管理发展的历程

进入21世纪以来，随着经济全球化、一体化的进程加快和科学技术的迅猛发展，自主知识产权在国际社会广受关注。各国都将发展自主知识产权提升到战略地位，创造各种条件鼓励企业培育自主知识产权，以期抢占市场的制高点。企业的自主知识产权培育能力的强弱不仅对于企业自身的市场竞争力有重大影响，而且关系到国家和区域创新能力以及核心竞争力的高低。从提出发展自主知识产权以来，我国自主知识产权发展取得了一定的成绩，但面对严峻的国际竞争形势，我们必须清醒地意识到我国的自主知识产权培育还存在很多不足。

2.2.1　我国科技型中小企业自主知识产权管理发展的历程

1. 科技型中小企业自主知识产权管理发展的现状

我国知识产权制度起步较晚，新中国成立后到改革开放之前，我国实行的是计划经济体制，国家和企业都没有知识产权的概念与意识，政府曾颁布过一些行政规章来保护知识产权，但 30 年来并没有严格意义上的法律制度。

从中国实行改革开放政策到 1985 年之前，我国加强了知识产权立法工作，先后制定了《中华人民共和国商标法》（1982 年）《中华人民共和国专利法》（1984 年）和《中华人民共和国著作权法》（1990 年），初步建立了知识产权法律制度体系，但此时对于知识产权制度的实施是低水平和有选择性的，是我国在经济社会发展水平不高时的必要过渡期。我国大多数企业在这段时期开始接触知识产权概念，知识产权意识开始觉醒，一些先进企业在知识产权方面走在前列，并开始利用知识产权为企业服务，但很多企业仍对知识产权并不了解。

自 1985 年我国颁布了《中华人民共和国专利法》，直至我国加入 WTO 这一时期，中国知识产权的制度进入了一个发展与完善的重要阶段。这一阶段，我国全面修订了《中华人民共和国著作权法》《中华人民共和国专利法》《中华人民共和国商标法》，颁布了《植物新品种保护条例》（1997 年）、《集成电路布图设计保护条例》（2001 年）等，使其知识产权保护标准和水平达到了《与贸易有关的知识产权协定》的要求。总之，中国用了十多年的时间，实现了从低水平向高水平的转变，完成了本土化向国际化的过渡。这一时期，我国开始出现“自主知识产权”的提法，这主要是针对在知识经济时代，我国挑战西方国家借其知识产权优势抢占市场先机的严峻形势所提出的，其价值在于学习和消化从西方引进的技术并进行技术创新，从而拥有自主知识产权。

我国加入 WTO 以来，随着我国知识产权工作的深入开展，我国企业的知识产权发展进入了提升期。我国开始提倡制定与我国的实际发展水平相适应的知识产权标准，并从多元化的角度开始对知识产权进行研究，将知识产权与知识经济、知识产权与创新型国家建设、知识产权与国家公共政策等交叉学科问题进行了探讨。随着中国加入 WTO，国际竞争日趋激烈，拥有自主研发核心技术和自主知识产权才能使企业在竞争中占据主动地位，知识产权战略思维开始被广大企业重视和接受。

2008 年，我国颁布了《国家知识产权战略纲要》，决定实施知识产权战略，我国知识产权工作突飞猛进，实现了跨越式发展，已经成为举世瞩目的知识产权大国。随着我国知识产权制度的完善，中国企业克服重重困难，在知识产权方面，不断努力摸索前行。如今，我国知识产权事业已经取得了令人瞩目的成绩，2017 年我国知识产权创造量质齐升。2017 年全年发明专利申请量达到 138.2 万件，同比增长 14.2%，连续 7 年居世界首位；PCT 国际专利申请受理量 5.1 万件，同比增长 12.5%，排名跃居世界第二；每万人口发明专利拥有量达到 9.8 件。受理商标注册申请 574.8 万件，同比增长 55.72%，连续 16 年居世界第一。累计有效商标注册 1492 万件。我国申请人提交马德里商标国际注册申请 4810 件，排名世界第三。作品、计算机软件著作权登记量分别达到 200.2 万件、74.54 万件，同比分别增长 25.15%、82.79%。农业、林业植物新品种权申请量分别达到 3842 件、623 件。地理标志保护产品数量稳步增长。

这些都表明我国企业知识产权运用的能力水平明显增强，形成了一批熟练运用知识产权制度的优秀企业，知识产权保护的水平也进一步提高。2014 年 1 月，国务院办公厅转发国家知识产权局等单位发布的《深入实施国家知识产权战略行动计划（2014—2020 年）》，明确提出建设知识产权强国的奋斗目标，抓住知识产权运用和保护两大关键方面进行重点部署，将进一步促使我国知识产权发展进入新阶段。

2. 我国科技型中小企业自主知识产权发展中存在的问题

科技型中小企业作为我国企业的重要组成部分，是技术创新的生力军，其自主知识产权的拥有量和质量关系到企业的发展命运，还关系到国家和区域创新能力以及核心竞争力的高低。虽然我国企业在知识产权发展方面已经取得了一定成绩，但仍然面临许多不足和问题，对于科技型中小企业的知识产权自主创新来说，主要体现在企业内部和外部两个方面。

（1）企业内部

第一，知识产权发展时间短，企业不够重视。

1982 年，我国颁布并实施第一部有实际意义的《中华人民共和国商标法》，代表着我国知识产权的诞生。我国知识产权发展的三十多年中，我国经历了改革开放、经济体制转型、网络信息技术的迅速崛起等一系列翻天覆地的变化，企业经历了改变所有制结构、经营体制、管理方式、组织结构等变化，以满足不断提高的消费需求和市场需要。因此，体制、观念，甚至经营方式都不稳定的企业，尤其是科技型中小企业，很难顾及知识产权这种无形东西，知识产权没有引起我国大多数企业的重视。很多企业往往在技术开发方面不注意分析专利成果，造成重复开发，浪费开发资源。即使研发出新的技术，却怠于申请专利保护，最后丧失专利权，反倒被专利权享有人先申请禁止使用该专利技术。由于知识产权意识淡薄，我国企业遭受损失的例子越来越多。例如，中国是最早发明 DVD 的国家，发明人却没有申请专利保护，结果被国外的知名企业抢先申请专利权，从而必须面临巨额专利费用。

第二，企业对技术创新投入要素不足。

首先，企业对技术创新资金投入不足。高新技术从来就是知识密集型和资本密集型产业共同作用的结果，而大多数科技企业更注重眼前利益高于长远利益，尤其是科技型中小企业资金有限，与专利这种申请时间漫长、手续复杂、维护费用昂贵的研发投入相比，企业更重视销售部门，给销售部门高额奖励。所以，我国大部分技术创新企业重销售、轻研发，重经济效益、轻知识产权。其次，企业的技术开发人员数量和质量有待提高。目前我国从事研究和开发的科技人员中，只有少部分在企业，而且这些人员绝大多数都集中在大型企业，科技型中小企业技术开发人员就更为匮乏，且专业水平不高，阻碍了企业科技创新发展。同时，由于缺乏适合技术创新人才的成长机制，企业很难吸引和留住更多的技术人才，人才流失和紧缺问题突出。资金和人才的缺乏导致科技型中小企业很难在知识产权自主创新过程中占据优势，阻碍了其发展。

第三，企业缺乏完善的知识产权管理体系。

我国企业在知识产权的管理体系上建设不健全，在企业知识产权部门的设置、企业内部知识产权规章制度、企业知识产权人员素质等方面都存在严重不足，特别是缺少对发明人创新的激励机制。尤其是对于中小型企业来说，由于人员和资金有限、组织结构简单，没有复杂的管理层次，设置知识产权常设机构的企业少之又少，企业知识产权机构设置和人员配备不完善都阻碍了其自主知识产权的生成和保护。此外，多数科技型中小企业在进行知识产权自主创新时没有建立完整的知识产权信息体系，不能有效地掌握市场和竞争对手的信息，导致其不能很好地发展。

第四，企业对技术创新成果的知识产权保护意识薄弱。

在企业经营管理活动中，管理层更多地强调有形资产的使用和管理，对知识产权管理重视不够。我国科技企业一直存在着知识产权保护意识薄弱的现象，一方面表现为不重视保护自身的知识产权；另一方面表现为不尊重他人的知识产权。具体表现为:一些企业存在“重成果、轻专利，重奖励、轻保护”的现象，缺乏知识产权意识。大量创新成果因未受到法律保护而成为社会公共财富，一些已有相当市场份额的商标因不及时申请注册而被他人抢注；一些企业不仅不重视保护自己的知识产权，而且因缺乏知识产权意识而屡屡侵犯他人的知识产权；一些企业明知侵权，却仍然心存侥幸，甚至明目张胆地无偿使用别人的知识产权。

第五，企业不善于利用已有知识产权检索资源。

先进的知识产权信息情报系统是企业能顺利实施知识产权战略的主要基础和情报保障。研究表明，知识产权信息情报主要是专利文献信息，专利文献占有量为全世界最新发明创造信息总量的90%以上，丰富的动态信息资源是企业应当首选的重要竞争战略资源。通过信息检索系统，企业既可以了解自身的专利情况，又能了解竞争对手主要技术情况以及潜在竞争对手的一些相关信息，做到知彼知己，以便及时调整制定适应自己的知识产权战略。然而，我国绝大部分中小企业不知道如何利用知识产权信息检索资源，缺乏充分利用知识产权信息的意识。在研发工作中，由于没有充分利用知识产权信息，低水平的重复研究现象非常严重，浪费了企业原本有限的科技资源，也造成了人力、物力、财力的严重浪费，专利侵权严重，维权意识淡薄。目前，知识产权信息利用率低，已经成为影响我国中小企业知识产权开发的另一个关键性限制因素。

（2）企业外部

第一，政府促进中小企业知识产权自主创新的职能没能够充分发挥。

为企业知识产权事业提供良好的法治和政策环境，是政府应担当的重要使命。政府加强知识产权管理是我国提高自主创新能力、建设创新型国家的客观需要，也是应对激烈的国际竞争、提高国家知识产权核心竞争力、增强国力和促进经济社会持续、健康、快速发展的基础。近些年来，政府在推动企业知识产权自主创新能力提高、知识产权建设能力提升方面做出诸多努力，然而也存在着诸多不足。

① 法律制定方面。我国在实施《中华人民共和国商标法》后的10年内，逐步颁布了《中华人民共和国专利法》《中华人民共和国著作权法》《中华人民共和国反不正当竞争法》三部与知识产权相关的法案，并在日后的实践中不断修改这些主要法律，完善知识产权保护制度。但由于知识产权是我们从西方移植和参考而来，没有根据我国自身国情和发展制定自己的知识产权法律。现有的三套法案有些问题重复规定，且规范冲突；有些问题缺乏法规存在空白。因此，我国的知识产权法律保护体系还不够健全，对企业技术创新的步伐有一定的阻碍作用。

② 管理体制方面。长期以来，我国知识产权领域中的专利、商标、版权等分属于国家和地方的知识产权、市场监督管理、新闻出版等不同政府部门管辖。另外，对企业实施综合管理的经济管理部门（工业和信息化部及省市工业和信息化厅等）的内部也没有专门设置关于企业的专利、商标、版权的专门处室，而由某一处室代管。因此，企业知识产权建设的宏观（区域）管理体制不顺畅，这种情况就容易导致诸多部门针对企业的虚无管理或者多头管理。

③ 政策导向方面。首先，政府制定的鼓励企业技术创新的政策没有落实到位。由于政府与中小企业信息不对称、知识产权申请程序复杂，很多企业对政府的一些政策缺乏了解和领会，有的时候享受不到政府给予的激励政策，抑制了企业创新热情的提高。也存在对省市政府制定的支持中小企业技术创新的政策没有很好地落实的情况。

其次，政府对企业知识产权意识培养和对公众知识产权意识引导不够。由于政府对企业和公众的知识产权培训力度不够，众多企业对知识产权制度不了解，有的中小企业尚不知道政府还有知识产权工作部门，甚至根本不了解知识产权工作部门的职能，有的企业领导根本不重视知识产权工作。由于知识产权的抽象性，公众对知识产权感到生疏，对日常生活中见到的盗版、假冒伪劣等侵权行为缺乏足够认识。政府需要加大对知识产权的宣传力度，加大对企业知识产权意识的培养，加大对公众知识产权意识的引导。

第二，知识产权中介和金融服务机构不能满足企业对知识产权服务的需求。

知识产权中介机构是指遵循独立、客观、公平和公正的原则，为客户提供知识产权服务的专业性社会中介组织。它包括专门从事知识产权咨询、代理、检索、评估、诉讼等各种知识产权业务的有限责任公司和合伙制经济组织。从目前来看，知识产权中介机构的发展已经在北京、上海、深圳等发达城市获得重视，但是绝大部分地区对此重视程度仍然不高。目前，我国的知识产权中介机构的发展正面临着旺盛的市场需求和提供服务不足的矛盾。

科技型中小企业进行知识产权自主创新时，往往面临环境不确定性和市场不稳定性，这就导致科技型中小企业面临比较大的风险，银行机构等金融机构不愿主动积极地向科技型中小企业提供贷款。所以，科技型中小企业自主创新活动面临着资金不足的困难，影响着企业创新的积极性，阻碍着企业自主知识产权的创造。同时，在科技型中小企业发展过程中，流动资金的短缺又导致企业难以开拓市场，进一步阻碍着企业创新活动。因此，科技型中小企业的融资困难，严重制约着企业的知识产权自主创新。

2.2.2 国外科技型中小企业自主知识产权管理发展的历程

1. 美国

（1）国家和社会层面

在促进中小企业自主创新方面，首先，美国已经形成以《小企业创新发展法》为核心，涉及多方面、多角度促进中小企业技术创新的法律体系，包括50多部专项法律规范，这些法律就中小企业的科技计划的设立与实施、技术转移、技术推广、知识产权保护等方面全面进行了规范。其次，美国中小企业局、美国进出口银行、纳斯达克、中小企业投资公司等合作构成的融资体系，为纾解中小企业进行科技创新资本不足的困难，根据中小企业技术创新的不同需求提供多方面的资金支持。最后，美国中小企业技术创新服务体系由政府设立的中小企业综合服务机构、行业协会和民间的中小企业技术服务机构三个层次构成。美国联邦政府主要是通过小企业管理局来实施各种促进中小企业技术创新发展的政策措施的。美国小企业管理局是美国政府的一个独立机构，其最为成功的计划即中小企业技术创新计划（SBIR）。由其设立的小企业咨询服务组织和小企业发展中心无偿为中小企业提供资金、市场、技术创新、可行性研究、国际贸易等方面的帮助与咨询。美国政府还在技术创新上广泛采用“孵化器”培育中小企业，能够有效地提高其生产效率、指明技术创新方向、提升创新速度。

在促进企业知识产权的开发和保护方面，美国在 1979 年将知识产权战略上升到国家战略高度，提出“要采取独立的政策提高国家竞争力，振奋企业精神”。20 世纪 80 年代中后期，里根政府建立扬格委员会，提出建议通过保护知识产权来增加美国产业竞争力的“扬格报告”，使美国知识产权进入新时代。美国目前已经建立起一套完整的知识产权法律体系，主要包括《专利法》《商标法》《版权法》《反不正当竞争法》。联邦政府和州政府根据所需各自制定相关的法律；美国知识产权行政管理体系包括美国专利商标局、版权办公室、美国贸易委员会、海关等；另外，美国成立了一些知识产权民间保护组织，如国际知识产权联盟（IIPA）、商业软件联盟（BSA）、国际反假冒联盟（IACC）等。

（2）企业层面

美国企业自主创新能力比较强，并将自主知识产权置于经营战略的重要地位，促进企业自主知识产权的生成和保护，主要措施主要有以下五个方面。

第一，企业对知识产权进行全面管理。企业设立知识产权管理部门，把人员聘用、对研究开发和知识产权的申请、知识产权许可合同的签订与实施、发生侵权后的诉讼与调解等一系列环节都纳入知识产权管理的工作范围，并已形成完整的知识产权管理制度，实现创新研发和知识产权生成的有效对接。例如，IBM 公司设有知识产权管理总部，负责公司所有知识产权管理事务的集中统一管理，职责包括：在研发部门寻找专利、申请专利、授权契约的谈判、有关知识产权条款的审核。

第二，采取有效措施及时将技术创新成果加以固定。企业更加注重对技术创新过程加以监控，建立了对技术发明进行文字记录的制度，使实验记录和发明呈现定期化和制度化。在这种制度下，企业在研发新产品的过程中就进行了专利申请，在新产品投放市场时，企业往往已经申请并拥有了一定数量的专利。不仅如此，一旦发生相关知识产权纠纷，企业可以提供发明该项技术的证据，以获得充分的法律保护。

第三，充分利用知识产权信息管理系统。通过运用专利信息系统中的专利文献，企业可以获取竞争情报，提高自身研究和创新的起点，从而节省大量的经费和时间。例如，IBM 公司在 2000 年 5 月与网络投资公司（ICG）合作成立 Delphion 公司，通过建立企业知识产权网络系统，使员工及时将自己的创新构思报告给公司，实现对创新信息的及时有效的知识产权管理。

第四，建立知识产权人力资源的激励机制。企业进行的研发和创新活动是一项知识需求和技术含量很高的工作，需要人才作为支撑。因此，企业采取多种措施激励科研人员的技术创新和发明专利，在物质激励方面的措施包括对科研人员采取股权激励方式、长期激励计划及其组合激励（长期股权、知识化期权、职业津贴等），使技术人员利益与企业利益高度相关，在精神激励方面的措施包括注重企业共同价值观念的作用、注重给予技术人员充分的自主权、重视科技人员的培训和个人发展等。

第五，采取知识产权的防范措施。企业通过利用专利法，制定详尽的专利申请策略，保护自身的同时为竞争者设立多重障碍，在关键技术的核心领域构筑专利防御体系，弥补单纯司法保护的局限性。

2. 日本

（1）国家和社会层面

在促进中小企业自主创新方面：首先，日本制定了 30 多种促进中小企业技术创新的法律，形成比较完整的中小企业法律体系。1985 年颁布的《中小企业开发促进临时措施法》大力促进中小企业研究、开发新技术，提高企业自身技术水平，采取补助金、金融、税制减免等资助措施。其次，日本政府非常重视对中小企业技术创新的援助工作，目前已经形成了以技术指导、技术信息交流、技术合作和人员培训为主要内容的技术援助体系。

在促进企业知识产权的开发和保护方面：2002 年日本政府开始实施从“科学技术立国”到“知识产权立国”的战略转移，制定了《知识产权战略大纲》，主要内容包括：推进知识产权的创造、加强知识产权的保护、促进知识产权的应用、充实人才基础，并颁布《知识产权基本法》，确立知识产权创造周期活动的国家理念。随后两年，日本政府成立以首相为部长的知识产权战略本部，制定了国家实施知识产权立国战略的措施，制定了知识产权的五大政策：大幅度提高发明专利研究的开发效率、推动世界发明专利制度的实现和反假冒产品对策的国际合作、通过知识产权活跃区域经济的发展、消除知识产权鸿沟、实施促进个性竞争的知识产权政策。除此之外，日本特许厅（日本专门负责知识产权管理的专门机构）成立执法事务局，实施反假冒和侵权措施，并为日本企业提供咨询服务和帮助。日本政府重视推动企业不断提升其研发层次，通过不断提高知识产权创新质量，来最大限度地获取具有国际竞争力的高端创新成果。其主要包括：鼓励企业实施综合经营战略；使企业通过运用知识产权战略展开商品生产与服务；推动企业实现从追求数量向追求质量的转变，以创造更多高质量的基础专利；根据专利技术和市场动向定期制定“专利地图”，为中小企业研发提供决策参考，努力将企业研发引向最大可能地获取核心专利的技术研发上；鼓励企业积极创造和制定标准，并将专利标准化，多开发有可能成为国际标准的专利技术。

（2）企业层面

日本企业在企业发展中得出的理念是“知识产权是企业的发展支柱”。为促进企业进行技术创新，实现自主知识产权生成和保护，日本企业主要采取以下四方面措施。

第一，对雇员的管理和奖励制度。日本企业通常直接规定知识产权的归属，员工职务发明和职务外发明权利均归公司所有，职务外发明也需要向公司报告，根据公司需要决定归属。若员工在岗位期间完成职务发明，而在离职后一年取得专利权也应通知公司，由公司决定是否使用该专利；日本企业建立了对发明人、申请人、分支机构的发明奖励制度，在专利申请各阶段实施，近年来日本企业知识产权奖励制度的发展趋势是逐年提高奖励，促进企业研发和创新活动。

第二，对已有的知识产权都会建立知识产权保护制度。例如，知识产权成果登记制、技术合同签订制、技术利益传承制及保密制度。例如，日本三菱公司在录用员工时就与员工签订保密协议，约定员工在离职后不得泄露公司的商业秘密，否则将会受到相应的处罚，并在公司的就业规章中对此进行明确规定；当员工离职时，则进一步与其签订保密协议，约定保密的义务和范围，并签订择业禁止的特殊约定，一定期限内不能去竞争对手公司就业等。

第三，对员工进行知识产权培训。为提高企业员工的知识产权意识及企业创新意识，日本企业对企业员工进行有组织、有计划、有目的的教育培训，增强员工的综合素质，提高他们的技术创新能力。例如，日本的三菱公司对新进员工进行集体培训，下放车间后还要进行法律方面的培训，工作两三年的老员工还要接受知识产权方面的培训，这已经成为企业文化的标志。

第四，企业内部设立知识产权管理部门，该部门由企业最高领导管理，工作内容主要包括：专利申请、信息情报、知识产权法律事务、对其他公司专利申请监控、专利许可贸易。企业知识产权部门还会参与研发部门的工作，包括制订研究计划，有效利用研发成果并防止与相关专利冲突，从研发项目的前途出发评估每个研究和开发的课题。首先，对技术创新研究成功后是否申请专利，先由发明人与研发单位讨论，再由发明人与专利策划部门讨论；其次，由企业知识产权部门对专利进行技术必要性、经济必要性和权利稳定性审查，以上措施都确保了企业申请专利的成功率。

3. 德国

（1）国家和社会层面

在促进中小企业自主创新方面，首先，德国政府制定了专门的法律、计划及配套政策，德国联邦和各州政府纷纷制定《关于提高中小企业的行动计划》《中小企业促进法》等，依法保护中小企业的自由竞争，并从税收、经济和社会政策等方面减轻中小企业的负担。近年来，德国政府又相继制订一系列中小企业科研专项扶持计划：中小企业创新核心项目计划、欧洲重建基金、中小企业创新项目计划和东部创新能力计划。这些措施有效地促进了中小企业的技术创新活动，改善了企业项目融资条件，引导企业接受专业创新咨询服务。其次，德国科技园区和创业中心为中小企业提供了完善的服务。德国于 1988 年成立“联邦高科技和创业园区协会”，专门负责推进园区建设工作，包括对中小企业的服务。该协会独立于政府，主要工作包括：以孵化高科技中小企业为核心，加快科技成果转化，促进经济发展；加强与产业部门协调，创造良好的外部环境；探索先进的企业孵化模式，注重专业性和科学性，提高孵化成功率；通过质量检测体系跟踪、检验各高科技园区的效率、成果及对新情况的适应性；与各地经济部门、协会交换信息和建议，共同完善科技孵化工作。最后，政府进行指导性的合作研发，鼓励中小企业参与研发创新活动，德国有关政策规定，任何国家级大型科研项目，必须至少有一个中小型企业参加，否则就不予批准，企业通过参与科研项目研究和开发的整个过程，深入了解这一成果形成过程的设计思路、工程结构和工艺方法等全部细节，也为企业自身的技术基础增加了实力，从而更有信心和热情开展创新。

在促进企业知识产权开发和保护方面，德国政府建立起较为成熟的知识产权管理体系，积极实施了以针对企业为主体、专利为目的的知识产权管理方针。首先，知识产权的立法。德国制定了一套完善的法律体系，包括《专利法》《商标法》《著作权法》《外观设计法》《雇员发明法》等，德国还受到欧盟有关知识产权主要条约和协议的约束。其中《雇员发明法》的制定和实施有效解决了企业与企业雇员之间在发明权属方面的矛盾纠纷，体现了制度促进企业技术创新。其次，知识产权司法的支持。在企业知识产权保护方面，德国司法制度秉承保护最大化、高效化和便利化原则，最大限度地为本国企业服务。最后，行政手段上的支持。政府从知识产权全面保护的角度对专利、商标和版权从政府层面进行协调。德国的知识产权机构为德国专利商标局，设有专利局、专利信息分部、商标及外观设计分局。另外，德国还设立版权仲裁处和雇员投诉处，对专利进行审查和授权，对商标进行批准。

（2）企业层面

为促进企业进行技术创新，实现自主知识产权生成和保护，主要采取以下五方面措施。

第一，德国企业围绕自身发展战略，制定科学的知识产权战略和指导方针。

德国企业并不把知识产权战略作为孤立或独立的战略去研究，而是将其作为企业整体战略的一部分加以综合系统地考虑，并根据企业所在行业的特点，确定知识产权战略的重点。

第二，设立知识产权管理部门，主要职责包括：专利情报管理、创新发明的挖掘、申请专利、订立专利实施许可合同、管理专利权、商标等其他知识产权的综合管理、发明奖励、知识产权教育培训等。具体采用何种管理模式因企业不同而异，主要有以下三种模式：以拜耳公司为代表的企业法律部负责管理知识产权的模式；以先正达公司为代表的公司研发部门负责管理知识产权的模式；以汉高公司为代表的公司法律部和研发部共同管理知识产权的模式。

第三，构建科学的知识产权评估体系。德国企业逐渐形成一套知识产权评估体系，能够科学地对发明成果进行市场预测和价值评估，合理运用资金选择有效的知识产权策略。

第四，德国企业非常注重对于研发活动的投入。德国企业普遍认为：只有在产品技术上取得领先优势，才能在竞争中处于领先地位；只有通过领先技术申请专利才能达到抢占市场份额的目的；只有通过对关键技术的保护，才能和竞争者进行技术上的较量。

第五，对员工进行知识产权教育，培育知识产权管理人才。企业对员工进行知识产权的培训，包括知识产权法律制度以及知识产权发明、申请、应用、维权程序和途径等。员工经过培训后，逐渐重视技术创新和知识产权的重要性，并自觉形成遵守法律制度和保护企业知识产权的强烈意识。

表 2.1 展示了国外科技型中小企业自主知识产权管理建设的经验总结。

表 2.1 国外科技型中小企业自主知识产权管理建设经验总结

国别	国家及社会层面措施		企业内部措施
	自主创新	自主知识产权	
美国	形成以《小企业创新发展法》为核心，设计多方面、多角度地促进中小企业技术创新的法律体系。这些法律就中小企业的科技计划的设立与实施、技术转移、技术推广、知识产权保护等方面进行全面规范。美国中小企业局、美国进出口银行、纳斯达克、中小企业投资公司等合作构成的融资体系，纾解了中小企业进行科技创新资本不足的困难，根据中小企业技术创新的不同需求提供多方面的资金支持；美国中小企业技术创新服务体系由政府设立的中小企业综合服务机构、行业协会和民间的中小企业技术服务机构三个层次构成；美国政府还在技术创新上广泛采用“孵化器”培育中小企业，能够有效提高其生产效率、指明技术创新方向、提升创新速度	建立起一套完整的知识产权法律体系。其主要包括《专利法》《商标法》《版权法》《反不正当竞争法》。联邦政府和州政府根据所需各自制定相关法律。美国知识产权行政管理体系包括美国专利商标局、版权办公室、美国贸易委员会、海关等。美国成立了一些知识产权民间保护组织，如国际知识产权联盟（IIPA）、商业软件联盟（BSA）、国际反仿冒阵线（IACC）等	1. 企业设立知识产权管理部门，把人员聘用、对研究开发和知识产权的申请、知识产权许可合同的签订与实施、发生侵权后的诉讼与调解等一系列环节，都纳入知识产权管理的工作范围，并已形成完整的知识产权管理制度，实现创新研发和知识产权生成的有效对接 2. 企业更加注重对技术创新过程加以监控，建立了对技术发明进行文字记录的制度，使实验记录和发明呈现定期化和制度化 3. 充分利用知识产权信息管理系统。通过运用专利信息系统中的专利文献，企业可以获取竞争情报，提高自身研究和创新的起点，从而节省大量的经费和时间 4. 企业采取多种措施激励科研人员的技术创新和发明专利，包括物质激励和精神激励 5. 企业通过利用专利法，制定详尽的专利申请策略，保护自身的同时为竞争者设立多重障碍，在关键技术的核心领域构筑专利防御体系，弥补单纯司法保护的局限性

续表

国别	国家及社会层面措施		企业内部措施
	自主创新	自主知识产权	
日本	制定了 30 多种促进中小企业技术创新的法律，形成比较完整的中小企业法律体系。《中小企业开发促进临时措施法》大力促进中小企业研究、开发新技术，提高企业自身技术水平，采取补助金、金融、税制减免等资助措施。政府非常重视对中小企业技术创新的援助工作，目前已经形成以技术指导、技术信息交流、技术合作和人员培训为主要内容的技术援助体系	制定了《知识产权战略大纲》；颁布了《知识产权基本法》，确立知识产权创造周期活动的国家理念；制定了知识产权的五大政策：大幅度提高发明专利研究开发效率，推动世界发明专利制度的实现和反假冒产品对策的国际合作，通过知识产权活跃区域经济的发展，消除知识产权鸿沟，实施促进个性竞争的知识产权政策；日本特许厅（日本专门负责知识产权管理的专门机构）成立执法事务局，实施反假冒和侵权措施，并为日本企业提供咨询服务和帮助；政府重视推动企业不断提升其研发层次，通过不断提高知识产权创新质量，来最大限度地获取具有国际竞争力的高端创新成果	1. 对雇员的管理和奖励中，日本企业通常直接规定知识产权的归属，并建立对发明人、申请人、分支机构的发明奖励制度 2. 对已有的知识产权都会建立知识产权保护制度，如知识产权成果登记制、技术合同签订制、技术利益传承制及保密制度 3. 对员工进行知识产权培训。为提高企业员工的知识产权意识及企业创新意识，日本企业对企业员工进行有组织、有计划、有目的的教育培训，增强员工的综合素质，提高他们的技术创新能力 4. 企业内部设立知识产权管理部门，该部门直属企业最高领导，工作内容主要包括专利申请、信息情报、知识产权法律事务、对其他公司专利申请监控、专利许可贸易，同时参与研发部门的工作

续表

国别	国家及社会层面措施		企业内部措施
	自主创新	自主知识产权	
德国	德国政府制定专门的法律、计划及配套政策，德国联邦和各州政府纷纷制定《关于提高中小企业的行动计划》《中小企业促进法》等；制定一系列中小企业科研专项扶持计划：中小企业创新核心项目计划、欧洲重建基金、中小企业创新项目计划和东部创新能力计划；德国科技园区和创业中心为中小企业提供完善的服务；政府进行指导性的合作研发，鼓励中小企业参与研发创新活动	德国制定完善的法律体系，包括《专利法》《商标法》《著作权法》《外观设计法》《雇员发明法》等；在企业知识产权保护方面，德国司法制度秉承保护最大化、高效化和便利化原则，最大限度地为本国企业服务；德国的知识产权机构为德国专利商标局，设有专利局、专利信息分部、商标及外观设计分局，另外还设立版权仲裁处和雇员投诉处，对专利进行审查和授权，对商标进行批准	1. 企业围绕自身发展战略，制定科学的知识产权战略和指导方针 2. 企业形成一套知识产权评估体系，能够对科学的发明成果进行市场预测和价值评估，合理运用资金选择有效的知识产权策略 3. 企业非常注重对于研发活动的投入 4. 企业对员工进行知识产权的培训，包括知识产权法律制度以及知识产权发明、申请、应用、维权程序和途径等

2.2.3 国内外科技型中小企业自主知识产权管理发展的比较分析

1. 国家和社会层面

首先，政府应营造良好的法律制度环境。政府要努力建立和完善促进中小企业创新和自主知识产权的法律体系。通过对创新活动实行政策倾斜、资金支持、创业扶持、技术创新、市场开拓、社会服务和权益保护等几方面，尽快出台推动中小企业发展的地方性法规。在此基础上，进一步加强知识产权法律体系的立法研究和规划，加快立法步伐，加强执法力度，并逐步加以落实。充分应用法律手段规范、支持和鼓励技术创新过程，促进中小企业知识产权的生成和保护，为中小企业技术创新和自主知识产权提供一个更好的环境和空间。

其次，政府要加强对中小企业创新和知识产权的服务。一方面，政府应按照政策支持、市场化运作、开放式服务的原则，充分利用计算机网络等先进技术手段，重点建设一批中小企业技术创新支持平台和服务中心，为中小企业获取技术咨询服务、信息交流服务、法律咨询服务提供便利，降低中小企业创新成本；政府还应大力扶持各类中介组织的发展，鼓励创办各种咨询公司、信息公司、技术交流公司，建立科技园区等科技孵化器，为中小企业技术创新提供全方位服务。另一方面，我国政府应当借鉴发达国家经验，为企业提供优质的知识产权服务。这方面主要包括：积极参与国际规则制定，维护本国企业的利益；主管部门提高工作效率，使本国企业更快捷地获得授权；为企业提供知识产权信息和咨询服务等。

最后，将知识产权战略提升到国家战略高度，建立有利于中小企业创新和自主知识产权的行政管理体系；形成一套立法、行政、司法部门、行政部门和非政府部门各司其职、互相协作的适合我国国情、专业化程度高的知识产权管理组织体系；通过不同层次和部分组成的知识产权管理组织体系，具体落实和实施各项知识产权战略计划，为中小企业的发展提供更为有力的支持。

2. 企业层面

第一，激励员工创造的积极性。企业可以采用多种方法激励研发人员的创造积极性，在物质奖励的同时，还可以给予精神层面的奖励。例如，在对完成研发的员工发放奖金的同时，可以对发明者准予升职或给予荣誉称号等。

第二，在企业内部宣传和普及知识产权知识，加强对企业员工的培训力度，提高创新和自主知识产权意识。确保研究人员具有知识产权的相关知识、技能和经验，提高企业知识产权的数量和质量。例如，美国 IBM 公司、日本日立公司和佳能公司都力图让企业员工牢记：知识产权作为企业的经营资源，应当得到充分保护。富士通公司规定：凡是新进员工都要接受专利入门教育，在公司工作 3~5 年后，则要进一步接受专利教育。

第三，加大研发投入力度，提高企业自主创新能力。想要提高企业竞争力，就必须加强企业自主创新能力；只有研发力度加强了，才能创造更多的知识产权。但是在提高专利申请数量时，也要保证专利申请质量，这样才能在市场竞争中占据先机。

第四，设立专门的知识产权管理部门，制定符合自身特色的知识产权制度。对中小企业来说，管理机构可以独立，也可以与本企业其他机构合并。无论机构大小，都要考虑到机构中要包含公司的技术开发人员、知识产权管理部门的技术人员、知识产权管理项目经理和知识产权管理主管。企业应基于自身规模大小、行业特点和外界环境差别制定规章制度。科学的企业规章制度，既利于企业对已有技术的保护、管理和运用，又能激励新技术的产生。企业对智力成果归属、科研人员激励与利益分配、有贡献人员奖励、企业商业秘密保护等方面都要在制度中有所体现，要做到企业管理制度文件化、程序化和规范化。

第五，全面加强知识产权信息管理工作。知识产权信息是企业参与市场竞争的重要资源，企业大力开展知识产权信息管理工作，有效利用知识产权信息，及时把握国内外市场及竞争对手的动态，有利于提高企业自主创新能力，从而提高核心竞争力。我国企业要结合自身实际情况，借鉴国外先进经验，有效开展知识产权信息管理工作。

第3章 科技型中小企业自主知识产权的形成机理

当前，世界经济发展全球化、资本流动国际化、跨国公司集团化、高新技术产业化、产业构成知识化、信息交流网络化等新时代浪潮势不可挡，与这种宏观形势相适应的内在动力必须是持续不断的创新。党的十八大以来，中国在科技创新方面取得了举世瞩目的成就，一大批重大科技成果出现“井喷”，高速铁路、智能手机等产品领跑世界，体现出我国科技实力和企业创新能力正在快速提升，彰显了中国对世界科技发展的贡献。我国正在建设知识产权强国和世界科技强国，这将不仅为我国提供更加充足的发展动力，而且为世界经济提供源源不断的发展动力。

在2018年的《政府工作报告》中，“创新”在高频词榜上名列前茅。从科技创新、制度创新、管理创新到文化创新等，《政府工作报告》中一系列的“创新”概括了经济社会发展的方方面面。《政府工作报告》强调了加快建设创新型国家，把握世界新一轮科技革命和产业变革大势，深入实施创新驱动发展战略，不断增强经济创新力和竞争力。国家从创新体系建设，到创新激励政策，再到大众创业、万众创新，在多方面都做出明确部署。知识密集型的原创产业构成主体是高等院校、科研机构、国家级企业研究中心和科技型中小企业。

随着知识经济的发展，知识产权在科技型中小企业发展中的重要性日益凸显。习近平总书记在2018年博鳌亚洲论坛年会上再次强调："加强知识产权保护是完善产权保护制度最重要的内容，也是提高中国经济竞争力最大的激励。"知识产权强国战略的提出，使得企业对知识产权的认识和重视程度得到了前所未有的提高。在我国的知识产权法治建设不断完善的大环境背景下，创造、利用和保护科技型中小企业自己的知识产权，防止本企业员工有意或无意侵犯他人知识产权，进行合规经营，已成为科技型中小企业融入全球市场并从中获得核心竞争力的重要条件。2018年4月美国商务部执意对中国中兴通讯公司施以禁售电子元器件的严厉制裁，是美国进一步对中国科技型企业打压的一个信号，也为我国科技型中小企业敲响了警钟。我国科技型企业必须提高自主创新能力，必须拥有高新技术方面自主知识产权。在国内，其实不止中兴通讯一家企业对美国的核心技术有依赖。缺少自研计算机、手机操作系统，不仅是中国的痛点，英、俄、日、德、印等国用的都是美国的操作系统。以手机行业为例，中国的手机行业对国外的技术依赖更为明显。小米公司目前的中高端产品所搭载的核心芯片全部来自于高通，且高通是小米公司的股东。小米也因此成为第一个搭载骁龙最新旗舰芯片的手机，并以此为卖点宣传产品。华为的通信设备和中兴一样，也用了大量总部在美国厂商的芯片，如CPU、DSP、FPGA、高速模数数模转换ADC/DAC等，这些芯片很多是跨行业通用的。

历史经验和现实告诉我们，核心技术、核心竞争力是买不来的，真正的核心竞争力需要培育和创新。在当前激烈的国内外市场竞争中，我国企业必须切实转变增长方式，加快创新发展，培育企业核心竞争力，才能为成为有全球竞争力的世界一流企业打好基础。我们要正确认识自身的差距和短板，既坚持独立自主，又坚持改革开放。逐步改变目前我国多数产业核心技术受制于人的局面。一方面要积极引进新技术，实施"紧盯跟随战术"；另一方面要针对目前较为紧迫的，对产业链影响较大、较长的关键技术进行集中攻关突破。因此，规范科技型中小企业知识产权管理制度，要从企业知识产权管理理念、管理机构、管理模式、管理人员、管理制度等方面整体构建体系并运行。进一步提高科技型中小企业的知识产权创造、运用、管理和保护水平，全力提升科技型中小企业的自主创新和知识产权保护能力，对提高科技型中小企业核心竞争力具有重要意义。

3.1　自主知识产权战略指导下的科技型中小企业创新

在创新驱动发展战略上升为国家发展战略的时代背景下，知识经济为企业的可持续发展带来了巨大的挑战和机遇。我国科技型中小企业要认真贯彻落实国家知识产权战略，利用好国家有关知识产权的相关政策，利用好企业自身创造的知识产权开发新产品，突破国外跨国公司对专利技术等知识产权的封锁，提高产品及公司价值，提高企业的核心竞争力，确保企业在市场上获得竞争优势，赢得市场竞争的主动权。这具有极其重要的意义和作用。

3.1.1 科技型中小企业知识产权战略的概念

“企业战略”这个术语是从军事和生物学的角度发展起来的。在古希腊，战略的最初含义是指古希腊将军在指挥军队时应具备的心理素质和行为技能。在生物学上，达尔文的“自然选择和适者生存”思想也对公司战略的概念产生了深远的影响。从企业战略的角度出发，应充分利用外部环境给企业带来的机遇和威胁，对企业的当前和未来的发展环境进行正确的评估，用优势和劣势评价企业的内部发展条件。然后，选择并确定企业的总体发展目标，制定和选择企业发展总体规划，实现企业发展目标。

科技型中小企业知识产权战略的制定是利用知识产权制度来促进和保护企业开发的新技术、新工艺和提升企业的商誉价值；是提升创新能力的重要保障；是谋求以新产品开拓新市场，获得最佳经济效益；是结合企业发展战略进行著作权、专利、商业秘密、商标等整体性策略筹划和采取一系列手段遏制竞争对手。

1. 科技型中小企业知识产权战略的特点

（1）整体性和长远性

以科技型中小企业的长远目标规划当前的行动方案。企业知识产权战略是对科技型中小企业知识产权工作整体的、全局性的筹划与安排，立足于科技型中小企业自身的发展前景，实现企业知识产权跨国保护。在弗农看来，因国际专利技术交易市场不完善，采用许可证贸易较为无效；而采用跨国公司的直接投资则较为有效。在这个阶段，企业开始寻求能开拓国外市场和服务外国消费者的最好途径。一方面，企业在本国继续生产新产品，并开始出口到国外市场。

另一方面，新产品开发企业给外国生产企业出售生产许可证，或采用在外国设分厂的方式生产并销售新产品。随着企业在某些国家许可生产或设立分公司，将导致对这些国家的出口下降乃至消失，但它仍会保持对其他国家的产品出口。

（2）与企业经营管理战略的紧密相关性

企业知识产权的取得、管理、保护应当以知识产权的取得与运用为核心，与企业经营管理战略紧密结合。科技型中小企业知识产权的取得与运用首先是为企业发展战略服务的。例如，注册商标是企业实施商标战略的前提和基础。如果一个科技型中小企业连商标都没有注册，就谈不上实施品牌（商标）战略。企业扩大所生产的产品市场知名度、增加市场份额，需要有企业品牌战略的谋划，更需要有企业知识产权制度维护、商标法等相关法律的保护。因此，注册商标的拥有量成为衡量一个企业生产经营水平和规模的重要参数。企业获取的专利证书不但是企业拥有的核心技术或专有技术实力的证明，而且是一旦发生专利侵权案件的有力证据。而企业制定经营信息保密制度，对客户及潜在客户信息采取了必要的保密措施，同时对相关人员支付保密费用。特别是，因企业员工离职等带来的商业秘密保护问题一直是司法实践中的难点。在最高人民法院2017年十大知识产权案件中的“反光材料”商业秘密纠纷案，判决对商业秘密案件中“不为公众所知悉”“保密措施”“商业价值”以及赔偿责任的确定等重要法律问题，结合案情进行了细致和全面的阐释，对类似案件的审理具有较强的规则指导意义。此外，本案还着重强调了员工离职后的保密义务，倡导了诚实信用的价值取向。

（3）具有地域性特征

从供给的角度讲，在经济发达的国家，良好的教育环境与雄厚的资金实力以及周边大学、科研院所，可以为企业充分提供创造发明所需要的人力资源和科研成果的支持。同时，鼓励创造发明的税收结构，成熟的知识产权保护体系和制度为企业开发新产品提供了宽松的外部环境。由于企业首先是面向本国消费者开发新产品，企业家对所在国创新机会的把握与利用的能力较强，容易进行市场沟通；将新产品投入本国市场，能及时获得消费者对新产品的评价，并可以根据消费者的评价结果调整产品功能，提高产品质量，使新产品尽早地走向成熟阶段。从需求角度讲，因新产品最初投入市场时，其需求的价格弹性较低，收入弹性较高，大部分属于高档或奢侈品，需要具有高收入的消费者购买，而作为技术领先、收入丰厚的产品发明国，最具备高新产品的社会购买力。

2. 科技型中小企业知识产权战略分类

一是品牌提升战略。在带动科技型中小企业品牌价值提升的同时，提升该产品的商标知名度和市场占有率的战略或谋划。二是企业商业秘密战略。《中华人民共和国反不正当竞争法》第九条规定，商业秘密是指不为公众所知悉、能为权利人带来经济利益、具有实用性并经权利人采取保密措施的技术信息和经营信息。商业秘密是科技型中小企业的财产权利，它关乎科技型中小企业的核心竞争力，对科技型中小企业的发展至关重要，有的甚至直接影响到科技型中小企业的生存。因此，科技型中小企业应制定商业秘密战略，对不同等级的商业秘密给予不同的保护。三是企业著作权战略。对于科技型中小企业而言，企业著作权战略主要是围绕计算机软件著作权而制定的。我国法律规定，计算机软件著作权必须经过申请登记之后才能取得。

3.1.2　科技型中小企业实施知识产权战略的意义

我国的知识产权法治建设不断完善，2017 年 1 月，最高人民检察院印发《关于充分履行检察职能加强产权司法保护的意见》。2017 年 12 月 4 日，最高人民检察院印发《关于充分发挥职能作用营造保护企业家合法权益的法治环境支持企业家创新创业的通知》。2017 年 12 月 20 日，最高人民检察院会同公安部修订印发《关于公安机关办理经济犯罪案件的若干规定》。2018 年 2 月 6 日，中共中央办公厅、国务院办公厅印发《关于加强知识产权审判领域改革创新若干问题的意见》确立了新时代人民法院知识产权审判工作的指导思想、基本原则、改革目标和重点措施，夯实了知识产权司法事业的理论、制度和组织基础，为广大科技型中小企业提供了知识产权法治保障。

当前，各国之间的知识产权竞争已成为比企业间的产品竞争、品牌竞争层次更深、技术水平更高的竞争。反思中兴通讯的案例，有助于我们更深入地了解经济高度全球化时代全球型公司的竞争方式，有助于提升我国企业以合规为基础的全球竞争力，也有助于政府相关部门采取更有效的措施支持企业走向世界。知识产权战略主要是强调科技型中小企业对知识产权法律及其制度的综合运用，科技型中小企业要充分运用国家制定的知识产权相关法律、制度的功能和特点，为科技型中小企业谋求更多的资源和优势。

有学者认为知识产权制度是技术创新动力系统的重要构成，对技术创新动力系统的其他构成要素有积极的引导与促进作用，并在此基础上提出基于知识产权制度的企业技术创新动力系统模型。也有学者构建了基于创新收益激励和创新风险保障的企业技术创新系统动力学模型。政府通过实施科技型中小企业知识产权战略，保护企业现有的核心技术，跟踪国际上同类企业技术的发展趋势，引进和借鉴先进技术，培养和提高企业的核心竞争力，包括核心技术能力、核心组织能力和核心市场能力等。企业要在此基础上进行技术创新，参与市场竞争，从而赢得市场竞争优势。

3.1.3 科技型中小企业知识产权战略的组织和实施

科技型中小企业知识产权战略制定要具有实用性，并要与企业整体发展战略规划相协调，贴合科技型中小企业实际的技术需求、商标需求，要有可实现的发展目标，并将目标设置具体化、数量化，对于科技型中小企业应在知识产权的创造核心技术、保护和管理核心技术上具有指导性。

1. 分析企业面临的内外部环境

自 2009 年国务院批复建设中关村国家自主创新区以来，经过 9 年多的建设发展，国家自主创新区的数量已达到 19 个，参照国家知识产权局、国家自主创新示范区、国家科技重大专项等相关标准，借鉴北京中关村、上海张江、武汉东湖、安徽合芜蚌四个国家自主创新示范区及广州科学城、合肥科学城、深圳创新城等典型成功经验，国家自主创新区已成为我国促进创新发展、产业转型升级的重要引擎。目前，我国国家自主创新区形成了系统布局、多点辐射、全面带动、引领创新发展的良好态势，已经成为支撑引领区域发展的创新高地，培育壮大新产业新动能的重要引擎，汇聚高端创新资源和要素的重要载体，开辟国际科技竞争与创新合作的前沿阵地。

① 科技型中小企业外部环境分析应先应从宏观政策环境分析入手，如为贯彻落实《国家创新驱动发展战略纲要》，推动大众创业、万众创新，加大对科

技型中小企业的精准支持力度，科学技术部、财政部、国家税务总局按照《深化科技体制改革实施方案》要求，研究制定了《科技型中小企业评价办法》，为落实提高科技型中小企业研发费用加计扣除比例税收优惠政策提供了工作支撑，也为各地出台科技型中小企业精准扶持政策提供了基础。

科技型中小企业如果先不考虑主导产品出口时，可先分析国内外市场竞争状况。以机器人行业为例，2017年我国机器人市场规模达到62.8亿美元，2012—2017年的平均增长率达到28%。我国机器人制造企业在系统集成和本地化方面优势明显，成长速度快。从未来的发展看，国产工业机器人市场还有很大的提升空间。但关键技术受控于发那科、ABB、安川、库卡等外资企业，关键零部件（减速机、伺服电机等）的研发方面日本企业具备较强的技术壁垒。

② 科技型中小企业现有基础条件分析。在机器人制造方面，科技型中小企业想要更好地发展，既要有懂机械研发的人员，又要有懂信息技术研发的人员，尤其是要有懂机器人相关控制技术研发的人员。然而机器人属于专业设备制造业，其专利竞争也是相当激烈的。因此，科技型中小企业要想在技术创新和产品创新方面实现“弯道超车”，主要取决于企业关键技术的拥有状况、研发投入状况等。

③ 实施知识产权战略的必要性和可行性分析。知识产权保护是激励科技型中小企业创新的基本手段，是企业创新原动力的根本保证。今天的企业高层管理者应该懂得形成自主知识产权的基点是创造新的市场需求，也是打破以美国为首的西方发达国家的技术垄断及科技型中小企业提升国际竞争力的核心要素。

科技型中小企业知识产权战略的实施需要运用协同管理方法，整合内外部资源，在企业研发、采购、生产、销售等环节，以及企业与外部之间建立协同合作关系；分析本企业是否有实施知识产权战略的必要，定位是否准确，运用

SWOT 分析方法分析科技型中小企业有哪些优势和劣势，所制定知识产权实施策略是否可行。

2. 确立实施知识产权战略的指导思想和原则

① 指导思想。科技型中小企业制定的知识产权战略应当服务于企业整体发展战略，实施知识产权强企工程，提升企业知识产权工作能力，推动企业转型升级。

② 遵循原则。以国家知识产权局在 2012 年发布的《企业知识产权管理规范》（GB/T 29490—2013）为依据，以科技型中小企业发展战略为导向，灵活运用知识产权规则，统一部署企业经营发展、技术研发、品牌提升和知识产权管理。

3. 确立实施知识产权战略的目标

实施知识产权战略的基本目标之一就是提高企业的竞争力。一般认为，企业竞争力是多因素综合作用的结果，技术创新是实施科技型中小企业知识产权战略最关键的因素。著名的现代管理大师德鲁克指出，现代企业有两个主要功能：一是营销，二是创新。日本学者把企业竞争力与技术创新投资联系起来。经过研究，他们指出：企业的研发成本仅占公司销售收入的 1%，那么公司注定要失败；如果是 3%，则只能维持企业发展；如果占 5%，则可以参与竞争；如果达到 8% 或更高才有可能提高竞争力。在企业发展过程中，技术创新与新产品开发、技术改造、技术转移或扩散行为有关，决定着企业的技术水平和成本水平。

科技型中小企业在制定知识产权战略时，企业的高层管理人员应针对企业内部有关职能和层次，建立并保持知识产权目标，所制定的知识产权发展目标应确保形成文件与企业知识产权方针保持一致，并且应建立以创造知识产权为主的创新驱动发展评价体系，完善本企业的研发、软件著作权、商标、商誉等核算方法，并且应十分明确，便于理解和贯彻。科技型中小企业实施知识产权战略应当考虑下列目标。

（1）以知识产权发展为核心设立科技型中小企业品牌营销目标

中兴事件不仅反映出新一轮中美贸易摩擦正向高新技术产业蔓延，更重要的是折射出中国科技型企业在实施"走出去"战略过程中屡屡受挫的窘境以及存在的知识产权"痛点"，高新技术产业"缺芯少脑"的问题，再次严峻地摆在人们面前。科技型中小企业品牌建设如果没有自主知识产权做支撑，让产品的核心技术掌握在国外企业中，企业无论花多大代价实施品牌营销战略，核心技术都将受制于人，这也是企业品牌建设最大的隐患。因此，科技型中小企业只有长期坚持创新研发，打造自主知识产权，企业发展才能更加长远。企业要将企业品牌、产品品牌在消费者心中进行差异化定位，通过以知识产权发展为核心打造产品品牌价值的营销策略和资源整合，实现持续的营销目标，提高公司的产品销售和利润。

（2）知识产权发展目标

按照"追求卓越，贵在永续，激励创新，有效运用知识产权"的知识产权管理方针，以建立和完善以知识产权管理体系为核心，以提高以技术为主的中小企业的知识产权水平和自主创新能力与核心竞争力作为知识产权发展的目标，并建设和改善企业知识产权的环境和文化环境。注重提升使用知识产权的能力，努力形成一批具有自主知识产权、特色突出、核心竞争力较强的技术及产品，为科技型中小企业发展提供强有力的支撑。

（3）知识产权产出目标

科技型中小企业在制定知识产权产出目标时，应结合企业发展战略和《企业知识产权管理规范》附录中控制目标和控制项、管理业绩提高指标设计出知识产权产出量化的指标，并且将知识产权产出指标纳入企业年终绩效考核范围，提升知识产权质量和效益，确保企业在规定的年限内实现知识产权产出目标。

（4）知识产权内部管理目标

企业知识产权战略制定对不同的科技型中小企业来说，发展重点和要求不相同，企业需要根据自身的情况和面对的外部因素，结合技术创新产品创新，选准企业的关键技术突破点，从技术、市场和法律三个维度决策新技术、新产品研究开发路线、规划知识产权的伸展空间，在有限的年限内（三年或五年）集中力量进行重点突破。企业要把握技术竞争主动权；严格保护支撑核心竞争力的核心技术，如基本发明专利的多重保护屏障、关键核心技术秘密的高度保密。企业要加强技术管理制度和进出口知识产权审查、论证制度；建立健全企业商业秘密保密制度；制定企业人才流动管理（竞业限制）制度；对于一些可以公开的技术、方法及设备改进，通过申请专利获得国家法律保护。企业要与知识产权中介服务机构合作，分析纠纷性质，确定谈判、调解、行政处理、仲裁、诉讼合适的纠纷解决途径。

（5）知识产权策略选择目标

以电子器件行业为例，全球的集成电路制造企业每年都会投入巨资研究新的集成电路制程工艺，如光刻机（Mask Aligner）的加工工艺（氧化与掺杂、薄膜制备、光刻、工艺集成）等，其标志就是集成的半导体元件的线宽。集成电路制程工艺线宽从几十微米到几微米，每一次进步都带来更小的线宽，更小的功耗，更高的工作频率，能够集成更多的元件，有更强的性能。现阶段集成电路能量产最先进的工艺节点是 7 纳米，拥有最先进工艺的集成电路厂投资额基本在数百亿到上千亿人民币，是许多科技型中小企业达不到的。但电子元器件产品并不需要集成电路那样的生产设备，也不需要那么大的投资，这就需要科技型中小企业根据自身的投资能力和技术实力对知识产权策略进行选择，确定知识产权选择目标。

（6）知识产权信息利用目标

作为科技型中小企业，首先要学会利用现有的中国专利信息中心专利价值自动评价系统、国家知识产权局检索平台、中国知识产权网、SOOPAT 专利数据库等资源。2017 年，国家知识产权局还发布了《关于公布全国专利文献服务网点名单的通知》，确定北京市知识产权信息中心等 120 家单位为全国专利文献服务网点。科技型中小企业应利用知识产权信息资源，分析判断专利技术交叉、重叠或覆盖的可能性，并分析其核心技术的主权项，判断竞争对手的技术发展方向，以此选择本企业的相应的新产品研发策略，防止重复研究和知识产权侵权。

4. 明确科技型中小企业实施知识产权战略的主要任务

（1）企业内部知识产权管理体系建设

科技型中小企业应按《企业知识产权管理规范》及相关法律法规要求，结合企业自身规模和实际需要，建立健全符合科技型中小企业的特点，能覆盖到各企业职能部门的知识产权管理组织机构。按照《企业知识产权管理规范》进行贯标的企业应由总经理任命“知识产权管理者代表”，由企业“知识产权管理者代表”组织各职能部门负责人，完善本企业的知识产权管理手册，提高企业的知识产权管理工作水平。

（2）知识产权管理制度、工作机制的建设

企业知识产权管理体系，包括企业专利、商标、著作权管理应形成文件，并贯彻实施和持续改进。管理体系文件（含图纸等）可以书面形式存在，也可以电子文件存在，按照企业 OA 软件要求、集成产品开发（Integrated Product Development，IPD）流程要求和相关知识产权管理制度进行管理。当管理体系发生变化或知识产权的方针、目标发生变化时，企业应及时修改知识产权管理体系文件。

（3）做好企业主导产品、关键技术的市场监控

企业所设置的知识产权办公室应与技术部门研发人员相互配合，定期梳理、统计和跟踪分析国内外主要竞争对手的专利信息，通过知识产权信息的分析和相关专利的动态跟踪，了解与企业有关的主导产品的关键技术、关键工艺的发展方向和竞争对手的专利申请趋势，并对竞争对手的技术趋势和技术研发进行专题分析。分析的结果可为科技型中小企业实施技术更新决策，产品更新决策，专利布局、挖掘、组合及风险规避提供信息支撑。

另外，企业要时刻关注世界范围内的新技术、新产品对本企业的主导产品是否具有颠覆性，如柯达公司的破产原因是重大的非技术性战略失误造成的。柯达公司信仰技术，依赖国际制度对于知识产权的保护，拥有许多先进技术的专利，其公司管理者倾向规避风险保护发展。但是其竞争对手却将关注点放在不一样的地方，在揣摩消费者的时尚兴趣，把企业文化作为竞争的主要元素，把握新技术的发展方向。因此，其竞争对手生产出消费者需要的数码相机，在竞争中抢占了先机。

（4）加强对科技型中小企业员工知识产权的培训

科技型中小企业可根据自身的特点和知识产权管理工作的实际需要，合理制定具体的知识产权培训教育计划内容，实施灵活，开展有计划的知识产权的专门培训，使企业的全体员工和新入职员工的知识产权意识得到普遍提高。

5. 以技术创新和品牌战略为依托实施知识产权战略

（1）技术创新战略

技术创新战略是企业进行技术创新活动的总体规划。它和品牌提升战略都是为科技型中小企业实施知识产权战略、促进科技型中小企业发展服务的。实施科技创新战略对科技型中小企业具有重要意义。创新需要有内在和外在的强力驱动，需要刨根问底和团队协作，需要锲而不舍地思考和实践。特别是在中美贸易战愈演愈烈和我国实施创新驱动战略的大背景环境下，实施技术创新战略也是促进企业发展的纽带，协调企业内部各职能部门朝着一个共同明确的核心目标迈进。在集成电路领域，一代工艺、一代材料，而且材料技术发展日新月异，须超前布局，坚持创新，才能适应集成电路产业发展的要求，采用新技术、新工艺、新设备调整优化产业和产品结构，才能不断提升企业科技创新能力和产业竞争力。

科技型中小企业与大型企业在资金、人才、产品等方面的情况大不相同，所制定的技术创新战略也不尽相同。因此，没有普遍适用的科技型中小企业技术创新战略。科技型中小企业应根据企业实际情况，制定自身的技术创新战略。

（2）品牌战略

品牌战略是指企业在内外环境的基础上进行整体规划，以确立品牌的优势，保持品牌的优势和实现目标的手段。科技型中小企业实施品牌发展战略可采取以下策略。

一是统一品牌策略。统一品牌策略是指企业将经营的所有产品全部统一使用一个品牌。其优点是：在当今的科技主导技术中，产品的转化是非常迅速的。因此，科技型中小企业创建一个品牌最有效的方法应该是为整个企业创造一个品牌。科技型中小企业采用统一品牌策略，在现有产品已赢得良好市场信誉的情况下，将新产品推向市场时能够降低宣传费用，同时也有助于显示企业实力，塑造企业形象。其缺点是：若某一种产品因某种原因出现问题，就可能因此牵连到其他种类产品并影响全部产品和整个企业的信誉，即负面“株连效应”；当然，统一品牌策略也存在易相互混淆、难以区分产品质量档次等令消费者不便的缺点。因此，采用统一品牌战略的中小型企业的产品应具有相同的质量水平，否则会影响到企业的整体形象。

二是个别品牌策略。个别品牌策略是指企业对不同产品及品种使用不同的品牌。此策略能满足不同产品、不同等级、不同国家和地区的不同需求，并能为不同消费者设计不同的品牌形象。这有利于严格区分不同等级的产品，有利于彰显企业的强大实力。特别是对生产或销售多种不同类型产品的企业，如果统一使用一个品牌名称，这些不同类型的产品很容易相互混淆。个别品牌战略可以增强企业的竞争力，增加市场份额，同时也增强企业抵御风险的能力。当一个品牌不受消费者青睐时，还有其他品牌提供支持。当一个生产高端产品的公司计划推出低端产品时，如果低端产品有自己的品牌，那么公司就不会因为低端产品的推出而影响高端产品品牌的声誉，否则可能会遭受重大损失。

三是统一品牌与个别品牌并存。这种策略结合了两者的优点。也就是说，不同的产品有不同的品牌，同时，各种产品在公司面前有一个统一的品牌。这一策略的好处是：使新产品合法化，享受公司的声誉；各种产品都有自己的品牌和自己的特点。如果公司的产品是不同类型的，那么在此时使用统一品牌是不合适的。在这种情况下，更适合一个综合品牌，即每个产品都有自己的品牌，同时也有一个统一的公司品牌。

四是品牌的联合。品牌联合是指分属不同公司的两个或更多品牌的短期或长期的联系或组合。品牌联合是一种重要的品牌资产利用方法。两家或多家公司联合创建一个联合品牌通常对双方都有利。对于品牌联合的发起人来说，实施品牌联合的主要动机是利用其他品牌所拥有的品牌价值来影响消费者对新产品的态度，从而增加他们的购买意愿，并且提高品牌形象或加强某种品牌特征。

3.2　技术创新促进科技型中小企业自主知识产权的形成

科技型中小企业要拥有自主知识产权的技术创新首先是观念创新。观念代表着思想，思想支配、决定着行为。技术创新观念的转变直接影响着科技型中小企业自主知识产权战略的实施效果。所以，科技型中小企业的技术创新，首先要解决好以下几个方面的观念创新。

3.2.1　技术创新是科技型中小企业知识产权的主要来源

1. 技术创新的内涵及其特点

技术创新是一项事业，每一项事业都有其特定的内涵和本质特点。在我国创新投入产出水平大幅度上升的背景下，相比发达国家，当前部分企业技术创新水平仍然较低。

（1）技术分级

① 通用技术（general purpose technology）。作为一种“使能技术”的通用技术更多的是为企业技术进步创造新的机会，而不是提供最终的解决方案。有学者认为通用技术有以下三个特征：一是通用技术可以通过文献、员工离职等原因推广到多个企业；二是通用技术可以推动本企业生产效率提高和降低成本；三是应用通用技术可以推动众多企业的产品和生产过程创新。

② 关键技术。关键技术具有一定的通用性，是在同类产品制造中的主流技术，在产品生产中起关键作用，是实现产品某种功能的主要技术手段之一，与替代技术相比具有很大的优越性，可能作为国内同行业的技术标准。关键技术可分为促进企业产品功能提升的关键技术和促进行业发展的关键通用技术。企业内部关键技术是指在产品生产中能生产比竞争对手质量更高的产品技术、工艺和设备。产业共性技术是指已经或可能被广泛应用于许多领域的一种技术，其研发结果可以共享并对整个行业或多个行业及其企业产生深远的影响。

工业和信息化部印发的《产业关键共性技术发展指南（2017 年）》共提出优先发展的产业关键共性技术 174 项。《知识产权重点支持产业目录（2018 年本）》确定了 10 个重点产业，细化为 62 项细分领域，明确了国家重点发展和急需知识产权支持的重点产业。科技型中小企业应结合企业自身特点，以《产业关键共性技术发展指南（2017 年）》和《知识产权重点支持产业目录（2018 年本）》为依据，开发有一定的市场潜力和前景的关键技术。

③ 核心技术。核心技术可分为技术核心和设计核心。大量的核心技术背后是科研机构和企业通过长时间进行基础研究形成的技术积累。核心技术是实现产品的功能，确定新产品技术开发路径的关键部分，不受产品差异性的影响，任何企业生产同类产品或类似产品必须用到此类核心技术，能够应用到其他领域，在产品生产过程中不可替代，不受到其他标准因素影响实现困难、成本高、效果不佳，并能代表国内外该项技术体系的发展趋势。设计核心是一个技术研发体系，包括新产品市场调研，相关的基础理论，实验室技术、原材料和配件选择，工艺设计，生产设备选择，工艺样机生产，中试等一系列评审的整个体系。科技型中小企业往往只有总工程师、质量管理师等几个人掌握核心技术，能完成整个体系技术和工艺，企业所掌握的核心技术市场潜力极大，并具有其他企业技术的不可复制性。如一部智能手机涉及上万个专利，谷歌借安卓系统获得高额利润，每年可以向 Android 手机制造商三星、HTC 收取约 30 亿美元的专利费。

（2）技术创新的内涵

“创新”的概念最早是由奥地利的美籍经济学家约瑟夫·阿洛伊斯在 1912 年德文版《经济发展理论》一书中提出的。他将“创新”定义为“建立新的生产功能”，即“企业家生产要素的新组合”，是指引入从未被引入生产系统的生产要素和生产条件的“新组合”。按照这一概念，创新包括技术创新（产品创新与工艺创新）与组织管理上的创新，因为它们都可导致生产函数的变化。

由此可以看出，熊彼特的创新概念包括广泛的创新，包括技术变革和非技术变革。1951 年，美国经济学家索罗发表了《资本化过程中的创新：对熊彼特理论的评论》，他的贡献是首次提出了技术创新的两个重要条件：新思想的源泉和发展。“两步理论”是技术创新领域中具有里程碑意义的事件。1962 年，伊诺斯发表了《石油加工业的发明和创新》，认为技术创新是多种行为结合的结果。这些行为包括发明的选择、资本投资的保证、组织的建立、计划的制订、工人的招聘和市场的开拓。在 20 世纪的最后几十年中，一些新的理论出现，主要是来自美国和英国的经济学家和管理学者的贡献。

关于技术创新的研究在中国起步较晚。它始于 20 世纪 70 年代，当时我国的一些经济学家对国外技术创新的成果进行了分析。随着研究的不断发展，20 世纪 80 年代中后期，我国出现了一些关于技术创新的论文和著作。研究工作从简单的西方技术创新理论和研究方法的翻译和介绍，迅速转变为对我国企业技术创新活动的实证研究，逐步形成了技术创新的理论体系。

技术创新是一个影响深远、广泛复杂的系统工程。因此，从不同的角度研究技术创新，将对技术创新的概念提出不同的定义。其本质是新技术的产生和商业化，其中管理、组织和服务的改善也起着重要的作用。技术创新的概念至今还没有形成统一的意见。对它进行精确的定义，我们需要把握两个原则：第一，必须有足够的理论基础；第二，对中国的社会主义市场经济与企业创新实践的发展一定是有益的。在上述原则的基础上，根据目前中国的经济发展和科技型企业技术创新的现状，本书认同傅家骥先生对技术创新的定义：“技术创新是企业抓住市场的潜在盈利机会，以获取商业利益为目标，重新组织生产条件和相关要素，建立起效能更强、效率更高和费用更低的生产经营系统，从而推出新的产品、新的生产工艺，开辟新的市场，获得新的原材料或半成品供给来源和建立企业新的组织，它是包含科技、组织、商业和金融等一系列活动的综合过程。”

技术创新作为一种新的发展战略，强调以下三个方面：一是技术创新强调市场，是一种以市场为基础的活动；二是技术创新不是简单的技术引进，是强调开发新产品、新技术和专有知识产权，但发明和成果不是创新，它们只是创新的初级阶段；三是技术创新强调系统化，技术创新不仅是技术部门的工作，而且还需要营销部门对新产品进行用户测试，需要财务部门的资金支持和各部门密切协调。

（3）技术创新的特征

作为科技型中小企业的一项重要经济活动，技术创新的主要特征有以下几点。

第一，创新性。技术创新是企业的一种创新行为，创造新的资源，重新组合生产要素，承担着被称为“创造性破坏”的创新活动。我们通常看到的是新产品、新流程或新服务，但在本质上，它包含了企业的创意，反映了企业的精神和行为。

第二，累积性。每一轮新的创新都是对前人的技术和工艺的改进或者扬弃，也就是说，要在原有的产品和新的突破过程中前进。从创新的程度来看，它分为渐进式创新和新的重大创新。渐进式创新是对现有创新的一点突破；新的重大创新是更多甚至是原始创新的全部，在更深层次上反映了一个企业对原有技术的积累。

第三，高投入性。技术创新是一种高成本的经济活动，需要更多的资金、人力资本和在技术设备上进行的投资，不确定因素较多，开发周期较长。创新过程中的每个节点——技术研发、产品设计、样品试制、确定生产工艺流程、产品中试、试销、工艺流程改进到大规模生产都需要不断投入新资源。核心技术创新越多，需要消耗的资源就越多，产品开发周期也就越长。

第四，风险性。技术创新是一种高风险、高失败率的活动。作为技术创新的追随者，产品开发方向已经被同业领先者确定了。所以，选择技术研发的方向对于科技型中小企业而言还不是首要问题，关键是要聚焦企业自身的有限资源，通过技术研发迅速缩短与同业领先者的技术差距和产品差距。但是，当技术创新的追随者一旦走到技术前沿，就需要承担起在技术创新中不确定性的责任，探索未来的新产品、技术研发方向。但由于技术不确定性、市场不确定性、创新效益的不确定性以及制度环境中的不确定性，可能会给在技术前沿领域的企业带来很大的风险。商业竞争法则是：创新或死亡。一个重要创新的延迟往往会危及公司的生存。曾驰名世界的美国王安电脑公司在个人计算机竞赛中的惨败就是一个例子。

第五，高效益性。技术创新投资多，风险大，效率高。在激烈的市场竞争中，10% 的技术创新是成功的，足以使企业建立市场地位。成功的技术创新，一方面为企业带来巨大的利润；另一方面又帮助企业在一定时期内占领市场，形成技术垄断。在扣除创新成本后，企业获得市场垄断和高利润。正是在追求这样的垄断高利润的情况下，企业才愿意承担高风险，投入大量人力、物力进行创新活动。熊彼特认为，这种利润是企业家创新的回报。正是这种利润的存在促使许多企业实现技术优势和市场优势，以维护企业的生存和发展。以 2017 年度获得国家科技进步奖特等奖的“特高压 ± 800kV 直流输电工程”为例，它是解决我国能源与电力负荷逆向分布问题、实施国家“西电东送”战略的核心技术。国内外均无可借鉴经验，创新性极强、难度极大。国家电网公司在研究特高压直流输电技术必要性的时候首先瞄准国家的重大需求，是根据我国的基本国情来进行创新，而不是为创新而创新。截至 2017 年，“特高压 ± 800kV 直流输电工程”获发明专利授权 114 项，主导完成 IEC 国际标准 46 项，国家标准 54 项，行业标准 38 项，出版著作 32 部。全产业链、价值链的输出实现了 350 亿美元的经济效益。

第六，扩散性。埃弗雷特 · 罗杰斯认为创新的传播包含五个步骤：即认知（knowledge）、说服（persuasion）、决定（decision）、实施（implementation）以及确认（confirmation）。当一个创新产品投入市场时，它可能在一段时间内处于垄断地位。随着时间的推移，模仿者将会出现。垄断将被竞争取代，这将促进整个行业的技术进步。因此，想要实现创新活动的经济影响最大化，一个重要途径是通过成功的技术创新及其扩散。技术创新及其扩散的过程是真正意义上的促进发展和财富增长的过程，以此实现技术创新的宏观经济效益。

2. 技术创新的作用

通过理论分析和案例分析可以看出，技术创新的作用主要表现在以下两个方面。

一是技术创新和经济增长。自从熊彼特提出的创新理论以来，国内外许多著名的经济学家，如索罗、箭头、库兹涅茨、谢勒和曼斯菲尔德，对技术创新理论进行了更加全面的研究。技术创新被认为是市场经济发展理论的重要内容。世界经济的发展进程也雄辩地证明，技术创新是人类财富的源泉，也是经济发展的巨大推动力。

技术创新的方向和表现形式在不同的发展阶段是不同的。在 18 世纪 60 年代到 19 世纪 40 年代的第一次工业革命时代，蒸汽机的发明为大规模生产带来动力，让社会的生产方式由手工作坊式转向工厂化的大规模生产。电力的出现让动力变得可控制，我们可以控制电动机的功率大小，我们可以将本地发的电输送到千里之外，点亮千里之外的灯泡，让千里之外的电动机运转起来。技术创新的主要方向和表现形式是如何进行高速化大规模生产，才能获得规模经济效益。20 世纪 70 年代以后，人类社会进入后工业时代，电子信息技术广泛应用，发达国家的社会物质财富水平有了很大的提高。技术创新选择了新的发展方向。大多数劳动力不再从事农业和制造业，而是从事服务业，生产模式的主要特点是网络化和柔性生产。组织的技巧和生产的效率是竞争的主要标准。技术进步的速度也提出了更高的要求。20 世纪 70 年代末以来，新兴工业化国家的崛起和早期工业化的衰落表明，国家的经济增长是技术创新效应不断发挥的过程。"中国制造 2025"战略的实施，在全国范围内掀起了一股工业自动化行业转型升级的革新热潮，各大企业纷纷引入智能化、数字化生产线与工业机器人，智能制造已成为工业自动化行业发展的必经之路。

二是技术创新与企业发展。纵观国内外成功企业走过的历程，企业发展的历史就是技术创新的历史，企业生存和发展的基础就在于技术创新，只有持续不断地推动技术创新，企业才能在市场竞争中获胜。美国战略管理专家波特在《竞争优势》中指出：低成本战略和差异化战略是企业获取竞争优势的根本途径。要获取低成本优势，就要使投入要素的价格更低，重新设计企业在价值链中的位置，做到规模经济。可见，价值的集约化依靠的是技术创新。差异化战略是根据不同客户的需求和偏好，优化产品链结构，不断提高产品的附加值。即便在经济极度低迷时期，产品新颖、质量优秀、性能完善的产品也会在市场上走俏。成熟市场上的竞争，依靠的是技术的不断创新。

3. 技术创新的影响因素

影响企业技术创新的因素比较复杂。它涉及企业的外部因素，包括制度因素、政策因素、技术因素和社会资本因素，也涉及企业的内部因素，如组织因素、资本因素、人才因素和企业文化。这些因素共同构成了一个复杂的网络，而企业在这样一个复杂的网络中运作。企业技术创新的系统复杂性特点决定了我们只有用系统的观点和方法，掌握技术创新和整合措施，才能取得最佳效果。

（1）制度因素

自熊彼特提出创新理论以来，人们已经认识到技术创新、经济增长与经济理论的制度变迁之间存在着密切的关系。企业技术创新的过程受到制度环境的制约。因此，创新体系方法论将制度环境作为影响技术创新的核心因素之一。例如，国内外学者大多认为，知识产权制度在技术创新中的作用是一把“双刃剑”。一方面，知识产权制度在促进企业技术创新方面发挥着积极作用，知识产权保护是创新的源泉，赋予专利所有者一定期限的“垄断所有权”，使企业能够在较短的时间内收回研发费用，获得合理回报，从而保护企业对持续创新的热情。知识产权保护不仅通过信息披露提高了全社会的技术水平，而且为知识产权人的垄断利益提供了制度保障。企业只有不断创新才能积累技术存量、吸引投资，最终促进技术创新能力的提高。从这个角度看，专利制度对企业实施技术创新具有积极意义。另一方面，知识产权制度对技术创新的影响不能一概而论。知识产权的过度保护会产生负面影响，阻碍创新的传播。知识产权保护水平必须与技术创新的阶段和水平相称，才能真正促进企业技术创新的顺利发展。知识产权保护过多或过少都可能阻碍技术创新，两者在创新的不同阶段以不同的形式相互影响。

（2）政策因素

经济学家认为，创新成果不能由研发机构的企业和组织全部获得，高校、科研机构的创新成果在一定程度上具有公益的特点。因此，政府有必要采取措施,促进私营部门的技术创新活动。现有的政策工具是公共研究和税收鼓励措施，并直接补贴企业技术创新部门。

在共性技术研究方面，主要是由政府提供研究经费，政府通过为高等院校、科研院所或公共实验室等机构提供科研经费，进行基础研究和应用研究，来推动国家在基础科学领域的技术创新，他们的研究成果是企业创新所必需的基础知识，也是企业创新的源泉。政府对科研部门的直接融资，政府向企业提供的贷款担保、优惠政策等，将促进企业的技术创新活动。

产业政策对创新倾向有导向作用。从全球经济看，各国都在不断地调整本国的产业政策，以此鼓励科技型中小企业的创新倾向。竞争压力强，就迫使企业技术创新。随着全球经济一体化，在生产、存储、信息交流方面空前的技术变化使世界变得越来越小，无论国家位于什么地方，先进的远程通信、卫星电视以及国际互联网把人们联系在一起。从前景来看，日本已证明新技术的快速商业化能够增加全球市场份额。其他亚太国家也仿效日本的做法。韩国、新加坡、马来西亚、印度尼西亚和泰国都已投入到科技产业发展之中。

市场信息是技术创新的基础，谁掌握市场信息，谁就有可能在竞争中获胜。日本企业家为我们树立了一面旗帜，他们视信息为“无形财富”，他们尤其重视四种信息：一般企业的环境信息；特定技术信息；特定企业信息；特定产品信息。外部创新激励主要是宏观经济管理方面给予的优惠政策，如税收优惠、研发支持等。

以装备制造业为例，传统装备制造业向高端化、智能化、集聚化、服务化转变。2015 年，国务院发布《中国制造 2025》后又多次发布相关政策和文件，支持先进制造业的发展，见表 3.1。

表 3.1　装备制造业相关政策汇总

时间	部门	政策名称
2017.2	教育部、人力资源和社会保障部、工业和信息化部	《制造业人才发展规划指南》
2017.3	中国人民银行、工业和信息化部、银监会、证监会、保监会	《关于金融支持制造强国建设的指导意见》
2017.5	工业和信息化部	《“中国制造 2025”分省市指南（2017）》
2017.5	科学技术部	《“十三五”先进制造业技术领域科技创新专项规划》
2017.5	工业和信息化部、财政部	《2017 年工业转型升级（中国制造 2025）资金工作指南》
2017.7	工业和信息化部	《工业机器人行业规范管理实施办法》
2017.7	国务院	《国务院关于印发〈新一代人工智能发展规划〉的通知》
2017.10	国家发展和改革委员会	《国家发展改革委办公厅关于组织实施 2018 年“互联网 +”、人工智能创新发展和数字经济试点重大工程的通知》
2017.10	工业和信息化部	《高端智能再制造行动计划（2018—2020 年）》
2017.11	工业和信息化部	《关于加快推进环保装备制造业发展的指导意见》
2017.11	工业和信息化部等十六部门	《关于发展民间投资作用 推进实施制造强国战略的指导意见》
2017.11	工业和信息化部、科学技术部	《国家鼓励发展的重大环保装备目录（2017 年版）》（征求意见稿）
2017.11	国务院	《国务院关于深化“互联网 + 先进制造业”发展工业互联网的指导意见》
2017.11	国务院	《国务院办公厅关于创建“中国制造 2025”国家级示范区的通知》
2018.4	国家发展和改革委员会	《关于促进首台（套）重大技术装备示范应用的意见》

“互联网 +”战略加速落地，并取得了实质性进展。2017 年 11 月，科学技术部召开《新一代人工智能发展规划》暨重大科技项目启动会，首批四个国家创新平台确立，包括自动驾驶、城市大脑、医疗影像及智能语音。随着国家相关政策落地以及示范平台的发布，未来人工智能将迎来实质性的进展。未来人工智能的发展方向主要在智慧城市、人工替代等方面。

2017 年 8 月工业和信息化部发布《关于加快推进环保装备制造业发展的指导意见（征求意见稿）》提出，到 2020 年，先进环保技术装备的有效供给能力显著提高，市场占有率大幅提升，环保装备制造业产值将达到 10 000 亿元。重点研发攻关的领域包括：大气污染防治、水污染防治、固体废物处理处置、土壤污染修复等。

（3）技术因素

技术因素直接影响到企业的技术创新活动，其技术创新、技术选择和技术结构的整体水平对企业技术创新活动产生深远影响。研究发现吸收能力对自主创新绩效有正向的影响，而组织规模对其影响不显著。企业的整体技术水平决定了新项目的创新水平，没有良好的技术结构，创新效率低下，没有效率创新就是失败的创新。企业技术结构和技术实力的合理配置有利于企业技术创新能力的充分发挥。同时，在创新团队的选择上，还要进行正确的结构配置，除了安排足够的技术骨干外，还要有一流的工程师和一支能干的营销队伍。创新的技术活动包括关键技术活动和辅助技术活动，企业的整体技术创新能力与这些因素密切相关。如果企业拥有一个优秀的知识产权管理信息系统，收集和处理技术创新信息的能力将大大增强，将能够把握市场的需求，挖掘新的创新机会，便于提升自主创新能力。具有较强研发能力的企业能吸收先进的销售网络，快速引进先进技术的能力，在加快创新产品市场化和发展新产品方面具有巨大的优势。同时，如果企业掌握了技术预测和技术评估的关键能力，就可以避免创新中走弯路，大大提高技术创新的效率。

（4）社会资本因素

社会资本是指企业与相关企业的横向联系、与供应链各环节的纵向联系、企业外相关实体与组织间社会关系等的总和，以及企业获得和使用这些关系来吸收外部信息和其他资源的能力总和。基于开放式技术创新模式，有观点认为不同的利益相关者可以根据不同的资源禀赋、技术属性和市场空间选择不同的合作模式。随着技术创新的发展，其组织形式从独立、集中向网络化、虚拟化转变。为了降低自主创新的成本和风险，企业开始在自主创新与合作创新之间进行权衡。因此，技术创新联盟、技术创新网络、技术创新国际化等新趋势开始出现。与此同时，技术创新的中介机构也开始活跃起来，政府、大学和企业技术研发中心之间的联系开始密切。

（5）组织因素

企业的技术创新活动具有无特征、时滞、不确定性和成本高等四个特点。有观点认为，组织创新是企业技术创新模式选择的前提。企业的组织结构通过这四个特点可以对整个技术创新活动施加强有力的影响，这些影响包括：信息流是否畅通、核心技术与新产品开发经验积累程度、组织效率、组织开放程度和组织柔性等。

保证信息畅通是企业技术创新活动中最重要的一环。技术创新的开放有利于企业的创新。吸收国内外新技术创新信息，加强相关技术机构的交流与合作，把握新技术突破的方向，是技术创新战略管理的重要环节。信息流的几个节点是：供应商、客户、营销部门和研发部门。在任何一个节点上信息不畅通都会导致技术创新失败。

企业的组织结构对技术创新具有重要影响，不同组织结构对技术创新的影响也不同。例如，扁平化的组织结构更有利于技术创新；物流对企业技术创新的过程产生了重要影响，但在技术创新和企业管理能力方面也产生了重要影响。有学者以高端装备制造业为例，针对组织创新与技术创新的匹配关系进行研究，得出的结论是，大多数的高端装备制造企业战略创新与工艺创新匹配，结构创新与工艺创新匹配，文化创新与产品创新匹配，而其他要素之间则是不匹配的。企业管理者针对匹配要素组要进一步地强化监督和观察，而针对不匹配的要素组，企业管理者则是要采取积极措施进行调整和优化，如完善企业战略、优化企业结构、丰富企业文化、健全企业制度体系等。

柔性是指企业的灵活性，取决于企业的创新管理能力。组织柔性对企业技术创新方式的选择具有重要的影响，组织柔性程度和特定的技术创新方式相适应：能力柔性高的企业有利于自主创新和合作创新，资源柔性高的企业倾向于自主合作而不是合作创新。

核心技术与新产品开发经验积累程度也很重要。所谓核心技术，是指在一个产业领域或者技术主题中，能够影响甚至决定众多技术的发展，处在技术领域中最为重要位置并对经济产业的发展具有支撑作用的技术。企业依靠时间积累的显性知识、隐性知识和其他知识，以及多年生产过程中形成的最佳产品生产工艺流程和技术诀窍等，是企业的技术存量，会对企业后续的技术创新方向、研发速度和技术创新的实现产生重要影响。

（6）资金因素

掌握核心技术是企业取得决定性竞争优势的关键途径之一。虽然它不能表明高强度研发投入与竞争优势呈现正相关，但有足够的数据表明研发投入与竞争优势高度相关。影响我国现行技术创新的因素还体现在引进世界先进技术工艺和工程试验生产设备的能力，以及引进和保留高质量技术创新人才和企业管理人才的能力。但要获得这些资源，资本因素绝对不能少，没有资金的支持，一切都 将成为空谈。

（7）人力资本因素

人是企业技术创新的主体。在影响企业技术创新的各种因素中，这一因素是最不可替代的。20世纪60年代，舒尔茨提出了人力资本在经济发展中作用大于物质资本的结论。理论表明，人力资本的作用大于物质资本的投资，资本积累的重心应该从物质资本转移到人力资本。

提高科技投入产出效率和科技自主创新能力的关键是企业，企业是科技创新活动的主体，在国务院颁布的《制造业人才发展规划指南》中，明确指出了大国工匠和创新型技术领军人才、技能紧缺人才是未来制造业人才需求的核心。以数字技术和人工智能为核心的第四次工业革命再次引燃人才战争，未来制造强国的竞争是人才的竞争，竞争的是技术无法替代的人才，竞争的是具备科学、技术、工程和数学知识的各类人才，竞争的是有数字技能的专业人才。

实质上，知识经济就是人才经济。企业家是技术创新的倡导者和决策者，高素质的研发团队是企业技术创新的灵魂。技术创新人才是技术创新活动的主力军。同时，技术创新是一个系统工程。它需要创新团队的集体努力，还需要技术创新管理者的承诺、高素质的工程技术应用型人才和高效的营销队伍，只有所有勤奋的员工的充分合作才能实现技术创新的目标。

高新技术的开发，离不开掌握先进科学技术的人才。资本投入与“人本”投入并重是要求科技型中小企业在重视研发投入的同时,重视“人本”投资。“人本”投资与研发投入紧密结合才能给企业技术创新活动带来丰厚利润。长虹集团已拥有一支力量强大的科技队伍，成为企业快捷发展和科技开发强有力的保证。长虹集团对科技人才充分尊重和信任，为他们发挥自己的专长提供用武之地，并对他们大胆任用，对有重大贡献的研究人员予以重奖。通过一系列改革和奖励措施，长虹集团不仅留住了自己的人才，而且吸引了很多有志之士加盟长虹集团。长虹集团能有今天的成就，正是由于重视科技开发，重视人才。

（8）企业文化因素

企业文化包括价值观、行为准则、伦理、企业制度、企业精神、历史传统和文化环境等。它是一种具有企业特色的文化，受到社会和文化环境的影响和制约。企业要想实现技术创新的目标，取得未来竞争优势，必须有强大的、独特的企业文化支撑，企业高层管理者要充分调动员工积极的创新精神，做到与员工有福同享、有难同当，只有站在员工的视角去关注员工的切身利益，企业才会发展。

3.2.2 技术创新与新产品开发的关系

任何一个科技型中小企业实施技术创新都是为新产品开发服务的。大部分互联网公司都是技术驱动型的公司，都是开发了一个产品或解决了社会上的一个痛点，在此基础上不断发展。研究显示，较好的技术创新有助于新产品达到较好的绩效。在互联网时代，要把产品看成是企业安身立命的根本，把技术创新融入每个人的血液中，成为科技型中小企业的 DNA，把专注、极致当成日常的行为规范。做出好产品就是归根复命，守住真常，这是企业的本，是一种信仰。有了这个本和信仰，就可以做出有灵魂的产品，再通过产品推动社会的进步。

1. 新产品的定义与分类

（1）新产品的定义

新产品是指在一定的地域范围内首次试制生产，在原理、性能、结构、材质和用途等某一方面或若干方面优于老产品，并具有先进性和独创性的产品。

市场营销学中所谓“新产品”的概念不是从纯技术角度理解的。所谓“新产品”，是指在功能或形态上得到改进，与原有产品产生差异，并为顾客带来新的利益的产品。

（2）新产品的分类

按照创新与改进程度不同，新产品可以分为 5 种类型。

① 全新产品。指运用新科学理论、新原理、新技术、新结构、新材料等研制的前所未有的产品。

② 换代新产品。也被称为革新产品，是为适合新用途、新需求，在原有产品基础上采用新技术制造的性能有显著提高的产品。例如，“大哥大”升级换代成为小型手机后，又换代为智能手机等。

③ 改进新产品。包括采用新技术、新工艺，对现有企业产品的性能、质量、规格、型号以及款式等做了一定改进的产品；公司在已经建立的产品线上增补的新的产品；以较低的生产成本提供同样性能的新产品。

④ 仿制新产品。指市场上已有的，企业因竞争需要而仿制的产品。

⑤ 重新定位产品。指企业从新的市场或细分市场角度对产品进行重新定位，及公司首次引入已经建立市场认知的新产品。

2. 新产品开发的方法

（1）新产品开发的原则

在企业知识产权战略指导下，以国家技术经济政策为依据开发符合国家产业政策导向的新产品。坚持产品开发技术水平与企业拥有的技术水平、资金水平、市场水平相适应，依据社会潮流需要，挖掘隐性需求，形成新产品研发战略。在新产品开发过程中需提高“三化”（产品通用化、产品标准化、产品系列化）水平。

（2）新产品开发的程序

企业新产品开发投资风险较大，由于市场上的不确定因素较多，导致失败率较高。企业要想降低新产品开发过程中的风险，进而取得新产品成功，就必须坚持新产品开发的科学程序。

新产品开发的基本程序有 8 个步骤：新产品构思，新产品方案筛选，产品初步概念的形成与消费者感知测试，拟订初步营销计划，进行商业分析，研制可被市场接受的新产品，小批量新产品试销和大批量商业性产品投放到市场。

新产品构思是为满足某一类客户新需求而提出的新产品设想，即寻求新产品创意。顾客需求是寻求新产品创意、新产品构思的第一来源。例如，众多交通工具的发明是为了人们解除徒步旅行的艰辛。如一百多年前，福特公司创始人亨利·福特去问客户：“你们需要一个什么样的更好的交通工具？”几乎所有的客户都回答："我们需要一匹更快的马。"按照常理，已经识别出了问题，应该去选种培育更优良的马，但是亨利·福特通过连续的提问找到了问题的本质，他没有去培育马，而是选择去制造汽车来满足用户的需求。

（3）产品创新的方法

通过创意方法，产生了大量的创意，需要新产品开发人员对它们进行聚焦，筛选出可行的创意。新产品构思可以通过技术可行性、需求可行性和经济可行性三个方面进行评估。

产品创新的方法可引用斯坦福大学设计学院的设计思维（Design Thinking）方法论为指导思路。"设计思维"起源于设计界，后来被各个行业广泛借鉴，斯坦福大学把它归纳为一套科学方法论。Design Thinking 是一种思维方式，是发现问题和解决问题的方法。它定义了五个步骤，分别是移情、定义、方案（或称为设想）、原型和测试。

移情，收集对象的真实需求。简单地说就是同理心，去设身处地体验客户有什么想法和需求，按国内流行的说法就是换位思考，要想理解客户需求，得先做一回客户。移情是思维不断发散的过程。

定义，分析需求，提炼问题。定义自己的立足点，让别人清楚地知道你想干什么。定义是思维不断聚敛的过程。

方案（设想），打开脑洞，尽最大可能想出更多的解决方案，然后再简化并选择一个具体的方案。方案是思维发散又聚敛的过程。

原型，把解决方案以最快的时间和最小的花费做出来。原型是思维聚敛的过程。

测试，测试原型产品，不断优化原型和解决方案。

Design Thinking 优化了传统的设计思路，强调了可视化的设计，同时关注社会问题（以人为中心的设计）以及不断迭代的设计，一经推出就受到了人们的普遍欢迎。

3.2.3 科技型中小企业技术创新能力的培养

企业技术创新能力是指企业依靠技术创新，形成“创新—积累—发展—再创新”的良性循环，为企业创造竞争优势，促进企业发展。我国现阶段企业技术创新能力是指企业引进或开发新技术（包括新技术、新产品）的能力，使企业能够满足市场需求，提高企业经济效益，增强企业竞争力。

科技型中小企业技术创新能力的基本特征如下。

（1）系统性

技术创新的能力是多种因素的综合。技术创新的能力是各种要素的有机结合。它的整体功能并不是各个组成部分的简单叠加，而是在相互作用和相互制约下的协同作用和连贯性，呈现出非线性、非加和性的关系。所有这些因素都必须以企业的组织结构为基础，并通过一个具体的联系进行组合，从而更好地发挥各种因素的潜力，这是企业技术创新能力的结构。高度结构化的技术创新能力并不关心个体能力因素的最优化，而是注重企业技术创新的总体目标，更注重质量和数量的各种因素的协调发展，进而获得协同效应和各种能力要素的增长效应，让企业提高自己的技术创新能力。

（2）规律性

企业的技术创新能力属于经济学和科学技术学范畴。因此，技术创新能力的扩展必然会涉及社会和经济因素，同时也涉及科技因素。可见，企业技术创新能力的实践必然受到社会经济发展规律和科学技术规律的制约。只有抓住这两方面的基本规律，才能有效地提高企业的技术创新能力。

（3）主观能动性

马克思哲学认为，我们不仅要强调不可抗拒的法律，而且要强调人的主观能动性。要提高企业的技术创新能力，就要充分发挥创新投入、创新决策、创新过程管理等多方面的集体智慧，加大对企业的激励机制力度，使得在现有条件下获得最大的技术创新产出；同时，应该在尽可能降低成本的情况下，获得更多的技术创新资源。

（4）承继性

企业的技术创新能力取决于企业多年的积累。每个企业都有自己的技术轨迹，其中包括企业的持续技术路线和企业生产过程。在引入新技术时，企业高层管理者应考虑到新技术与企业原有技术轨迹的耦合性。如果不考虑企业技术创新能力的情况下，盲目引进新技术只能使企业技术创新陷入困境。

（5）静态和动态双重特性

静态属性是指企业所拥有的技术创新资源存量，而动态属性是指企业不断进步和变化的具有量化和定性属性的技术创新能力。静态属性与动态属性相辅相成，企业所拥有的技术创新资源存量是企业技术创新能力提高的基础。企业技术创新能力的不断提升，又对企业创新资源存量产生积极的影响。例如，如果一个企业的技术创新能力取得了重大突破，其重新获取创新资源的能力将进一步增加。

3.3 技术创新能力系统对企业形成自主知识产权的作用

3.3.1 企业技术创新能力系统的内涵与特性

有观点认为，企业技术创新系统是“企业为创新所进行的各项活动及相关资源的集合体”，企业技术创新实验室是系统的重要组成要素。陈波（2014）认为，企业技术创新系统是企业内部技术创新相关的资源相互作用的总体，且与系统外部环境存在一定的物质、能量和信息交换，运行目标是为企业提供新技术和新产品。有学者基于CAS理论视角，将企业技术创新能力系统定义为适应于企业总体战略和技术创新战略的实施，对技术创新流程进行设计、监控、重组和优化的能力，体现为根据技术创新惯例对技术创新流程进行管理的能力。企业技术创新能力系统是覆盖企业运作全过程的开放体系，包括信息体系、产品创新体系、市场创新体系、过程创新体系和管理决策体系等子体系。每个子系统相互作用，单个子系统的任何创新突破都与其他子系统的耦合密不可分。如果各个子系统能够进行有效的协调，发挥子系统之间的整合效应，对于企业实施技术创新具有重要意义，能逐步形成自主知识产权的核心技术群体。企业技术创新能力系统是在时间和空间条件下，促进新发明构想、新研发项目、新工艺流程和新商业化过程不断发展。

企业技术创新能力系统是一个非线性系统，因此具有自适应和自学习机制。企业技术的开发和引进，不仅有利于吸收科技成果，而且有利于系统中其他技术的相互作用。因此，企业技术创新能力体系是以市场为导向、产品为核心、效益为根本的技术创新能力系统。

3.3.2　企业技术创新能力系统的特征

技术创新能力的系统存在于企业内部，具体特征是：一是以研发部门或工程技术研发中心为载体，但其运行范围并不限于此，它具备一般系统所呈现出的整体性、层次性、相关性和复杂性；二是具备复杂系统所具有的典型特征，包括涌现性、动态性、不确定性、非线性和自组织性等，能利用所拥有的各类条件，将系统外部环境对系统输入转化为系统要素或系统输出；三是企业技术创新能力系统是开放的，某些要素可脱离系统到外部环境中，具有转化功能；同样，外部环境中的某些因素也可转化到企业技术创新能力的系统中。

1. 一般系统特征

（1）整体性

技术创新能力由创新资源整合、研发投资、新产品制造、市场营销、管理决策、创新产出等要素构成，各有其自身的功能；元素之间存在着统一的逻辑关系。这个集合不是元素的简单总和，但是元素之间存在着不可分割的关系。如果将技术创新能力系统比作一个人，那么各种创新要素的集合就是人的骨架。因此，企业技术创新能力体系的各个要素是相互联系和相互关联的。强化这些要素中的一个或几个要素，并不能提高企业的技术创新能力，因为每个要素都不是很完善，容易形成木桶理论中的短板效应。通过加强所有这些要素，可以协调要素存在的问题，整合成一个运作良好的整体或一个系统。

（2）层次性

技术创新能力作为一个相互关联的要素，可以分解为创新资源投入、新技术研发能力、新产品制造能力、新产品营销推广能力等子系统。这些子系统可以分解为更小的子系统，因此它们的存在反映出企业技术创新的管理水平。层次结构是一种特定的空间结构形式。它描述了系统层次结构中不同级别子系统之间的交互关系。

（3）有效性

一是创新目标的有效性，即企业技术创新系统完成其创新目标的程度，如在规定的时间内完成新技术的研发所形成的专利性质、数量和质量，以及这些专利技术应用至新产品开发的程度；二是降低成本的有效性，即在完成新技术研发目标的前提下，优化成本的程度；三是新技术研发完成时间的有效性，即在完成创新目标前提下的时间优化程度；四是承受目标任务能力的有效性，如研发人员知识储备、企业内部技术人员、营销人员的能力、市场对新产品认可程度等。因此，在讨论制度的有效性时，应分析其创新目标的有效性、成本效益和时效性之间的关系。仅使用某些有效性作为企业技术创新系统有效性的评价指标可能导致偏差。以时间效率为例，从投入到技术创新的整个过程，所使用的时间和系统的有效性仅在一定的时间范围内呈现线性关系。超过这一范围，系统效能的提高往往会随着时间的推移发生变化，如技术创新时间在一定程度上降低，成本将急剧上升，进而影响整个系统的有效性。因此，不能轻易认为系统运行时间越短，系统就越有效。

2. 复杂系统特征

（1）涌现性

有学者认为，企业技术创新能力系统涌现是企业在与企业、政府、大学、科研机构和其他科技中介平台等主体的不断交互过程中，进行对外资源的整合而形成的，并在技术创新惯例的结合下产生技术创新能力。从技术创新的全过程来看，创新信息的获取、创新产品的研发、创新成果的转化、创新技术的扩散，每一个都与外界紧密相连。集成产品开发模型（IPD）集成了市场、生产和研发过程，导致研发成本和成本的持续降低，产品质量显著改善，循环也大大缩短；把互联网作为一个创新成果的转化和技术的传播信息平台，克服了地理上的限制，把所有的资源链接成一个有机整体，实现了信息交流和资源共享，并使用了现代通信技术和信息。

（2）动态性

技术创新是一个动态性的开放系统。尤其是大型技术创新活动中的每一个主要参与者——公司的研发机构（或工程技术中心）、研究型大学、各种研究机构、政府机构和各种创新的中介机构形成了技术创新网络。创新、研究和开发在它们之间不断发生人、资金、政策等创新约束的流动，因此技术创新的过程是各种因素相互作用的动态过程。技术创新的结构是典型的耗散结构。系统的存在是信息的正反馈和负反馈。各种学科或因素的竞争与协同，使技术创新不断波动，不断突变。这一过程从无序到有序，从旧秩序演变为新秩序。

（3）不确定性

技术创新的开放性和动态性是其不确定性的根本原因。因为市场环境在变化、顾客需求在变化，因此，可以说技术创新的唯一确定性是它的不确定性。技术创新的不确定性可分为内生不确定性和外生不确定性，内生不确定性表现在技术本身；外生不确定性主要体现在市场表现、创新效益和制度环境三个方面。

（4）非线性

企业技术创新的过程具有系统竞争和协同作用的特征。由于技术创新各要素和子系统对外部环境的适应性不同，各技术创新主体的创新能力（包括物质、能源和信息）也是不同的，这必然导致竞争。现代企业致力于细分市场的竞争，企业为了满足市场的多样化需求而奋斗，战略转型的核心在于分化竞争对手与进入“蓝海战略”。“蓝海战略”要求企业突破传统血腥竞争形成的“红海”，拓展新的非竞争市场空间。“蓝海战略”的市场不同于现有需求往往趋于萎缩的竞争市场，是如何创造需求，突破竞争。

（5）自组织性

系统的自我组织是指开放系统在内外因素的影响下自发地组织，使系统从无序到有序，从低级到高级。自我组织是系统存在的一种形式。自我组织表明，系统的运动是自发的，不受特定的外部干预。自发的运动是内部矛盾和内外条件相互作用的结果。首先，企业的技术创新活动离不开社会环境。企业必须从外部环境中获取资金、人才、信息等资源。其次，社会环境可以将资源投入技术创新系统中，减少系统内的不确定性，为技术创新系统的自组织演化提供必要的外部条件。最后，企业可以通过对社会环境信息的反馈，提出自己的技术创新策略。

3.3.3　技术创新能力系统对企业创造自主知识产权的作用

知识产权的一端是企业创新，另一端是市场。随着知识产权强国战略的深入实施，知识产权和技术创新成为国家竞争力的基石，更是企业核心竞争力的重要体现。从国际环境看，目前全球经济大幅回暖的概率较小，欧美等世界主要发达国家纷纷实施“再工业化”战略，重新重视实体经济发展。从国内环境看，目前我国经济发展进入新常态，经济下行压力增大，提质增效成为“十三五”期间经济和社会发展的主题。因此，科技型中小企业自主创新能力的提升，应以创造市场需求为导向。抓住“中国制造 2025”和“互联网 +”战略机遇，坚持创新驱动，开展重大产业创新专项，掌握更多关键核心技术，开发更多的“撒手锏”产品。推动“互联网 +”与制造业融合，提升科技型中小企业数字化、网络化、智能化水平。

随着产业结构世界范围内的大调整，高新技术发展的速度快得惊人。例如 AR 移动游戏 Pokemon Go 已经为增强现实行业带来了 10 亿美元的需求，无论是口袋中的智能手机，还是头戴式显示器，商家们会用 AR 技术增强购物体验，甚至连产品代言人的虚拟形象都会展示在货架上，在人群密集的地方（如体育场、商业中心或地铁里）会弹出虚拟商店。这些技术都会给实体零售店带来新的商机。面部识别、语音识别和指纹识别等生物识别手段将加速购物过程，甚至代替在收银台刷卡付账的过程。

系统科学原理指出，系统的功能技术系统是外部环境相互联系和相互作用过程的秩序和能力。相互作用的机制表现为物质、能量与信息的输入和输出，中间还包括一个变换过程。对于企业技术创新能力系统来说，其功能表现为对外部环境产生的影响。企业技术创新能力系统的直接目标是实现企业的技术创新，创造自主知识产权，企业创造自主知识产权的作用主要表现为以下四个方面。

1. 优化配置资源要素

随着企业技术创新能力体系的有效实施，企业通过大量成功的技术创新获得了专利技术。同时，促进了科技企业的发展，实现了社会生产要素和资源的合理配置，创造了大量的社会效益。通过企业技术创新的实现，在满足市场份额增加要求的条件下，可以节约劳动、节约资金、节约劳动力、降低生产成本。国民经济的发展伴随着经济体制实施质量的提高，是通过大量的技术创新实现的。提高各种资源的利用率，为社会创造大量的社会财富，即优化资源要素配置是企业技术创新能力系统功能的具体体现。

资源的节约包括对资金、人才、能源、材料等各方面生产要素的合理利用。资源节约主要表现为产品附加值的提高和资源耗费的降低。可持续发展形势严峻，节能降耗减排势在必行。要实现这一设想，只能依靠充分发挥企业技术创新能力系统合理调节资源配置的功能。

2. 降低成本，创造利润

创造利润是企业经济活动的根本目标，企业没有利润就不能生存。企业技术创新的成功可以创造巨大的经济效益。这一经济效益主要由两部分组成：一是直接经济效益，主要是新产品创新后的超额利润和原产品或改进后产品收入的增加；二是间接经济效益，包括长期潜在的经济效益和当前附加的经济效益，如增加企业的知名度和信誉度。企业创新能力系统的有效运作，可以使新产品和新技术的商业化成功。这样一来，企业可以增加产品的附加值，改善产品结构，适应市场需求，为企业创造丰厚的利润。一方面，通过持续的成本领先战略不断培育新的利润增长点；另一方面通过创新不断引入新产品差异化战略，使企业保持持续的竞争优势。

3. 有效管理，规避风险

企业搞技术创新必须讲求其先进性和独享性，应重视知识产权保护。否则，企业技术创新的成果会很快被模仿，企业的研究开发投入所产生的经济效果就会受到影响。

德鲁克指出，除了销售之外，公司的各项运营活动也应该纳入成本。企业技术创新需要投入巨大的人力、物力。企业技术创新是一种高风险的活动，每一阶段的创新都有不同的风险。如创新定位风险、融资风险、人才风险、研发过程开发风险、市场开发风险等。企业技术创新能力体系的有效管理促进了企业知识产权的形成，降低了创新活动的失败率。企业知识产权战略的实施，能有效规避技术创新的风险，在企业降低经济损失的同时，能有效保护新产品市场。

4. 推动中小企业技术升级，促进企业整体技术进步

科技型中小企业要开拓产品的新市场。有市场，就有竞争实力。为了在市场竞争中获胜，科技型中小企业不仅可以依靠购买国外的先进生产设备自己研发新技术，而且可以通过专利收购等方式引进、消化、吸收国外先进的生产技术。如谷歌将收购诺基亚专利技术，为飞机提供更快的 Wi-Fi。在国内，教育信息化公司“上海易教”于 2018 年年初收购了上海开亿信息科技有限公司所拥有的智慧黑板专利技术——“一种智慧黑板”。该项发明专利技术可实现粉笔书写、白板水笔书写和多媒体触屏互动。

随着先进技术的引进、吸收和推广，企业技术创新体系发生了一系列的演变，企业通过学习机制将先进技术转化为自身的能力，并通过申请专利获得软

件著作权知识产权保护措施，促使科技型企业技术升级。企业的技术创新达到这个境界，才算是适应市场竞争的高层次创新。企业技术创新是企业整体技术进步的突破点，企业内部形成了强有力的技术创新的辐射效应，促进了企业与外部的交流与合作。随着专利技术转让和推广水平的提高，企业正推动着整个社会的技术进步。

第4章　科技型中小企业自主知识产权的成长要素

在本章中，本书将在文献评述的基础上，分别从内部和外部两个视角，着重探讨科技型中小企业自主知识产权的生成要素和影响要素，并通过系统仿真构建其内生成长机制和外部协同作用机制。

4.1　科技型中小企业自主知识产权内生识别要素

自主知识产权是指知识产权权利人通过创新或其他方式主动获得不受或较少受到他人知识产权影响的全部或大部分实施收益的知识产权。如前文所述，企业获得自主知识产权有多种途径，主要包括：自主创新、委托研发、收购兼并、资产置换等，其中自主创新是获得自主知识产权的主要途径。自主创新主要包括原始性创新、改进性创新和集成创新。自主创新的关键和核心是生成自主知识产权，而自主知识产权是自主创新的产权化和法律保障，但并不是所有的自主创新最后都能产生自主知识产权，企业在自主创新及申报自主知识产权的过程中会由于种种原因导致最终的产权化没有顺利进行，这一方面阻碍了科技创新成果的扩散和应用，另一方面也会导致创新利益分配产生矛盾，从而阻碍企业进行进一步的创新活动。

根据知识产权是否具有“自主性”的特征，可以将知识产权成长机制分为自主知识产权成长机制和非自主知识产权成长机制。本章主要研究自主知识产权成长机制，即企业通过自主创新获得自主知识产权的成长机制。根据影响因素的不同，又可以将自主知识产权成长机制分为企业自身的内生机制和外部环境的作用机制。内生机制是指考虑企业内部因素对自主知识产权成长的作用机制，外部环境的作用机制是指企业外部的政治、经济、社会等环境因素对自主知识产权成长的作用机制。内生机制和外生机制共同构成了企业自主知识产权的成长机制。本章主要考虑企业内部因素对自主知识产权的影响，以科技型中小企业为研究对象，通过文献分析和调查访问确定影响科技型中小企业自主创新及成果产权化的内部因素，利用系统动力学方法构建企业自主知识产权内生系统的流程图，并进行仿真分析，探寻各关键因素对自主知识产权增长的影响规律。其研究结果将为政府部门和相关企业制定相关政策、提高科技型中小企业自主知识产权生成能力提供理论支持。

4.1.1　自主知识产权生成机制内生识别要素及关系分析

目前，理论上关于企业自主知识产权增长的研究取得了一定的成果。王九云（2009）指出企业应重视从科技创新中取得更多的自主知识产权，一方面通过加大科技创新投入，建立充分的物质奖励和精神奖励机制，充分发挥科技人员的作用；另一方面企业应以市场为导向，寻找创新方向，并持续改进，最后通过法定程序取得自主知识产权。王海英（2004）则从战略管理层面考察了民营科技企业知识产权管理的现状与问题。他指出，我国现阶段民营科技企业在知识产权管理方面存在较大的问题：一是知识产权保护意识薄弱，科研成果产生之后，并没有有效地通过申请专利的方法寻找法律保护，而是忙于成果鉴定、发表论文等；二是知识产权流失严重；三是知识产权管理弱化；四是知识产权纠纷增多，保护能力较弱等。这些不足，均说明了我国现阶段企业不只是在技术创新中及产权化过程中存在问题，而且在知识产权生成之后，对知识产权的管理和保护也存在着较大的漏洞。方琳瑜等（2008）将中小型企业自主知识产权生成机制看作是一种自组织机制，即企业自主知识产权生成和演化能够自主地从简单走向复杂、从无序走向有序。林向义等（2009）利用数据包络分析（DEA）对企业自主创新能力进行了评价分析，采用 R&D 投入、人员投入、研发部门与其他部门合作程度等指标构建了自主创新能力指标体系，采用专利数量、新产品创新收入等指标作为创新产出能力的指标体系，分析结果表明投入规模较大的企业其产出并不一定很好。方琳瑜等（2009）对利用脆弱性衡量中小企业自主知识产权受到危机程度、受损状况、发展进程和企业的应对速度和能力等，从自主知识产权自身因素、企业内部支持系统和外部环境三个方面构建了评价指标体系。郝生宾等（2011）从自主创新能力系统自身对企业自主创新能力形成机制的影响进行分析，将企业自主创新能力分为研发能力、转换能力、营销能力、管理能力和支持能力五个方面，其中每个方面都构成一个子系统，五个子系统相互联系、相互促进，共同表现为企业的自主创新能力。金永红和吴江涛（2008）通过对上海企业自主知识产权现状的调查分析指出，企业自主知识产权数量较少的主要原因包括企业缺乏核心技术、缺乏知识产权管理和保护的思想意识以及对技术创新成果产权化的意识。柳思维等（2013）通过对湖南省企业科技投入、自主知识产权与工业品牌成长的影响因素分析，指出企业的科研人员比重、企业年度科研投入、企业已有专利数、企业年龄和企业的规模性质等对企业的知识产权和品牌的形成有显著作用。王一鸣（2005）指出，影响企业自主创新能力的内部因素主要有盈利水平、投入能力、创新收益、创新人才和企业家精神等因素。胡颖慧和陈伟（2013）从微观视角下分析了高技术企业自主知识产权创造的自组织机制。他们将高新技术自主知识产权创造自组织过程分为四个阶段，分别为初始阶段、准备阶段、研发阶段和自主知识产权形成阶段。在初始阶段，企业根据顾客需求、规则变化发现市场机会，进而根据分析制度认识知识产权战略，包括创造战略（即研发战略）、运营战略和保护战略；在准备阶段：企业根据知识产权战略进行资源投入，包括资金、人才、设备、信息等要素，为研发过程及知识产权形成做好准备；在研发阶段，企业开始进行技术创新、研发、生产、营销等，部门综合利用资金、人才、设备、信息等资源通过自主努力产生创新成果；在知识产权形成阶段，企业根据产生的创新成果依照法定条件和程序申报知识产权，并对之前的各个过程形成反馈。

综上所述，企业自主知识产权生成的影响因素可以分为企业自主创新能力的影响和创新成果产权化的影响两个方面。各因素在对自主知识产权进行影响的同时，自主知识产权又对各个因素产生反馈，进而影响其变化。因此，本书认为，科技型中小企业的自主知识产权内生机制应是一个闭合的回路。在借鉴上述研究的基础上，对科技型中小企业自主知识产权内在生成机制形成的反馈回路进行分析，反馈回路如图 4.1 所示。

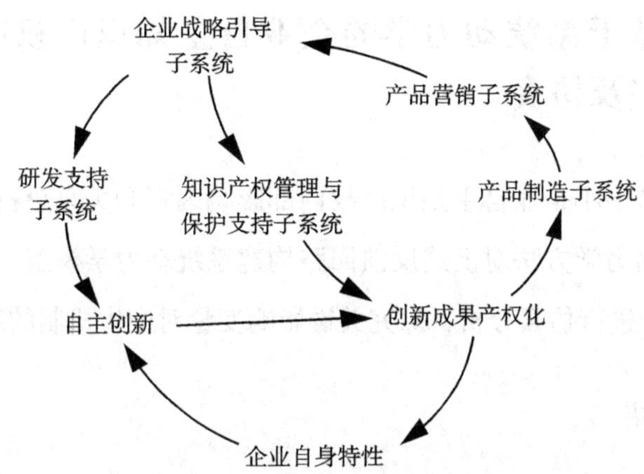

图 4.1　企业自主知识产权内在生成机制形成的反馈回路

由图 4.1 可知，企业自主知识产权内生机制的运行需要企业内在各子系统的协同作用。首先，企业战略决策子系统引导整个系统的运行，其中包括企业的知识产权战略、领导者支持、创新管理机构设置及权利分配效率等要素。在战略系统引导下，分别由研发支持子系统和知识产权管理与保护子系统带动企业的自主创新和创新成果产权化。研发支持子系统包括研发人员的数量、能力、研发投入、核心技术的拥有以及相应的激励机制等，而知识产权管理与保护支持子系统包括是否配备有专门的人员进行申报及对知识产权的管理、完善的管理制度及相关投入等。通过上述两个支持系统的带动，企业完成自主创新及成果产权化的过程，继而通过产品制造和营销实现知识产权的盈利，进一步促进企业对自主知识产权战略的实行。此外，企业的自身特性如企业规模、性质、已有的知识产权数量等都会对企业进行自主创新和创新成果产权化的过程产生影响。

4.1.2 基于系统动力学的企业自主知识产权内生模型构建及仿真

在对科技型中小企业自主知识产权内部影响因素和关系分析的基础上，本节将利用系统动力学方法对上述反馈回路构建系统动力学模型，并利用调查获取的数据对模型进行仿真分析，探究关键影响变量对内生机制的影响作用。

1. 方法介绍

系统动力学（System Dynamics）是在20世纪50年代由美国麻省理工学院教授福雷斯特提出的。其利用系统结构、因果关系及反馈回路建立综合模型，借助计算机技术，以定性与定量相结合的方法处理因素间的因果关系、非线性关系、多重反馈、时间延迟等复杂问题。企业自主知识产权内生系统是一个复杂的多重反馈系统，运用系统动力学方法仿真模拟与传统计量模型相比具有独特的优势。首先，系统动力学在数据量匮乏或缺失时仍能进行较好的系统分析，其主要注重系统各要素的关联关系和反馈回路，给出少量的初始数据就能使系统运行，而不像计量模型需要大量且精确的数据；其次，系统动力学模型的建立比较灵活，线性回归、神经网络等方法都可以用在参数优化及方程建立中，而不需要具有特别严格的理论模型作为依据；最后，系统动力学是对系统整体的定量化建模，对于一些难以量化的要素（如政策要素、能力要素等），可以通过在系统运行过程中变化其数值考察系统的变化趋势。这些特点决定了利用系统动力学建模并不主要关注系统要素在各期的具体数值，而是关注其在一段时间内的变化趋势，从而达到明晰系统内部结构的运行机理。如上文所述，企业自主知识产权内生系统除了包含一些可以量化的要素外（如企业科研投入、研发人员、新产品盈利等)，还有很多难以量化的要素(如企业的研发战略规划、研发组织机构的设置情况以及知识产权保护制度的建立等)，运用系统动力学考察这些要素之间的因果及反馈关系，可以得出在企业不同的政策和环境下自主知识产权产生的不同特点，为企业根据自身情况合理制定自主研发和知识产权保护相关政策提供理论支持。系统动力学建模步骤主要包括确定系统边界、定义变量、绘制因果关系图、构建系统流程图、建立各要素之间的方程、模型检验、仿真和分析。

2. 系统边界与假设

企业自主知识产权内生机制是指企业根据自身特点及部门协调而进行自主创新并产生自主知识产权的过程。对于企业自主知识产权内生过程的研究主要为企业自身规模、年龄、自主创新与自主知识产权保护政策等内部因素对内生过程的影响。基本假设不考虑政府、市场竞争等外在因素对系统的影响，内生系统只关注企业内部各要素的关联关系，其中自主知识产权存量是内生机制的核心表征要素，企业规模、企业年龄、研发战略规划等为内生机制的支持性因素，研发投入(人员、经费)、知识产权管理与保护投入(人员、经费)是创新成果及知识产权数量增加的直接决定因素，创新产品盈利能力是内生机制的驱动因素。

3. 变量定义与数据来源

根据上文所述企业自主知识产权内生机制所含要素，定义的相关变量见表 4.1。其中，已有自主知识产权数量包括企业的专利数、商标权数和软件著作权数量，研发投入比是指企业的研发费用占营业收入的比重，研发人员占比是指企业研发或技术人员占职工总数的比例。所有数据均来自深圳证券交易所创业板信息披露系统。此外，为便于分析，对于一些难以量化的变量均做了有效替代，如企业关于知识产权生成的战略系统从企业报表中未来项目规划获取，企业创新能力利用已有自主知识产权代表，自主知识产权盈利能力利用新产品营业收入占企业总营业收入比例代表。目前，大多数企业均未设立专门的知识产权管理和保护机构，而负责此部分职责的人员均依托于研发部门存在，因此并不能很好地衡量企业在知识产权管理和保护方面投入的费用和人员。为此，引入知识产权保护能力变量代表企业进行知识产权管理和保护的意愿以及在制度和投入上做出的努力程度，通过对 27 家企业的调查访问获取各企业的努力情况。另外，企业的产品制造子系统反映了企业的创新成果和自主知识产权转化为产品的能力，在现实中既要考虑企业所拥有的产品制造设备和资金等情况，又要考虑专利的实用性。产品制造子系统是影响企业自主知识产权盈利以及反馈的重要中间过程，对此，引入产品的成果化能力说明制造子系统的运行状况，并通过之后的仿真分析其变化对整个生成机制的影响。

表 4.1　企业自主知识产权相关变量数据

变量	平均值	最小值	最大值	标准差
营业收入 / 万元	24 728.3	7656.6	99 604.7	21 248.5
职工总数 / 人	253.70	127	519	79.76
已有自主知识产权 / 项	47.67	4	89	24.52
研发投入比 /%	0.088	0.042	0.182	0.037
研发人员占比 /%	0.378	0.058	0.870	0.199
企业年龄 / 岁	11.52	6	19	3.39
注册资本 / 万元	5687.61	3000	10 348	2188.49
核心技术拥有量 / 种	14	3	37	7.42

资料来源：27 家企业自主知识产权相关变量数据。

在模型构建和系统仿真之前，有必要对企业已有自主知识产权数量及与其关系密切的变量进行简要描述，对此，选取了研发投入比、研发人员占比、核心技术拥有量、营业收入四个变量分别与自主知识产权数量进行了对比分析。

由图 4.2 可知，企业已有知识产权数量与研发投入比呈正相关关系：当企业研发投入比比较高时，其已有的知识产权数量相对较高；当研发投入比较低时，其知识产权数量较低。实际数据符合理论上的预期。

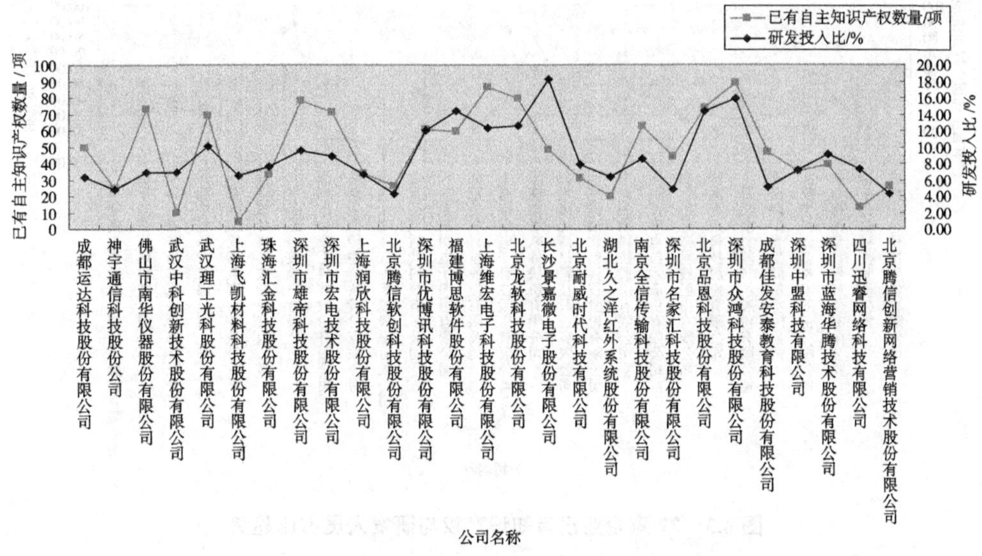

图 4.2　27 家企业已有知识产权与研发投入比趋势

由图 4.3 可知，企业已有知识产权数量与研发人员占比大致趋势一致，但有个别企业虽然具有较高的研发人员占比但专利数量并不高，而有些企业的研发人员占比虽然不高，但却具有较高的知识产权数量。例如，上海飞凯材料科技股份有限公司（职工总数为 300 人），研发人员数量占到公司职工总数的 24.14%，但已有知识产权数量却只有 4 项；而深圳市雄帝科技股份有限公司（职工总数为 301 人）和南京全信传输科技股份有限公司（职工总数为 284 人）研发人员占比分别为 25.91%、14.44%，但已有知识产权数量却分别为 78 项和 63 项，而上海飞凯和南京全信的企业年龄分别为 12 年和 13 年，并无大的差别。因此，研发人员占比在这些企业中并未起到显著的相关作用。

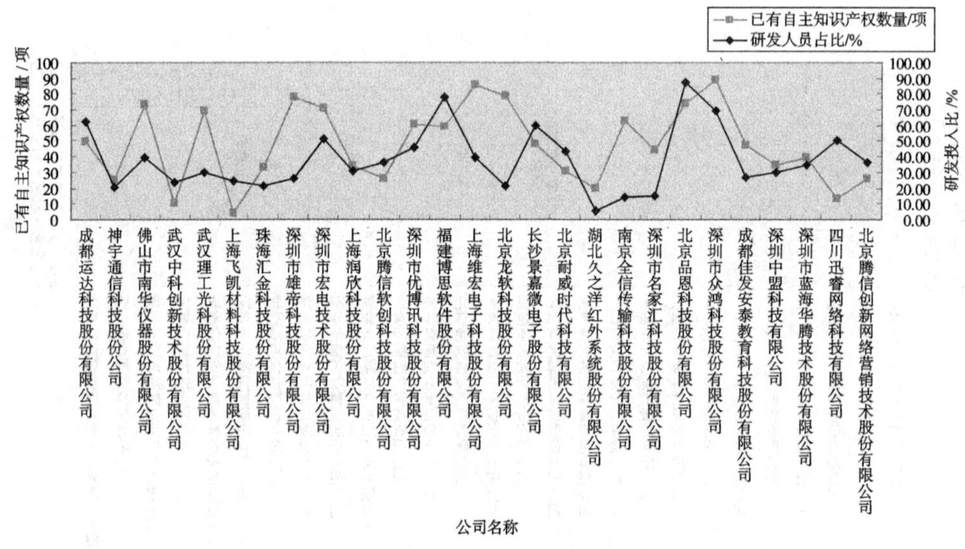

图 4.3　27 家企业已有知识产权与研发人员占比趋势

由图 4.4 可知，企业的核心技术拥有量与已有知识产权数量呈较大的正相关关系，除个别企业。例如，深圳市宏电技术股份有限公司和北京品恩科技股份有限公司虽然拥有较少的核心技术，但其知识产权数量较多。一方面由于其较长的企业年龄（分别为 17 年和 12 年）使其积累了较大量的知识产权；另一方面两家企业均建立了较完备的知识产权管理和保护制度及组织结构，并配备了专门的负责人员，这对于企业较好地形成知识产权具有一定的促进作用。

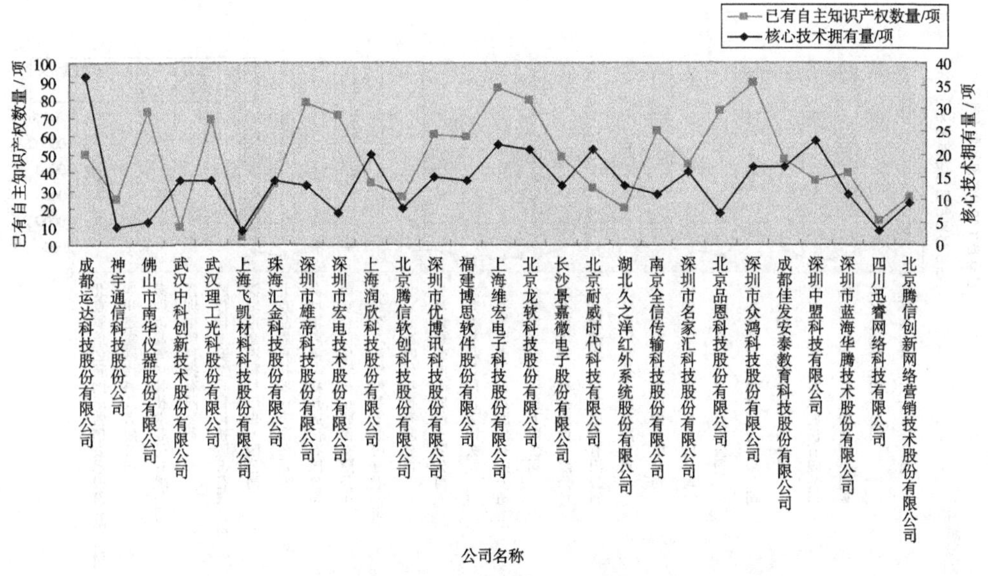

图 4.4　27 家企业已有自主知识产权数量与核心技术拥有量

由图 4.5 可知，企业的营业收入与已有知识产权数量并没有较好的相关关系，大部分企业的应用收入均相差不大，但知识产权数量却波动较大。这说明企业的营业收入绝对数的变化与知识产权数量相关性不大。但这并不表明营业收入与知识产权增加无关，营业收入的增加有可能通过提高研发投入和研发人员来影响知识产权数量的变动。

由图 4.2~ 图 4.5 可知，在变化趋势上，已有知识产权数量与企业的研发投入、研发人员占比、核心技术拥有量变化大体一致，而在绝对数值上存在的差异则由企业的初始规模、产品数量及企业年龄等特点决定。由于系统动力学模型仿真主要分析的是变量间的因果及反馈关系，因此根据上述变量的特点可以进行系统动力学建模及仿真。

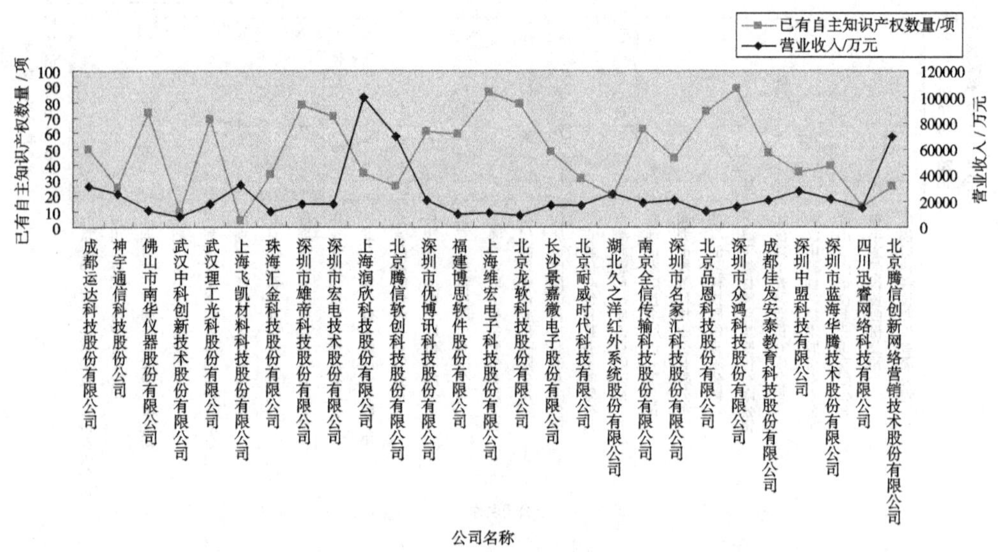

图 4.5　27 家企业营业收入与已有知识产权数量趋势

4. 系统流程图构建

根据上文相关分析建立了自主知识产权内生机制的系统流程图，如图 4.6 所示。自主知识产权生成的关键反馈回路为：自主知识产权存量→创新产品盈利能力→营业收入→研发规划→知识产权增量→自主知识产权存量。对自主知识产权增量产生影响的因果关系路径为：营业收入→研发经费比例→研发人员比例→创新能力→知识产权增量。此外，企业自身的年龄、注册资本和核心技术拥有量也对其创新能力产生影响。

5. 模型参数及方程建立

为建立系统动力学方程，需要确定各变量之间的相关系数，主要有经验判定法、专家打分法、线性回归法及神经网络等方法。目前应用广泛的系数为线

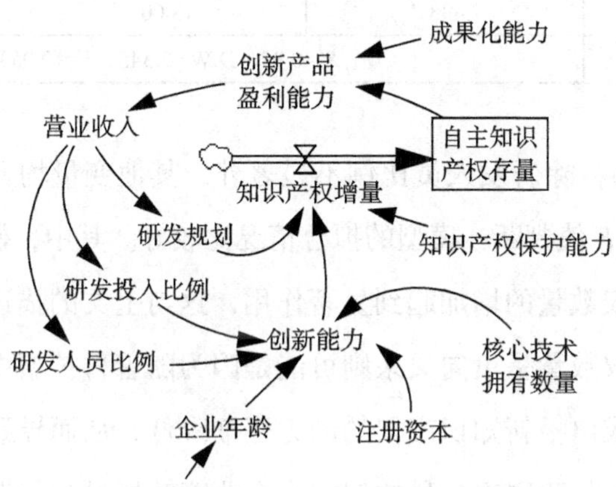

图 4.6　企业自主知识产权内生机制流程

性回归方法，本书采用线性回归方法确定相关方程的系数。将创新能力作为因变量，对创新能力产生影响的变量作为自变量，建立如下线性方程：

$$创新能力 = \alpha + \beta_1 研发经费比例 + \beta_2 研发人员比例 + \beta_3 企业年龄 + \beta_4 注册资本 + \beta_5 核心技术拥有量 \quad (4.1)$$

根据所得数据，利用 SPSS 19.0 进行回归分析，结果见表 4.2。

表 4.2　因变量为创新能力的多元线性回归结果

变量	标准化系数	*P* 值	显著性
研发投入比例	0.667	0.000	显著
研发人员比例	–0.022	0.886	不显著
企业年龄	–0.363	0.012	显著

续表

变量	标准化系数	P 值	显著性
注册资本	0.504	0.001	显著
核心技术拥有量	0.483	0.002	显著
常数项	7.498^{-16}	1.000	不显著
模型检验	R^2=0.85，D.W.=2.345，F=10.953		

由表 4.2 可知，除研发人员比例不显著外，其他变量均显著，并且根据拟合优度系数 R^2 和 F 值判断，模型的拟合情况比较好。其中，研发人员比例的增加并未对知识产权数量的增加起到显著作用，这与上文的描述一致，而企业年龄与已有知识产权数量呈负向关系则可能是因为随着科技型中小企业年龄的增加，研发新产品或申报新知识产权的动力逐渐降低，从而导致知识产权的数量并未持续增加。这与我国很多科技型中小企业能够挺过初创期但并不能持续很久的事实相吻合。

通过以上参数确定的过程，构建相关变量的系统动力学方程见表 4.3，对于线性关系不显著的变量采用表函数的形式建立变量之间的关系。

表 4.3　模型变量及相关系统动力学方程

变量名	性质	方程
自主知识产权存量	存量	= INTEG（知识产权增量，初始值）
知识产权增量	流量	=（研发规划 + 创新能力）× 知识产权保护能力
创新能力（已有知识产权数量表示）	辅助变量	0.667 × 研发投入比例 +（–0.363 × 企业年龄）+ 0.504 × 注册资本 + 0.483 × 核心技术拥有量
创新产品盈利能力	辅助变量	自主知识产权存量 × 成果化能力
营业收入	辅助变量	表函数
研发规划	辅助变量	表函数

续表

变量名	性质	方程
研发投入比例	辅助变量	表函数
研发人员比例	辅助变量	表函数
企业年龄	辅助变量	<time> 函数，随时间变化而变化
注册资本	辅助变量	常数
核心技术拥有量	辅助变量	表函数

其中，营业收入与创新产品盈利能力、研发规划、研发投入比例、研发人员比例之间的线性关系不显著，因此采用系统动力学中表函数确定变量之间的两两关系：通过输入所有自变量与因变量的对应值而形成的函数关系。自主知识产权存量的初始值为调查企业已有自主知识产权的平均值，注册资本为调查企业的平均值，企业年龄用造 <time> 函数表示，随仿真时间增加而增加。

6. 假设检验与仿真分析

在仿真分析前，需要对模型进行直观检验和运行检验，直观检验主要是对变量的定义与含义、变量之间的因果关系及模型的边界进行分析，看是否有不合理的地方。运行检验主要通过 Vensim 软件中的“check model”功能进行检验，检验模型是否存在因果关系不清、是否存在逻辑问题等错误，模型通过了两个检验可以进行仿真分析。

为分析企业成果化能力和自主知识产权保护能力对自主知识产权存量的综合影响，下面的仿真分析分为两个阶段：一是分析在自主知识产权成果化能力为 0.4 水平时，变动自主知识产权保护能力的数值，考察自主知识产权存量的变化情况；二是分析在自主知识产权成果化能力为0.6水平时，变动自主知识产权保护能力的数值，考察自主知识产权存量的变化情况。最后综合上述两个仿真结果，分析自主知识产权成果化能力和自主知识产权保护能力对自主知识产权存量的影响规律。

① 自主知识产权成果化能力为0.6水平时，自主知识产权保护能力对自主知识产权的影响规律。根据实践中企业自主知识产权的生成特性，一个研发项目从开始到成功申报知识产权一般在一年以上，因此，将仿真周期选择以年为单位,进行周期为5年的仿真模拟。自主知识产权保护能力变量设定在0.4和0.6水平下进行仿真，结果如图4.7所示。自主知识产权保护能力为0.4的仿真结果如标号为A的线所示，自主知识产权保护能力为0.6的仿真结果如标号为B的线所示。

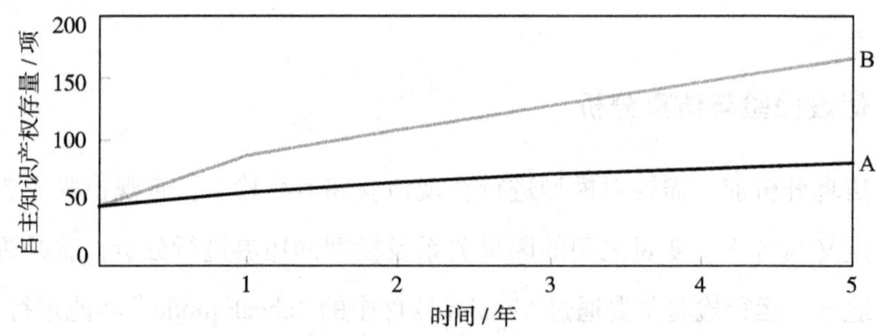

图4.7　自主知识产权成果化能力为0.6水平时知识产权保护能力与自主知识产权存量趋势

由图4.7可知，标号为A的线趋势比较平稳，说明自主知识产权保护能力为0.4时企业自主知识产权的增长较平缓，标号为B的线表示自主知识产权能力为 0.6 时企业自主知识产权的增长趋势，在第 1 年末自主知识产权的存量与前者相比增加了 52%，在之后的 4 年分别同比增加了 63%、76%、92% 和 102%。这说明在成果化能力为 0.6 水平时，随着自主知识产权保护能力的增加，自主知识产权将会有明显的增长变化。

由此可见，除企业的研发战略和创新能力外，企业自主知识产权的保护意愿也对自主知识产权的生成起着关键作用，这表现在企业设置专门的人员负责技术创新成果的管理及后续的知识产权申报等工作，以及对知识产权管理及保护进行必要的经费投入等，而目前在各个企业中的知识产权管理和保护工作都由研发部门负责推进。研发部门的人员大多属于专业技术型人才，而产权管理和保护更需要具有法律和管理能力的人才，因此在实践中势必会影响自主知识产权的生成效率和效果，通过加大对管理和保护的投入，提高企业的知识产权保护能力，能够有效提高自主知识产权的数量，从而进一步提高新产品的盈利能力，达到良好的循环。

② 自主知识产权成果化能力为 0.4 水平时，自主知识产权保护能力对自主知识产权的影响规律。根据实践中企业自主知识产权的生成特性，一个研发项目从开始到成功申报知识产权一般在一年以上，因此，将仿真周期选择以年为单位，进行周期为 5 年的仿真模拟。自主知识产权保护能力变量设定在 0.4 和 0.6 水平下进行仿真，结果如图 4.8 所示。自主知识产权保护能力为 0.4 的仿真结果如标号为 A 的线所示，自主知识产权保护能力为 0.6 的仿真结果如标号为 B 的线所示。

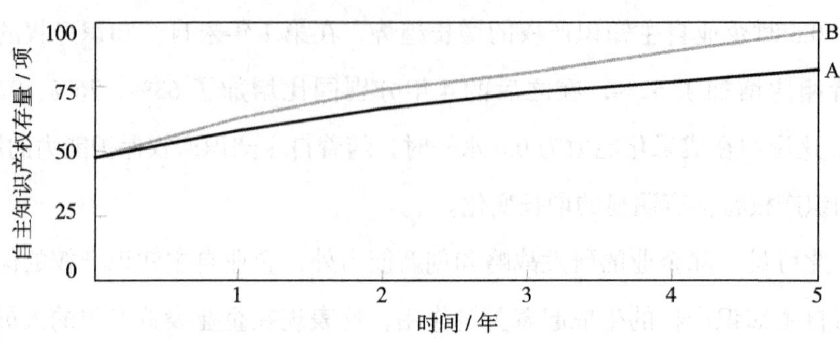

图 4.8　自主知识产权成果化能力为 0.4 水平时知识产权保护能力与自主知识产权存量趋势

由图 4.8 可知，标号为 A 的线和标号为 B 的线趋势均比较平稳，但标号为 B 的线增长趋势仍然高于标号为 A 的线，在第 1 年末自主知识产权的存量与前者相比增加了 9.53%，在之后的 4 年分别同比增加了 11.39%、10.46%、15.43% 和 18.25%。这说明在成果化能力为 0.4 时，随着自主知识产权保护能力的增加，自主知识产权存量会有缓慢的增加。

结合第 1 阶段和第 2 阶段的仿真分析可知，自主知识产权保护能力的提升对于提高自主知识产权存量的作用是有前提条件的，其中之一就是保证自主知识产权成果化能力在一定的高水平下。这样才会提高新产品的制造能力，进而提高企业的盈利能力和研发动力。

综合以上理论分析和仿真分析，对科技型中小企业自主知识产权内生机制的研究可以得出以下三点结论和启示。

① 科技型中小企业自主知识产权内生机制依靠企业内部协同合作的动态反馈系统。根据相关文献和理论分析，可以得出科技型中小企业自主知识产权既需要企业管理层的战略决策能力（如根据市场需求发现机会、制定研发战略等），也需要内部科技人才的研发能力、制造部门和营销部门的制造和营销能力

等。自主知识产权的内生机制不只是自上而下的驱动式增长过程，也是自下而上的拉动式增长过程，管理层可以主动根据战略意图进行研发规划，而自主知识产权的形成、成果化以及新产品的盈利等反过来又会促进企业管理层进一步加大对研发的投入等。因此，从企业内部考虑自主知识产权的成长过程，应努力构建出一个有效的内生动态反馈系统。

② 自主知识产权管理和保护能力是现阶段科技型中小企业在自主知识产权生成机制中薄弱的地方。本章依据系统动力学理论就不同水平下的自主知识产权管理和保护能力对自主知识产权存量的影响进行了仿真分析。其结果表明，较高的管理和保护能力能够较好地提高自主知识产权的增长趋势。目前大多数科技型中小企业没有设置专门的知识产权管理和保护部门，一方面导致企业缺乏对知识产权管理和保护的意愿，从而导致企业创新成果流失；另一方面导致企业没有对创新成果申报知识产权的意愿，从而导致知识产权在数量上没有持续增加。

③ 自主知识产权成果化能力是影响自主知识产权增长的关键驱动因素。仿真分析结果表明，自主知识产权成果化能力的变化对自主知识产权增长的影响显著，在较低的成果化能力水平下，即使企业的技术研发能力、自主知识产权保护和管理能力较强，也会制约自主知识产权的进一步增加。这是因为，在企业发展的长期过程中，技术研发和知识产权保护仅在短期内对企业自主知识产权的增加有明显的促进作用，但企业的本质是追逐更高的利润，自主知识产权能否转化为新的成果或产品，创造更多的价值，是影响企业做出下一步决策的主要依据。如果已有的自主知识产权的成果化能力较低，将会影响其在以后进一步的提升。因此，在构建企业自主知识产权内生机制的同时，除了考

虑内部研发、管理和保护等方面时，还应关注申报的知识产权转化为新产品的能力。

4.2　科技型中小企业自主知识产权外部识别要素与作用机制

4.2.1　科技型中小企业自主知识产权外部识别要素

4.1 节中分析了科技型中小企业自主知识产权的内生机制，除了内部驱动要素之外，一些外部因素对推动企业自主创新和知识产权开发的影响作用也不容忽视。一些国内外学者也将研究的视角放在了外部因素的影响机制上。相关代表研究及观点包括：提出市场需求是驱动企业进行创新行为的重要影响因素；研究环境、法律、公共政策和社会经济趋势对企业潜在创新能力的作用；提出政府的科技政策对企业的创新行为具有重要的促进作用；提出企业文化与国家文化对企业知识开发与管理具有重要影响等。

国内学者相关研究包括：粟进和宋正刚（2014）将需求与竞争、政府政策与法规作为驱动科技型中小企业进行技术创新的关键因素。陈晓红等（2009）将创新的外部驱动归纳为市场竞争、市场需求和国家政策。王恒山等（2008）认为中国现有科技型中小企业成长的法律环境制约了企业进行知识产权开发的积极性。史蕾和路正南（2009）则提出良好的融资环境能够使科技型中小企业有效利用自己大量的无形资产。王丽平等（2013）提出我国科技型中小企业可持续发展的外部影响因素包括市场需求、外部知识与技术、政府行为以及企业集群化。盛世豪和王立军（2004）、张铁山和赵光（2009）、朱秀梅等（2008）从知识溢出效应与创新资源可获得性、根植性等方面研究了集群对科技型中小企业成长的作用机制。

本书在充分借鉴国内外研究现状的基础上，将科技型中小企业自主知识产权成长的外部影响因素分为：政策法律环境、金融环境、技术环境、市场环境和服务支持环境。

1. 政策法律环境

科技型中小企业属于高风险型企业，成长过程中，特别是进行自主创新和知识产权开发过程中存在很大的不确定性，需要政策和法律法规的规范和引导。政府政策法律环境成为科技型中小企业成长发展的重要外部因素。具体包括以下几点。

（1）法律法规

市场经济社会是法治社会，法治社会的目的在于创造一种公平、公正、公开的环境，如果没有法律约束，一个竞争和自由流动有序的市场环境就不能产生，企业技术创新就没有条件，企业科技成果的转化与保护就没有动力。知识产权保护的法律体系从根本上规定了各企业的行为准则，进而减少侵犯他人知识产权、品牌遭受损害、专利技术被淘汰、专利被宣布无效等损害行为的产生，因此良好的法律环境是科技型中小企业知识产权化的有效支撑。

我国目前涉及知识产权保护的实体法律体系主要有《中华人民共和国民法典》《中华人民共和国专利法》《中华人民共和国商标法》《中华人民共和国著作权法》《中华人民共和国反不正当竞争法》等。自 2001 年以来，最高人民法院共制定和修订了关于专利、商标、著作权、植物新品种、集成电路布图设计、技术合同、不正当竞争、计算机网络域名、知识产权犯罪、知识产权财产保全、案件管辖和审理分工等涉及知识产权方面的司法解释近20个。

关于促进中小企业自主创新的法律有2003年实施的《中华人民共和国中小企业促进法》，其中把“技术创新”作为单独一章，在法律层面给予科技型中小企业自主创新法律保障。

（2）行业及产业政策

除了法律法规外，还有相关部门制定的行业和产业政策，往往对一个行业和产业的发展起到巨大的推动作用。如2005年出台的《国家中长期科学和技术发展规划纲要（2006—2020年）》就旨在促进科技成果转化、激励企业自主创新。

（3）财政税收政策

从国际普遍经验来看，政府财政资金的直接投入是鼓励和支持科技型中小企业发展自主知识产权的主要手段。政府的财政资金投入一方面直接降低了企业的研发成本，降低了研发阶段和商业化初期的亏损风险；另一方面政府通过将财政资金投入专门的研发机构进行基础性研究，可以加快成果在企业中的应用。我国的“863计划”“火炬计划”等就是财政直接支持高新技术研发的例子。

除了财政直接投入之外，税收政策也是鼓励企业进行自主知识产权开发的有效激励手段。政府通过减税或免税政策刺激企业对研究开发的投资。我国也制定了一系列科技型企业自主创新的税收政策，如企业自主创新投入的所得税前抵扣；对投资于科技型中小企业风投实行投资收益税减免或按比例抵扣应纳税所得额等。

2. 金融环境

金融环境影响到企业进行技术创新与成果知识产权化的融资渠道与资金来源。

（1）融资渠道

科技型中小企业融资的渠道主要包括私人筹集、银行贷款、风险投资、政府基金、上市融资等。政府基金是经国务院批准设立，用于支持科技型中小企业技术创新的政府专项基金。该基金通过拨款资助、贷款贴息和资本金注入等方式扶持和引导科技型中小企业的技术创新活动，促进科技成果的转化。但很多中小企业很难获得政府的政策性贷款。银行贷款是根据企业规模、资产额度向银行申请商业贷款的一种融资方式，一般较难获得，因科技型中小企业是技术创新型企业，具有较大的风险性，这与银行贷款安全性相矛盾。私人筹资是科技型中小企业融资的最初来源，主要以创业者的个人资金和向家庭和朋友借款为主。风险投资的投资对象是尚无良好市场条件但具有未来潜力，值得冒险投资的计划，或者属于技术、资本密集，需投入巨资而回收期限较长的投资计划，是一种比较适合科技型中小企业的融资方式。科技型中小企业国内上市融资困难比较大，A 股上市采用额度制度，程序复杂，时间较长，比较而言，香港二板市场比较适合中国科技型中小企业，但目前二板市场的国内审批程序还不明确，有关部门应尽快制定比较宽松的审批程序，以有利于科技型中小企业利用二板市场融资。

（2）资本市场

资本市场体系是否健全也影响到科技型企业是否能够更广泛地获得资金来

源。一些发达国家专设了为创新型企业融资服务的资本市场。我国的创业板正是为意图上市的科技型中小企业解决融资问题、缩短上市时间推出的支持自主创新多层次资本市场完善的举措。除了资本市场的多层次性，另外资本市场的成熟度和监管的完善程度也影响到创业板作用的发挥，需要避免非创新型企业挤占创新资源的现象。

3. 技术环境

技术环境是以科学研究体系以及为科研成果的交易而设置的技术市场为主体的体系。一个健全、完善和高效运作的科学研究和技术开发体系可以为社会经济的发展以及企业技术创新提供源源不断的技术成果和技术服务，而一个建立在发达的科学研究体系基础上的技术交易市场体系则更为科技型中小企业的知识产权化提供不可缺少的支持条件。

（1）科技水平

科技水平是指一个国家科学研究的开展情况、所拥有的技术水平和科研基础设施建设情况。科技型中小企业以高新技术为基础进行产品的研制开发、生产营销。如果没有一定的科学技术基础，要创新只能是空想。如果国家缺乏坚实的技术基础，即使企业有成倍的资金、成批的知识产权人才，企业的自主知识产权化推进也必然会因为国家整体技术水平的落后而困难重重。公共图书馆、开放实验室、工程研究中心、中试基地、科研信息网等科研设施的建设情况也直接影响中小企业技术研究的规模与水平。科研基础设施的建立健全将有助于科技型中小企业技术要素和功能要素的形成，降低企业技术创新的风险，有助于企业高技术成果的商品化和产业化，从而推进成果的知识产权化。

（2）科研体系

从 1985 年《中共中央关于科学技术体制改革的决定》颁布以来，我国科技体制改革已近 30 年了。科技创新系统在由计划模式向市场竞争模式方向迈出了很大的步伐，但目前还有相当一批名义上为产业服务的科研单位，其科研与产业严重脱节。一方面科研单位的大量成果束之高阁；另一方面包括众多科技型中小企业在内的大批企业因渴望新产品嗷嗷待哺。1999 年，原国家经济贸易委员会管辖的十个国家工业局所属的 242 家科研机构转制正式实施，这些科研院所或转变为企业，或整体或部分进入企业，或转为中介机构等。这为科研体系的改革做出了良好的示范作用，也为科技型中小企业在技术创新与知识成果转化方面提供了新的机遇。

（3）技术市场

技术市场是科技环境的重要组成部分，也是技术创新与产业资本、金融资本对接的信息化网络化平台，它能进一步推动高科技技术成果知识产权化的进程，解决科技要素、经营要素、金融资本要素相互融合之间存在的障碍及融投资瓶颈问题。目前，国内技术市场以上海、深圳、西安等地发展最为迅猛。例如，西安技术产权交易中心交易品种包括已认定的高科技技术成果、公司制科技企业产权、非公司制科技企业产权、成长性企业产权、依法批准的其他科技产权及各类所有制企业产权。

4. 市场环境

市场对于科技型中小企业自主知识产权开发的影响表现在三个方面。① 市场需求决定了科技型中小企业自主知识产权开发的方向。市场需求是企业进行自主创新的原动力。企业以市场需求为导向，开发具有市场潜力的新产品可以获得更大的潜在收益，顾客需求的不断变化，引导着企业不断进行创新。② 市场竞争的压力是科技型中小企业进行自主创新的驱动力。市场竞争越充分，企业面对的市场压力就越大。中小企业要想与资金实力雄厚的大企业在市场上一较高低，只有进行技术创新，从而获得更多的市场份额。③ 完善的市场机制是科技型中小企业进行组织创新的信心保证。中小企业风险抵抗能力低，特别是创新初期淘汰率高，市场发育程度和市场机制完善程度和信息的不对称、不良的竞争秩序等决定了投资者进入的信心，也威胁着科技型中小企业开发自主知识产权的积极性。

5. 服务支持环境

知识产权中介服务机构是实现知识产权保护与管理及其合理流动与扩散的重要社会力量。从知识产权的获取与管理来看，其主要包括人才培养交流体系，专利、商标、版权等知识产权代理服务机构，知识产权信息服务机构，无形资产评估机构，技术交易所，律师事务所以及科技成果评估鉴定机构等。从知识产权的创造来看，其主要包括孵化器、产学研基地等。

（1）人才培养交流体系

人才培养交流体系为企业知识产权的产生提供智力资源库，它不仅包括企业外部具有知识产权相关知识的个人，而且包括人才培养和人才流动社会环境状况。科技型中小企业知识产权来源于技术创新，而技术创新成果又需要通过知识产权得以保护。所以，在科技型中小企业内部，高新技术人员与知识产权专员是不可或缺的组成部分。但由于科技型中小企业存在资金紧张、创新工作困难多、人员结构不完善等客观问题，这就要求在目前体制下，大力培育兼具技术创新能力与知识产权知识的人才。

企业外部各种智力资源非常丰富并且在不同机构之间的分布是不同的，例如，大学与研究机构具有人才汇聚、学科门类齐全、科技成果密集、信息资源丰富、实验设备先进等优势。大中企业则更贴近市场，拥有开发和经营管理型人才和较丰富的科研资金；相比之下，科技型中小企业因为企业内部的人才资源是有限的，需要有一个有利于高技术人才与知识产权人才流动的市场机制。目前各省市都建立了人才交流中心，但由于各种原因，人才自主交流比较困难，多数处于无序流动状态，严重制约了科技型中小企业的发展。为此，建议国家进一步改善人才流动机制，为促进科技型中小企业知识产权化提供良好的人才环境。

（2）市场中介服务组织

市场中介服务组织在科技型中小企业知识产权化过程中的作用越来越重要。随着我国经济体制改革的不断深入和政府职能的转变，一些原来由政府承担的职能和工作要交给社会组织及个人来完成，这就为各种中介机构的发展提供了良好的机会。同时，科技型中小企业在知识产权化过程中，商标注册、专利申请等都是专业性、技术性很强的工作，中小企业如果没有合适的人才就需要与专利商标代理所等中介机构合作才能完成。随着科研成果向市场化、产业化的转化，也形成了对资产（包括有形及无形资产）评估机构、会计师事务所、审计师事务所、财务顾问公司等市场中介组织的需求。另外，国家对企业及其他市场主体的管理、对市场秩序的维护也会更多地依靠法律手段，从而更增加对法律服务的需求。因此，中小企业可以和有实力的中介代理机构签订外包协议，将专利权维护、专利侵权风险分析、技术创新等工作交给中介机构完成，既节约了企业成本，又能促进知识产权中介机构的发展。

（3）孵化器

孵化器一般是指一个服务主体为企业创办或科技项目开发在一定期限内提供场地、咨询、培训等综合服务的组织形式，是一种培育新型小企业和科技项目的有效办法。科技型中小企业要善于利用孵化器的各种功能，为企业发展提供服务与支持。孵化器的建立，可以为科技型中小企业的创办者及经营管理者提供必要的经济管理和知识产权知识；可以及时为企业提供知识产权相关政策信息、市场信息；可以为企业改制提供人员、经验及改制方案；还可以帮助中小企业解决融资难的问题等。

（4）产学研基地

产学研基地是指在大学、科研院所、企业之间建起一座有效沟通和合作的桥梁，不断加强三者之间知识产权的合作。促进产、学、研结合，提高科技成果的转化速度，促进科技成果的推广和应用，能够真正推动科技成果的商品化和产业化，提高科技成果的实施率。目前，我国大量科研经费与科技人才集中在研究院所和高校，其科技成果的价值衡量通常是通过其发表论文数量、学者学术地位高低、所获国家经费多少来确定的，这种评价方法重学术价值、轻市场价值，缺乏将科研成果商品化与市场化的途径，与生产脱节。同时，在科技型中小企业内部，科技创新研发能力受企业资产规模限制，能够甄别可知识产权化因素的人员更是短缺。所以，通过产学研基地，将研发机构、高校中科技创新与知识产权人才引入企业，是帮助科技型中小企业实现知识产权化的高效途径。

4.2.2　科技型中小企业自主知识产权外部影响因素的协同作用

科技型中小企业自主知识产权化外部影响因素复杂多样，这是由于企业的知识产权自主创新是一个开放的协作过程，企业在该过程中逐渐与政府、高校和科研机构、中介机构等其他主体构成了多主体协同创新网络，并不断与外部主体进行物质、信息和资源等要素的交流，最终在主体间形成了密切的联系纽带和相对稳定的关系。

1. 多主体协同创新网络节点分析

从 20 世纪 90 年代开始，企业创新的复杂性和难度加大，创新风险进一步提高。单主体的创新模式面临困境，与此同时，一种融合了企业外部相关主体的网络化创新模式开始出现。企业、研发机构、政府、金融机构和各种中介机构结成创新网络，通过复杂的、非线性的交互作用实现了协同创新效应。科技型中小企业知识产权开发始于自主创新，外部影响要素的实施主体与企业一起构成了多主体协同创新网络。协同创新网络的结构是指区域活动中参与并影响企业知识产权自主创新的行为主体，这些主体之间的相互作用很大程度上影响着企业自主创新绩效以及企业自主知识产权的创造、管理和保护，具体包括企业、大学和科研机构、政府、中介与金融机构等。多主体协同创新网络结构如图 4.9 所示。

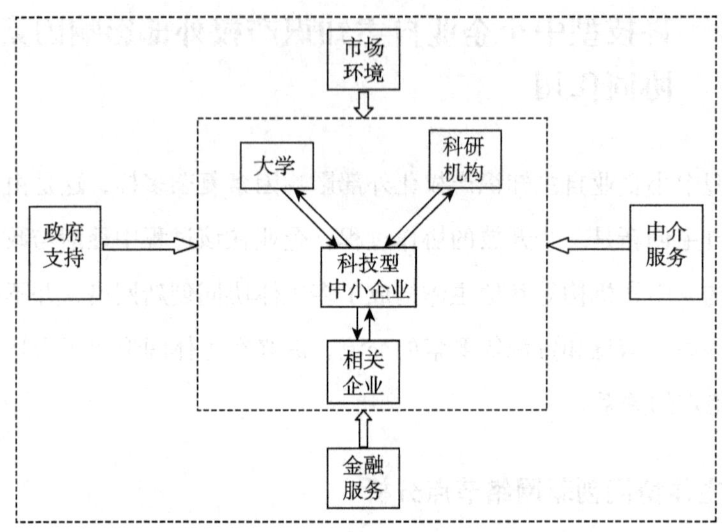

图 4.9　多主体协同创新网络结构

该结构由内圈和外圈两个系统组成：内圈是自主创新的主体系统，由科技型中小企业、大学、相关企业和科研机构构成，是进行自主创新和知识产权开发的重要力量；外圈是自主创新的支持系统，由政府政策法律、金融服务、中介服务和市场环境构成，在促进知识转移扩散、科技成果转化、知识产权交易、知识产权保护等方面发挥重要作用。

（1）主体系统

企业处于协同创新网络的中心位置，是将创新成果转化为现实生产力的实施者，也是创新网络中知识、技术的需求方。作为知识生产系统、传播系统和应用系统交叉点的企业是协同创新网络的运动中枢，起着主导作用。主要表现在通过企业对市场需求信息的把握，确定知识产权开发方向，向大学获取人才支持；与大学、研发机构开展联合项目研究，并将研究成果进行商业化，实现知识产权价值最大化；根据知识产权开发需要与相关企业开展合作创新，利益共享，风险共担。

大学和科研机构在协同创新网络中作为人才、知识的提供方直接参与到知识产权开发过程中。大学和科研机构具有人才聚集、知识聚集、基础研究条件较好的优势，是创新成果产生的重要主体，可与企业市场敏感、面向应用端的优势形成互补，二者结成创新联盟可加速创新成果的知识产权化和知识产权商业化。

相关企业既包括与本企业产业链上下游的关联企业（如供应商、零售商、服务商等），又包括与本企业形成竞争关系的竞争性企业。企业战略联盟为企业提供了知识、信息、技术交流的平台，可以使联盟内企业产生协同效应和学习效应，加速知识特别是隐性知识吸收、演化的速度和效果。

协同创新网络中各主体是相互依赖、相互竞争的关系。协同关系通过一致的利益形成资源互动、知识共享、合作开发的协作行为实现知识开发的高效率和资源的最优配置。在协同关系中由于存在利益、动机、能力等方面的矛盾，也会产生冲突，因此需要建立利益协调机制和制约机制，使创新网络转化为一种自组织能力。

（2）支持系统

政府作为协同创新网络支持系统中的重要角色，并不直接参与创新和知识产权开发，而是通过政策、法律法规等促进创新网络的形成与发展，营造良好的自主知识产权开发环境。因此，政府是企业知识产权自主创新活动的指导者，在创新网络行为主体之间扮演着桥梁的角色。一方面政府通过营造和维护企业创新环境，使知识、技术、信息的传递与扩散更有效率；另一方面在政府的倡导与扶持之下，各创新主体间更易于结成合作联盟，加快科技成果转化的进程。

中介和金融服务机构是企业知识产权自主创新活动的辅助者，发挥着重要的协调和沟通的作用。金融机构为企业知识产权自主创新的各个环节提供资金保障，也为风险资本带来盈利，为企业进行技术创新与成果知识产权化提供融资渠道与资金来源。中介服务机构主要是指为企业知识产权自主创新活动提供各种服务机构的总称。从知识产权的创造来看，主要包括孵化器、产学研基地等，中介服务机构主要支持在自主创新过程中遇到自身难以解决的问题的中小企业，降低中小企业成长前期的风险；从知识产权的获取与管理来看，主要包括专利、商标、版权等知识产权代理服务机构、知识产权信息服务机构、无形资产评估机构、技术交易所、律师事务所以及科技成果评估鉴定机构等，知识产权中介机构为客户提供知识产权服务，促进企业自主知识产权的保护和管理。

市场是企业自主知识产权开发活动的载体和驱动者。市场环境作为创新网络的支持系统，体现在：一是为创新提供灵感、信息和导向；二是为创新提供市场激励作用；三是提供检验创新网络绩效的最有效场所。

2. 外部影响因素的协同作用机制

如前所述，各外部影响因素在科技型中小企业自主创新和自主知识产权开发过程中都起到了重要作用，而且这种作用关系不是简单的一对一正向或负向关系，而是在一个创新网络中的多要素协同作用关系。本书尝试建立一个影响科技型中小企业自主知识产权开发外部因素的协同作用概念框架，如图 4.10 所示。

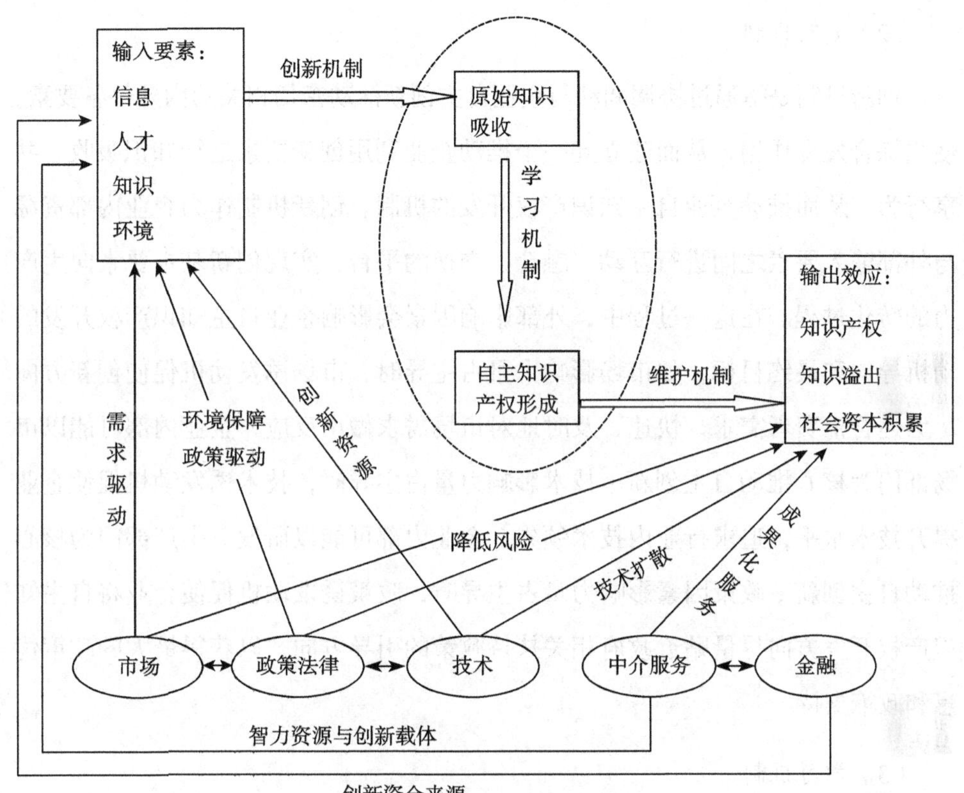

图 4.10　外部因素协同影响机制

（1）输入要素

信息、人才、原始知识和必要的依托环境是进行自主知识产权开发的输入要素。协同创新网络机制的核心是基本创新要素能够在创新主体间交流和互动。市场、政策法律、技术、中介服务、金融市场等外部因素一方面协同作用形成对企业自主知识产权开发的外部驱动力量；另一方面共同构成了自主创新的支撑环境，形成创新制度体系，为企业的自主创新和知识产权开发行为提供合理的保障和支撑。

（2）创新机制

创新机制是指通过协调调动与企业自主创新活动密切相关的内外部各要素，使之综合发挥作用，从而建立起一个推动企业利用创新要素进行知识吸收、共享行为，从而推动企业自主知识产权开发的机制。创新机制作为企业内部资源与外部输入要素之间进行互动、融合、交换的平台，实现创新基本要素向生产力的转化过程。在这一过程中，外部影响因素会影响企业自主知识产权开发的动机导向和最终目标。如市场影响力量占主导时，市场诱发动机促使创新方向尽力迎合消费者需求，快速、及时地对市场需求做出反应，企业内部可能以市场部门为核心推动自主创新；技术影响力量占主导时，技术诱发动机促使企业提升技术水平，追求行业内技术领先，企业内部可能以研发、生产部门为核心推动自主创新；政策因素影响力量占主导时，政策诱发动机促使企业将自主知识产权开发方向尽量贴近政府相关扶持政策的引导方向，以获得最大的政策优惠和政策支持。

（3）学习机制

从原始知识的吸收到自主知识产权开发的过程就是企业知识吸收、知识共享、知识转化、知识扩散的学习过程。在市场竞争日益激烈的今天，单个企业的技术、资金、人才等创新资源有限，通常需要与创新网络中其他主体进行交流、合作、共享才能提高知识产权的开发效率。学习机制就是指促使企业在组织内部和组织外部开展交叉学习，促进知识流动，提高创新效率的机制。以企业为核心，整合政府、高校、科研机构、相关企业等创新主体的创新资源，构建的创新网络可以使资源得到更合理的配置和利用。但各个主体之间利益、动机存在不一致性，技术水平、信息量、风险防控能力等差异也较大，因此在创新网络中必须建立起主体间的协同动力机制、利益分配机制、信息共享机制、风险分担机制等。而外部影响因素将直接影响到上述机制建立的效果和效率。

（4）维护机制

从企业自主创新成果生成到自主知识产权成果最终形成还有一个成果化、商业化的推动和保障机制。很多企业宁可把自己的一些创新成果作为商业秘密，也不愿意以专利、著作权等形式申请知识产权成果。其原因是市场各参与方还没有形成信任机制，维护知识产权成果不受到侵权的维护机制还不健全。外部因素，特别是政策法律、市场等因素在推进成果化方面影响重大。良好的社会法治环境和市场秩序是实现知识产权收益的必要保障。而完善的中介服务体系也能降低企业知识产权成果化的成本，如前文所述，商标注册、专利申请等都是专业性、技术性很强的工作，中小企业如果没有合适的人才就需要与专利商标代理所等中介机构合作才能完成。随着科研成果向市场化、产业化的转化，也形成了对资产（包括有形资产及无形资产）评估机构、会计师事务所、审计师事务所、财务顾问公司等市场中介组织的需求。

（5）输出效应

企业自主知识产权开发对整个创新网络的输出效应包括成果化的知识产权、知识溢出，最终形成社会资本积累等。这些输出效应能促进不同创新主体间技术、知识、信息等的快速传递和扩散，从而提升整个社会的创新效率。由此可见，发挥外部影响因素的正向推动作用，为创新系统创造一个良好、公平、秩序的创新环境，可以推动整个社会创新文化的形成。这既需要推动创新的政策、完善的知识产权保护机制、促进创新主体合作的市场机制、刺激创新主体参与创新的利益机制，又需要保障创新要素流动的平台和服务体系。

第 5 章　科技型中小企业自主知识产权的成长机制

通过研究复杂性系统理论，我们发现、分析和解决知识产权研究的新的思维方式。许多学者对于科技型中小企业的自主知识产权的管理与保护理论停留在静态层面，少有研究关注科技型中小企业自主知识产权自身的动态发展规律。本书通过分析认为，科技型中小企业自主知识产权的成长演化，是通过创造、应用、管理和保护等众多环节，涉及人才、知识、技术、资金和配套设备等众多相关元素，有机整合形成的系统演化过程，如图 5.1 所示。

科技型中小企业自主知识产权持续成长过程，是企业自主知识产权自组织演进成长的过程。自组织是科技型中小企业自主知识产权实现持续成长的关键机制，贯穿于整个知识产权生命周期。开放性是科技型中小企业自主知识产权实现自组织成长的前提，涨落是科技型中小企业自主知识产权自组织成长的诱因，竞争与协同是科技型中小企业自主知识产权演化的外部条件，自主创新是科技型中小企业自主知识产权演化的动力。

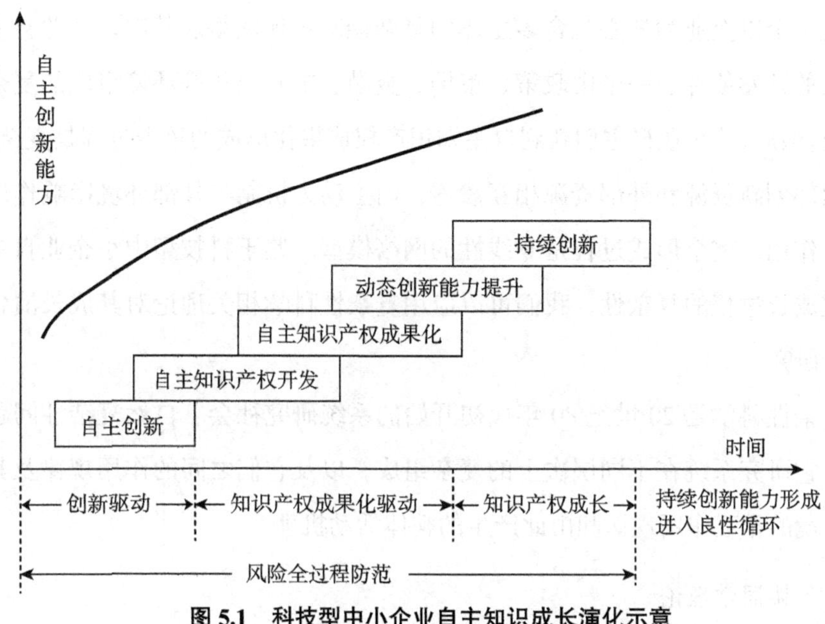

图 5.1　科技型中小企业自主知识成长演化示意

5.1　科技型中小企业自主知识产权的成长过程

5.1.1　科技型中小企业自主知识产权的成长过程分析框架

1. 科技型中小企业自主知识产权成长演化相关理论

科技型中小企业自主知识产权的形成和成长过程是一个受内外部因素共同影响的复杂、动态过程。这一过程具有明显的复杂性特征，首先从原始知识来源看，科技型中小企业自主知识产权开发的原始知识取得既有可能来源于企业自身，又有可能从相关企业、科研机构、用户等主体中获得或合作产生，这样形成一个以企业为核心包含多主体的复杂创新主体网络。其次，企业自主知识产权的开发依存于一个由政策、市场、金融、中介服务等环境组成的复杂环境系统。最后，从企业自主创新到自主知识产权成果化形成的整个过程是复杂的，企业内部创新资源和外部资源相互渗透，内生动力机制与外部环境影响作用机制交互作用，整个形成过程是非线性的网络模型。鉴于科技型中小企业自主知识产权成长过程的复杂性，我们可以应用复杂性科学相关理论对其成长演化过程进行研究。

复杂性科学是20世纪80年代初开始的系统研究社会、自然复杂性问题的科学，它研究系统在不同层次上的复杂组成，以及它们之间的作用规律及其与外部环境的相互作用规律和由此产生的整体活动机理。

（1）协同学理论

协同学理论（Synergetics）是1971年德国著名物理学家哈肯提出的系统科学的重要分支理论。协同理论以系统论、信息论、控制论、结构耗散理论等现代科学理论成果为基础，研究远离平衡态的开放系统在与外界有物质或能量交换的情况下，如何通过自己内部协同作用，自发地出现时间、空间和功能上的有序结构，它着重探讨各种系统和现象中从无序到有序转变的共同规律。协同理论告诉我们，企业内外部因素能否发挥协同效应取决于系统内部各子系统的协同作用。如果企业内部组织、技术、管理、研发、环境子系统之间相互协调配合得好，能够围绕开发目标协力运作，那么系统的整体性功能就好，知识产权开发过程就顺利；反之，如果企业系统内部各部门相互掣肘，冲突或摩擦较多，那么就会造成整个系统内耗增加，开发效率下降，难以达到预期目标。

（2）自组织理论

自组织理论（Self-organizing Theory）是 20 世纪 60 年代末期形成的一种系统理论，它的研究对象主要是复杂自组织系统的形成和发展机制问题。自组织理论研究在一定条件下，如何使表面看起来无序的系统自动地走向有序和稳定，而这一过程是在没有外部特定干预条件下，组织内部系统要素相互作用、自然演化的结果。国内许多学者应用自组织理论研究企业自主创新的机理问题。如樊一阳和张家文（2008）、杨林岩和赵驰（2011）等，研究了企业自主创新的内在机理和技术创新网络的自组织演化过程。科技型中小企业自主知识产权开发具有自组织特征，同样可以应用该理论对其演化机制进行分析。

（3）耗散结构理论

耗散结构理论（Dissipative Structural Theory）是一种关于非平衡系统的自组织理论，1977 年由比利时科学家普利高津提出。该理论用热力学和统计物理学的方法，研究耗散结构形成的条件、机理和规律。耗散结构是指处在远离平衡态的复杂系统在外界能量流或物质流的维持下，通过自组织形成的一种新的有序结构。该理论不仅适用于自然现象，同时也适用于解释社会现象。企业在自主知识产权开发过程中，往往与突变和不稳定紧密相关，企业能否抓住内外部有利因素并与各创新主体形成信任、默契的关系是自主知识产权开发成败的关键。

2. 科技型中小企业自主知识产权成长演化过程分析框架

企业自主知识产权系统与外界环境进行物质、能量、信息等的交流，本质上属于一类复杂适应系统，具有自组织特性，系统内各要素的自发行为以及它们之间的非线性作用，推动着企业自主知识产权成长系统不断进化成长。本章运用复杂系统相关理论，研究自主知识产权成长的演化过程，进行自主知识产权成长的阶段划分与分析，探讨其自组织、适应性和动态性特征。其中，自组织是复杂适应系统演进的内在机制。科技型中小企业自主知识产权演化机制分析框架如图 5.2 所示。

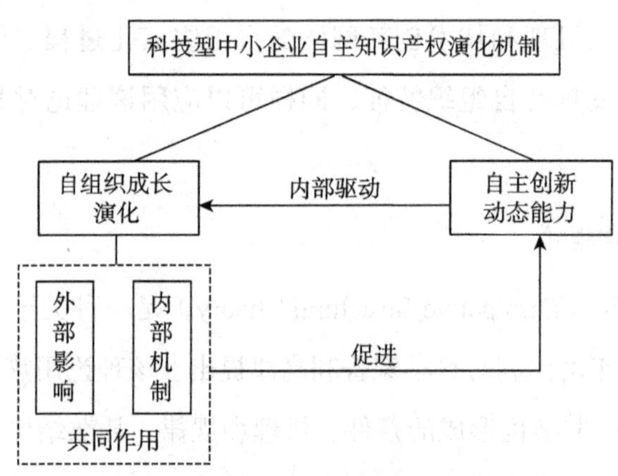

图 5.2　自主知识产权演化机制分析框架

科技型中小企业内部各要素及各子系统间相互作用形成自主知识产权的主要驱动力，同时，内部要素在耦合状态下相互影响，呈现典型的非线性特征，并与外部环境发生着交互作用。外部环境既对知识产权的形成产生约束，也通过技术、融资、政策、市场等因素的交互作用产生外部驱动力。科技型中小企业自主知识产权成长过程就是企业内生驱动要素和外部环境不断适应、交流、交换的过程。内部驱动与外部影响机制的共同作用引导着企业知识产权战略与决策目标的变化，并推动着企业从知识获取到自主创新形成再到知识产权开发并实现成果化的整个过程演进。而成长演化的结果是企业在这一过程中获得自主创新的动态能力的持续增长，并获得科技型中小企业持续成长所需的动态能力要素。

5.1.2 科技型中小企业自主知识产权的自组织成长系统

企业内部各子系统互为前提、互相作用、互相协作，包括资产子系统（资本、收入、职工数量、已有产权等），战略子系统（技术研发战略、外部机构合作等），研发子系统（研发投入、研发人员等），知识产权管理子系统（产权管理制度、产权管理投入、产权管理人员等），知识产权保护子系统（产权保护制度、产权保护投入、产权保护人员等），产品制造子系统（核心技术、新产品数量等），产品营销子系统（新产品盈利等）。复杂系统每个单元（子系统）之间形成一个广泛且紧密的网络。企业内部各子系统之间协同作用，其关联能量大于各个部分独立的能力。

任何企业都不是孤立存在的，企业只有不断从外界吸收技术、资金、人才和信息，才可能不断地创新，并将创新成果转化为自主知识产权和自主知识产权产品。同时，企业所产生的自主知识产权和自主知识产权产品也需要与外界交换，以实现经济价值，为企业带来经济效益。而企业和社会经济的发展，又会进一步为企业进行自主知识产权成长提供更多的物质、能量和信息，从而形成一个良性循环。自主知识产权来源于自主创新，科技型中小企业的创新活动可能受到资金、技术等方面的制约而失败或中断，因此需要与外部金融机构、技术服务机构、科研机构等进行技术、信息、资金、人才的交流，获得自主创新所需要的支持。内部各职能部门之间也需要进行信息和知识的交换、共享、交流，才能保证创新过程的顺利进行。

根据耗散结构理论，要使系统实现从原来无序状态向有序状态的转变，形成远离平衡态的、稳定的、有序的耗散结构，需要系统远离平衡态。系统与外界进行物质、能量的交换过程中，系统内某个参量的变化达到一定的阈值时，通过涨落发生非平衡相变。以熵（entropy）表示系统的无序度，则可构建自主知识产权系统的熵值变化公式为

$$dS = deS + diS \tag{5.1}$$

其中，dS 为系统整体熵值，deS 为系统自发的熵，diS 为系统外界引入的负熵。只有当从外界引入的负熵（diS）大于系统自发的熵增（$deS > 0$），系统才能从整体上实现熵减（$dS = deS + diS < 0$），并且远离平衡态，系统中的非线性相互作用才能得以变现，从而实现无序到有序的转变。

5.1.3 科技型中小企业自主知识产权系统成长的自组织演化机制

科技型中小企业自主知识产权的成长过程，是企业内部各要素自组织运动的过程，企业自主知识产权的成长和演化是一个不断创新的过程，是企业内部各子系统互为前提、互相作用、互相协作的结果。科技型中小企业自主知识产权成长状况随着时间的演化，由三个方面构成：

① 企业自主知识产权成长状况的变化；

② 系统随机涨落外力对企业自主知识产权成长系统的子系统之间协同作用的影响，所导致的企业自主知识产权成长状况的变化；

③ 随机涨落外力对企业自主知识产权成长状况的影响。

根据科技型中小企业自主知识产权成长系统内部的资产（C）、战略（S）、研发（R）、知识产权管理（M）、知识产权保护（P）、产品制造（T）和产品营销（X）子系统，系统的演化方程可以描述为

$$\frac{\mathrm{d}K}{\mathrm{d}t}=-\alpha K+\beta\left(C,S,R,M,P,T,X\right)+F \tag{5.2}$$

其中，K 表示企业自主知识产权成长状况，α 表示自主知识产权成长状况 K 的变化率与其原有状态的关系，β 表示企业随机涨落外力对企业子系统 C、S、R、M、P、T 和 X 之间协同作用的影响所导致的自主知识产权成长状况 K 的变化，F 表示随机涨落外力对企业自主知识产权成长状态变化的影响，t 表示时间。

企业自主知识产权成长状态的演变过程中，企业自主知识产权成长能力不断提升，系统原有的旧结构模式不断被新结构模式取代。一种新模式的形成意味着系统原有状态的不复存在，即出现不稳定结构，协同学中将之称为不稳定性，而正是这种不稳定性促使着系统的有序演化。

科技型中小企业的非线性特征是自主知识产权开发与形成系统的自组织根本动力机制。非线性使得企业内部要素丧失独立性而互为因果，由于受到系统随机涨落外力的作用，科技型中小企业自主知识产权成长状态对系统整体性产生微小的偏离，通过内部子系统的自组织运动而被迅速放大，形成巨涨落。协同作用的结果使科技型中小企业自主知识产权成长状态得以跃升，从而带动企业自主知识产权成长状态演变到新的有序状态。

5.1.4 科技型中小企业自主知识产权系统演化的外部影响

除了系统内部，系统的演化还会受到外部环境的影响。环境的变化、环境与系统之间相互联系的作用方式发生改变，都会影响系统内部的稳定，这种影响的大小和强弱会有所不同，并且这种影响最终会导致系统整体性和功能的变动。企业内部各子系统与外部环境的相互作用，推动着企业自主知识产权成长系统的不断演进成长。影响科技型中小企业知识产权自主化的外部环境是一个广泛的概念，它指的是企业在知识产权化过程中的各种外部因素的集合。

由于受自身条件限制，中小企业比大企业更加容易受到外部环境的影响。小至承载企业自主知识产权发展的微观空间环境，大至区域内的经济要素条件、地域文化特征，都会对科技型中小企业自主知识产权的成长产生直接或间接的影响。中小企业的成长与发展和政府的支持、市场的完善息息相关。在我国建设创新型国家、提倡可持续发展的大背景之下，自主知识产权有着重要的作用。政府相关部门出台了各类政策和措施来鼓励企业自主知识产权成长；资本环境和融资渠道、技术环境和配套服务同样对企业获取自主知识产权起到重要的支撑作用。

企业外部，包括人才环境、资本环境、技术环境、市场环境、服务体系、政策环境和法律环境，以及环境之中的各类组织机构等。外部环境因素的协同、竞争作用，为科技型中小企业自主知识产权成长营造良好的外部条件，会促进科技型中小企业自主知识产权自组织成长，提高科技型中小企业动态创新能力，最终促进科技型中小企业自主知识产权的成长演化。如图 5.3 所示。

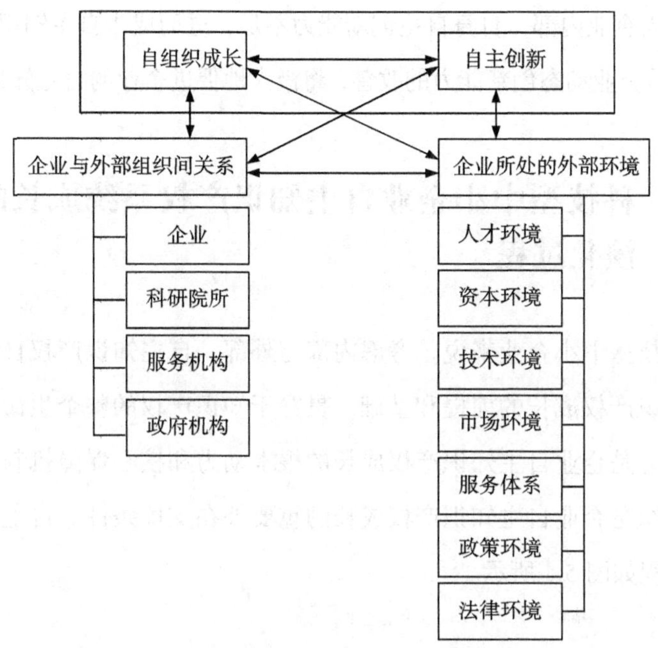

图 5.3　自主知识产权系统的成长演化外部影响

促进企业自主知识产权持续成长，要认识到系统内部与外部环境存在相互制约的适应性关系，识别企业内部自主知识产权成长的运行机制，以及企业外部环境与内部系统机制之间的匹配关系，从而依据企业具体状态，选择最优行动策略：

第一，当企业外部，包括政府和市场的支持，滞后于企业内部自主知识产权的内部结构和自主创新能力时，外部环境的适应性改变，将有助于强化企业的自主知识产权成长。

第二，当相对于外界的制度和市场环境，中小型企业系统内部的自主知识产权结构成为其成长的约束时，关键在于优化系统的内部结构，调整子系统之间的关系机制，系统的优化与改进将有利于企业的自主知识产权成长。

第三，当企业内部，自身自主创新能力不足，进而成为自主知识产权成长的障碍时，注重企业动态创新能力的改善，将极大地促进企业的自主知识产权成长。

5.1.5 科技型中小企业自主知识产权系统成长的自组织演化过程

对于科技型中小企业来说，考虑内部与外部，自主知识产权自组织机制是企业自主知识产权成长的前提和基础，贯穿于知识产权的整个生命周期；企业自主创新能力是企业自主知识产权成长的根本动力和核心保障机制；而外部环境与外部组织是企业自主知识产权成长的重要外在支撑条件。自主知识产权的成长演化过程如图 5.4 所示。

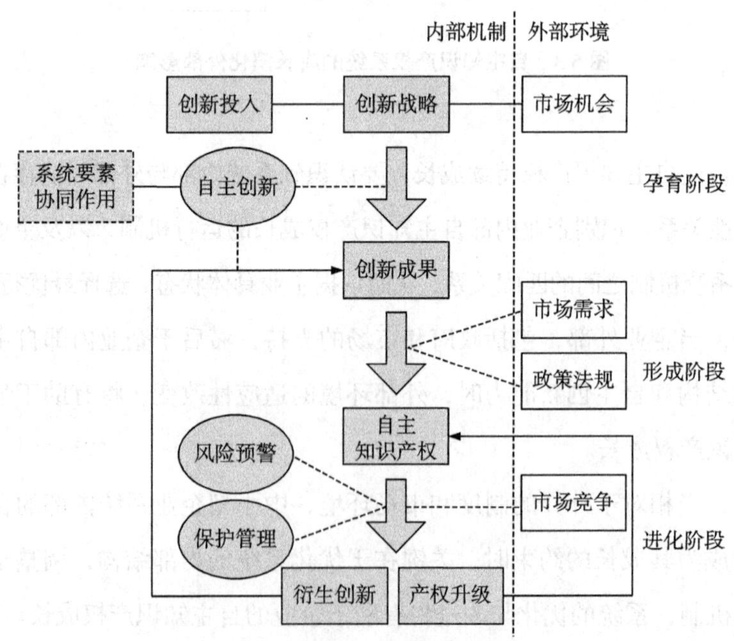

图 5.4　自主知识产权成长演化过程

根据企业自主知识产权成长的全生命周期，对其成长演化进行阶段划分。

1. 自主知识产权的孕育阶段

自主知识产权的孕育阶段是指从发现市场机会，进行创新战略制定和创新投入，到形成创新成果的阶段，是自主知识产权的准备阶段。当市场出现新的需求或者变化时，企业尚未开始创新活动，这时并没有形成自主创新能力。企业在这一阶段开始市场调查，通过市场分析发现新的市场机会，并开始制定创新战略。当企业按照创新战略进行创新投入，投入相应的人力、物力、财力等进行产品、工艺、流程、服务等创新活动时，企业自主创新能力成长系统的稳定状态开始打破。

从协同论角度看，创新成果的产生就是系统各个单元非线性相互作用加强，关联能量大于各个要素独立运动能量，个体运动服从于协同运动使系统出现有序结构，形成具有耗散结构特征的创新成果。对于科技型中小企业来说，培养自主创新能力、产出预期的创新成果是核心，关键在企业内部与外部要素的协同与合作。

2. 自主知识产权的形成阶段

自主知识产权孕育阶段形成的创新成果，通过市场需求判断，以及法律规定保护，形成知识产权，这个阶段是自主知识产权的形成阶段。符合市场需求的创新结果，才具备成为知识产权的条件；并且，知识产权是一种法定权利，创新成果需要符合相关的法律规定后，才能形成知识产权，包括专利、商标、著作权、商业秘密等。

此阶段，随着企业创新活动的深入，企业内各个部门、各种资源之间关联度提高，再加上系统与环境的耦合，非线性作用通过局部涨落（系统局部对整体的宏观均衡态暂时微小的随机偏离）放大引起系统突变，形成了结构有序的创新成果，实现自主知识产权成长与演化过程的飞跃。

需要注意的是，在此阶段由于企业创新投入的增加，企业各职能部门之间，内部各种资源之间的关联度在不断提高，再加上内部系统与外部环境的耦合相互作用，使企业偏离原来的平衡态，创新系统并不稳定。这时需要内、外部资源的有效整合，内部打破职能部门界限，外部打破行业、地区界限，整合科研资金、人员和政策等方面的资源，形成推动自主创新和自主知识产权开发的合力。

3. 自主知识产权的进化阶段

自主知识产权形成之后，要形成产权的可持续发展，使知识产权能为企业创新提供新的知识领域或新的趋势，并推动企业自主创新不断形成企业自主知识产权。

自主知识产权成果产生后，企业继续与外部环境进行物质、能量、信息交换，可能进一步完善创新成果或是进行相关知识产权开发，这样企业又进入新的开发循环，并形成知识吸收、自主创新、自主知识产权开发、再吸收、再创新的良性循环机制。但是，在这一阶段，如果外部环境恶化，出现不正当竞争、侵权等外部因素，以及企业技术创新断层、自身对创新成果保护不力等内部因素的制约下，科技型中小企业的自主知识产权开发的能力也可能衰退、失效，甚至知识产权失去其经济价值。因此，知识产权进化阶段，需要完善的知识产权风险预警和保护机制。

在市场竞争中，在自身的风险预警和保护机制之下，自主知识产权得到广泛应用，可以为企业创造利润，促进企业继续创新，从而使企业自主知识产权成长系统具备更高级的结构和功能。进而，已有的知识产权通过刺激企业创新活动，衍生出新的创新成果，或者形成新的知识产权，形成自主知识产权的升级。

5.2　科技型中小企业自主知识产权的创新能力

在外界环境的作用下，系统通过自组织过程适应环境，而出现新的结构、状态或功能。科技型中小企业自主知识产权成长系统应该是一个具备自主创新动态能力的组织，企业能够不断地通过学习来提高生存与发展能力，而不是一台机械装置。根据路径依赖理论，企业一旦通过某种模式取得了技术创新的成功，由于受到路径依赖的影响，企业容易被锁定在这一技术创新模式上。即使随着环境的变化，这种模式的价值可能在逐渐变小，企业也无法逃离被锁定的状态。因此，企业为了适应急剧变化的外部环境，从而整合、塑造、重构内外资源的能力是企业动态能力。借鉴动态能力理论（Dynamic Capabilities），在动荡的复杂竞争环境下，科技型中小企业要想实现自主知识产权从快速成长阶段向成熟阶段迈进，以及蜕变再成长，企业必须具备与动态环境匹配的自主创新能力。

5.2.1　科技型中小企业的创新优势

企业要具备强烈的技术创新意识。技术创新是科技型中小企业持续发展的动力。与大型企业相比，科技型中小企业缺乏规模经济和雄厚的资金优势，但是科技型中小企业更加贴近市场，能够及时了解市场需求，拥有一定的技术优势。面对自身条件的限制和激烈的市场竞争，科技型中小企业只有不断进行技术创新，满足用户的新需求，才能维持企业的生存和发展。所以，作为中小企业中最具创新活力和能力的群体，与大企业和普通中小企业相比，科技型中小企业具有更加强烈的技术创新意识和意愿。

1. 较高的技术创新效率

在知识经济时代，技术创新周期和产品生命周期不断缩短，人们的消费理念和消费方式也在不断变化，使得消费市场对产品的需求日益个性化、多样化，这就要求企业提高新产品开发、生产的速度。由于科技型中小企业贴近市场，了解消费者需求，在市场需求的拉动下，科技型中小企业的技术创新活动以特定的市场需求为目标，能够更加及时和有效地满足消费者的需求，使得科技型中小企业的技术创新具有较高的成功率。统计表明，小企业技术创新的投入产出效率比大企业高出 150%。

2. 灵活的创新机制

科技型中小企业由于员工较少，组织机构一般小而灵活。创新活动常常是由企业家本人直接负责，或者由企业家、技术人员、市场销售人员一起负责。由于企业家具有决策权、技术人员懂技术、市场销售人员了解市场需求，所以，这种创新机制有利于创意的实现和完善，也更加有利于快速捕捉市场的新需求，并快速开发市场急需的新兴技术和产品，从而提高创新效率。而大企业由于管理层次较多，信息反馈线路较长，从得到信息到最终做出决策一般需要较长时间，而且缺乏技术人员、销售人员、决策人员的有效交流，创意和新构思有可能被企业的官僚体制窒息，也可能错过最佳研发时机。

3. 弹性组织结构设计

市场竞争中，企业的组织结构需要随着企业的发展和企业战略的调整进行调整，从而适应技术持续发展和产品不断更新的形势与需要。科技型中小企业的组织结构相对比较简单，有利于信息的传送和指令的传达，为决策和管理的有效贯彻执行提供有力保障。根据一项针对科技型中小企业的调查结果，被调查中小企业企业中 45% 的企业采用直线职能结构，在保持直线制组织集中统一指挥优势的同时，也发挥了职能制组织专业管理职能的优势，进而大大提高了企业组织管理的效率，为科技型中小企业技术创新提供了良好的组织保障。

4. 重视创新成果的运用

由于大企业在市场竞争中常常处于主导地位，大企业在注重创新的同时，也要维护现有市场，往往会把技术作为储备，故意拖延技术转化周期、延长占有时间。而科技型中小企业由于不具有规模经济和资金优势，为了能够尽快收回研发投入和在激烈的市场竞争中生存和发展，往往更加注重应用技术的创新和创新成果的成功转化和运用，所以与大企业相比，科技型中小企业将创新成果引入市场的速度更快、周期更短。

5.2.2　基于自主知识产权成长的科技型中小企业自主创新动态能力要素

虽然科技型中小企业一方面在技术创新方面具有一定优势，但是，另一方面，我们也应该注意到，科技型中小企业存在资金不足、创新人才匮乏、风险承受能力低、信息系统不完善等问题。所以，科技型中小企业尤其需要具备自主创新动态能力。在建设创新型国家、可持续发展和提倡低碳经济的背景下，自主知识产权对我国发展具有举足轻重的作用，政府部门出台了多项政策和措施鼓励我国企业获取自主知识产权。

关于自主创新的动态能力，本书参考相关学者对于动态能力的界定，如认为动态能力是企业整合、构建、重新配置内部和外部能力以应对快速变化环境的能力；动态能力是企业改变资源的基础，是比竞争对手更快、更敏捷地创造或配置资源的能力。本书认为企业自主创新的动态能力是企业保持持续创新的驱动力量，是企业在动态的市场环境下，通过整合、配置企业内、外部资源及对其结构进行调整，不断为市场提供新的价值，保持企业持续竞争优势的能力。根据 5.2.1 中对科技型中小企业自主知识产权成长演化的分析，本书从知识产权开发的视角定义了自主创新动态能力要素。

1. 知识获取能力

知识获取能力是企业以实现自主创新为目的，有意识地检索、整理、收集各种知识和信息，并且能够在繁多的信息中，滤除干扰信息，获取自主创新所需的知识资源，把知识资源转化为企业知识资本的能力。知识获取能力是企业自主创新动态能力的基础要素。

2. 创新决策能力

创新决策能力是指企业敏锐地感知与理解市场环境及其变化，能够根据企业自身条件快速决策企业自主创新和知识产权开发的战略与方向，并能随着外部环境的变化而及时调整方案的能力。中小企业自主创新面临很大的不确定性和外部风险，正确评估自身的优势与劣势，敏锐地捕捉到市场机会和可能存在的威胁是降低不确定性和风险的保证。因此，创新决策能力也是企业自主创新动态能力的基础要素。

3. 知识开发能力

知识开发能力是企业根据内外环境条件的动态变化，灵活地整合内外部资源，高效地将原始知识通过吸收、转化、创新形成企业自主知识产权成果的能力。知识开发包括选择恰当的知识产权形式，选择适合的产品载体，整合自主创新成果等。这一阶段也是各种创新形式的集成，包括技术创新、商业模式创新、组织创新、产品创新、制度创新等方面。知识开发能力是企业自主创新动态能力的核心要素。

4. 创新成果运用能力

创新成果运用能力是指企业完成自主创新或取得自主知识产权后，采取恰当的形式将创新成果价值外化到相关产品或服务中，以获得最大的创新收益或竞争优势的能力。企业获得自主知识产权后可以采取多种运用形式，包括：①自行使用。将知识产权产品化、服务化，获得商业化价值。② 许可或转让。企业通过让渡知识产权权利获得经济收益。③ 交叉许可。企业将自己拥有的知识产权与其他企业的知识产权相互许可使用，互为技术供方和受方，这样可以获得互补优势。如果知识产权没有得到合理运用，其价值就无法体现。创新成果运用能力可以通过企业“沉睡知识产权”占比来度量。

5. 创新成果保护能力

创新成果保护能力是指企业针对存在的和潜在的侵权风险而采取有效的措施预防和制止侵权侵害发生或使侵权损失降至最小的能力。企业通过建立预警机制，完善保护流程，及时发现可能的侵权行为，通过增加保护力度，减少侵权发生的损失。创新成果保护能力是企业自主创新动态能力的保障要素。

5.2.3 基于自主知识产权成长的科技型中小企业自主创新动态能力的演进

企业的自主创新是多种类型创新的组合。根据熊彼特的创新理论，科技型中小企业自主知识产权成长系统内各子系统之间的协同作用其实是一种组织创新，在其中，技术研发子系统各要素之间的协同作用、企业与外部研发机构的合作是技术创新，企业管理子系统各要素之间的协同作用是管理创新。企业要以自主创新能力为核心，持续创造新的竞争优势。

通过调研与资料分析，我们发现，成功的科技型中小企业，其自主知识产权成长具有马太效应，像滚雪球一样，越滚越大。关键在于，企业要形成自主创新动态能力。自主创新动态能力（系统自组织知识产权演进的驱动力），应该贯穿整个知识产权生命周期。“动态”是指企业必须具备不断更新自身能力的能力，以适应不断变化的市场环境；而“能力”是指战略管理要更新企业自身能力，包括整合、构建和重塑企业内外部组织知识、技能和资源，以适应环境变化的要求。

科技型中小企业在自主知识产权成长过程中，随着技术创新项目的进行和自主知识产权的成长，组织的知识存量、技术范式、学习模式和组织柔性都发生了动态的演化，并最终表现为技术能力的积累与提高。应在企业内部建立学习机制，使员工与工作持续地结合起来，使组织在个人、工作团队以及整个自主知识产权成长系统这三个层次上得到共同发展，形成“创新—自主知识产权—优势形成（知识高地）—创新”螺旋上升的良性循环。

在动态环境下，科技型中小企业的自主创新能力必须与环境动态匹配并及时更新和提升，最终促进企业和企业自主知识产权持续成长。本书在借鉴相关研究的基础上，刻画了科技型中小企业自主创新动态能力的演进。如图 5.5 所示。

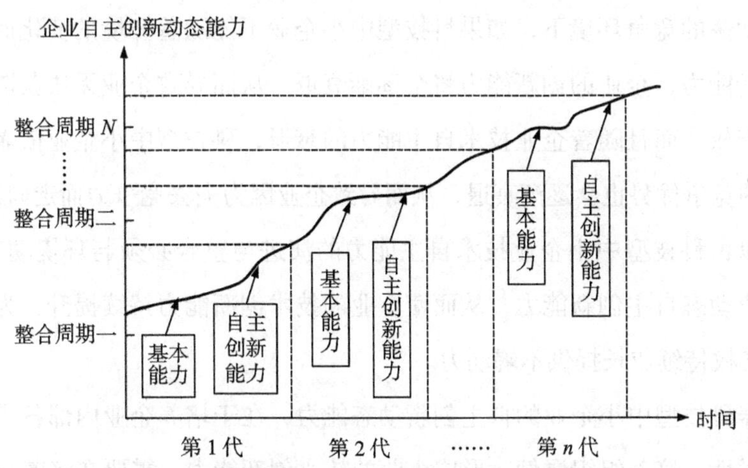

图 5.5　科技型中小企业自主创新动态能力的演进

图 5.5 表明，随着科技型中小企业所处环境的不断变化，企业自主创新能力将出现周期性的整合与提升。结合本课题自主知识产权内生机制部分，分析随着时间的演进，企业的基本能力和自主创新能力的演进情况。

在科技型中小企业成长初期，企业专注于各种基本能力的构建，尚未完全具备自主创新能力。随着企业进一步发展和壮大，尤其是研发战略的落实，企业各种基本能力逐渐形成，并不断增强，通过对企业诸多基本能力的整合，使企业基本能力上升为自主创新能力，为企业创新提供支持。企业进而在自主创新过程中，通过知识产权保护措施获取新的自主知识产权。一般来说，企业一开始的知识产权管理和保护工作都依附于研发部门并由其进行负责，随着基本能力和自主创新能力的提高，企业须设置专门的人员负责技术创新成果的管理及后续的知识产权的申报等工作，促进企业自主知识产权持续成长，从而实现企业自主创新动态能力的周期性演进。

在动荡的竞争环境下，如果科技型中小企业不能随着环境的变化而提升其自主创新能力，企业的创新能力将会逐渐衰退，从而导致企业无法获取新的自主知识产权。而且随着企业技术自主能力的衰退，科技型中小企业依靠自主创新获取的竞争优势也会逐渐衰退，从而导致企业因为失去竞争力而走向衰亡。

所以，科技型中小企业技术自主能力的演进与整合必须与环境动态匹配，形成企业动态自主创新能力，从而使企业的技术创新能力持续提升，为企业自主知识产权持续成长提供不竭动力。

培养科技型中小企业的自主创新动态能力，在于培养企业内部各子系统之间的关联性，培养组织惯例，形成企业的核心创新能力，需要在培养企业创新能力时注意以下几个方面：

第一，动态性。科技型中小企业要想实现持续技术创新获取持续竞争优势，就必须根据环境的动态变化对技术创新能力进行整合、构建和重塑。技术变革、市场需求以及竞争的动态性，决定了企业动态技术创新能力的动态性。

第二，积累性。企业的动态技术创新能力不是偶然发生的，而是以企业内部独特的资源、知识和技能的积累以及一系列激活机制作为支撑。但是这些资源、知识、技能和机制的形成很难通过市场交易获得，比如支持创新的企业文化、激励机制，精准的市场预见力，技术开发经验、态度和价值观等，都需要企业在日常管理活动中逐渐积累才能形成和提高。企业技术创新能力的形成，是企业技术和经验积累的过程，也是企业技术创新核心能力形成和发展的过程。所以，科技型中小企业自主创新表现出积累性的特点，企业技术创新经验积累的时间越长，技术创新核心能力也越强。

第三，延续性。由于是自主创新和自主知识产权的结果，科技型中小企业技术创新核心形成后具有很强的延续性，会在形成的知识高地基础上，继续衍生出新的创新成果。

第四，变革性。如前所述，企业一旦通过某种模式取得了技术创新的成功，由于受到路径依赖的影响，企业易于被锁定在这一技术创新模式上。但是不论是企业还是社会，要发展都是一个“创造性毁灭”的过程。变革性是企业技术创新能力不断增强和提升的关键，也是企业形成持续竞争优势的根源。在平稳的环境中，要依据现有的资源、知识和能力积累进行持续性改善，持续优化现有资源、知识和能力，或者通过重新配置不断挖掘其新的市场价值；在动荡的环境中，企业要对自身资源、知识、能力的积累进行技术变革，创造新的能更好适应市场变化的资源、知识与能力，以创造新的价值。

第 6 章　科技型中小企业自主知识产权风险预警分析

如前所述，科技型中小企业属于知识密集型的高新技术企业，它们在自主创新方面具有一定优势。而自主创新的目的是取得企业自主知识产权，从而提高企业竞争力。但是从我国科技型中小企业自主知识产权现状可以看出，其自主知识产权数量并不高，缺乏持续创新的积极性。究其原因，知识产权风险管理制度和体系的不健全往往成为取得自主知识产权的障碍，从而制约科技型中小企业自主创新的积极性。从外在因素看，我国知识产权管理的外部环境亟待完善。据有关资料显示，在亚洲 12 个国家和地区中我国的知识产权风险指数排名第二；从内在因素看，科技型中小企业往往成立时间不长，资金、人员不足，风险管理体制不成熟，企业在自主创新中面临着较高的知识产权风险。因此对于科技型中小企业自主知识产权风险预警的研究，对于提高企业抗风险管理能力，有效支撑自主创新持续发展有着重要的意义。

6.1　基于自主知识产权生成过程的风险要素识别

6.1.1　科技型中小企业自主知识产权生成过程

周文光和黄瑞华（2009）将企业自主创新中的知识创造的过程分为知识获取阶段、原有知识共享阶段、知识开发阶段、知识整合阶段、新产生知识共享阶段、知识利用阶段六个阶段。本书借鉴国内外学者关于知识创造过程的相关研究，根据第 4 章自主知识产权生成机制，将科技型中小企业自主知识产权生成过程分为四个阶段，如图 6.1 所示。

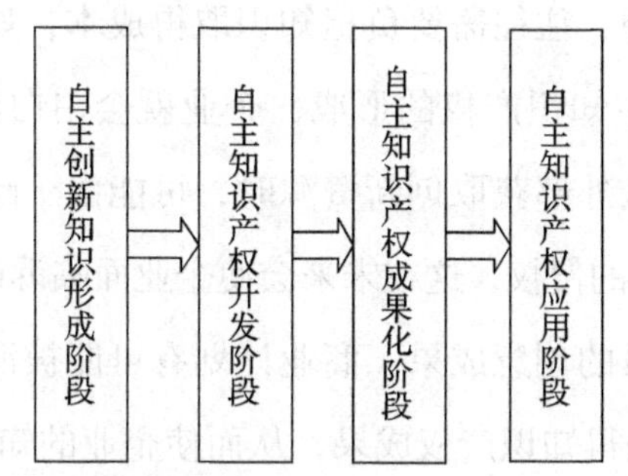

图 6.1　科技型中小企业自主知识产权生成过程

6.1.2　科技型中小企业各阶段知识产权风险

1. 自主创新知识形成阶段

自主创新知识形成阶段是自主知识产权开发的源头，在这一阶段，科技型中小企业依赖自身拥有的或是从外部获取的创新资源获得自主知识开发的起点。企业自身拥有的资源包括：企业独有的技术、创意、配方、专长等；企业依靠对市场和客户需求的敏锐观察力而形成的产品创意或设计。企业从外部获取的创新资源包括：竞争对手给企业带来的创新启示；行业发展动态信息、技术信息给企业带来的创新机会点；企业从科研院所等外部科研机构获得的可以和本企业发展相契合的创新成果等。无论是内部资源还是外部资源，企业在这一阶段的重点任务是知识的获取和吸收。这一阶段的成果为企业自主知识产权的形成指明了方向，但由于尚处于知识产权的萌发阶段，成果仅以创意、想法、尚不能市场化的技术、科研成果的形式存在。

这一阶段的风险主要包括三个方面。一是知识选择风险。企业无论从外部还是内部获取创新资源，往往需要负担知识取得成本，如果获取的知识不能很好地支持未来企业自主知识产权的形成，企业就会白白浪费金钱和时间成本。二是侵权风险。企业从外部获取创新资源时，可能由于疏忽造成对已受法律保护的外部主体知识产权的侵权，这在未来会使企业面临诉讼和赔偿风险。三是创意泄露风险。这一阶段的创意成果、商业计划有可能被泄露，竞争对手可能受到启发并以更快速度获得知识产权成果，从而使企业的知识产权开发面临失败。

2. 自主知识产权开发阶段

自主知识产权开发阶段是企业自主知识产权形成的关键阶段，在这一阶段，科技型中小企业将上一阶段获取的显性知识和隐性知识加以整合、开发，并有了明确的目标和可行的开发计划。这一阶段往往会形成一些可计量或可物化的成果，如技术文档、产品模型、工艺流程等，但这些成果并未获得产权保护，有可能分散地归属于企业研发、设计、生产等部门。

企业在这一阶段的知识产权风险极高，主要的风险包括三个方面。一是知识转化风险。在知识产权开发阶段需要企业各个部门将从内外部获取的自主创新资源进行吸收并转化为本部门内部的隐性知识，然后需要将隐性知识显性化，使知识能够在企业跨部门传播和共享；而在隐性知识显性化过程中存在知识转化风险，会造成知识错用和失真，导致知识产权开发偏离目标。二是知识泄露风险。知识产权开发阶段会使原本属于企业秘密的隐性知识显性化，并以技术文档、资料、数据等形式保存。显性化的知识更容易被泄露或是被竞争对手窃取。三是关键人才流失风险。知识产权开发阶段，大量创新资源和催化剂存储于关键开发人员的头脑中，如果在这一阶段出现了关键人员的离职，既可能导致被该人员掌握的隐性知识由于不能传承而造成开发进度延后甚至失败，又可能由于该人员的离职导致核心技术、知识的流失、泄露。

3. 自主知识产权成果化阶段

当企业完成了自主知识开发，需要及时申请知识产权，从而获得法律保护，因此，这一阶段的主要任务是知识产权的确权。这一阶段主要存在的知识产权风险也表现为知识产权确权风险，体现为企业没有及时申报知识产权，被其他企业抢先申请。

4. 自主知识产权应用阶段

在这一阶段，企业已获得自主知识产权，可将知识产权商业化，转化为企业的产品和能力，并为企业带来相应的经济效益。这一阶段的主要任务是将新产生的知识加以利用并进行持续创新。

在这一阶段，虽然企业知识产权已获得法律保护，但是依然存在三方面的知识产权风险。一是侵权风险。竞争对手可能利用现行法律的“灰色”区域,山寨、仿制与本企业产品近似但又不完全相同的产品，或是使用近似商标等，或是在企业不知情的情况下直接仿制企业产品，损害企业利益。二是知识产权收益风险。企业花费成本进行知识产权开发的根本目的是获得竞争优势，如果竞争对手学习到企业的知识并加以改造或是先于本企业进行后续产品或外围知识产权的开发，就可能使企业的竞争优势快速消失，减少知识产权的预期收益。三是知识产权维权风险。当企业知识产权受到侵权时，企业采取的维权行为通常面临维权成本过高、维权时间较长和维权失败的诉讼风险。

6.2 知识产权风险预警体系构建

如上所述，知识产权风险存在于知识产权开发的全过程中，为了有效化解企业自主创新过程中的知识产权风险，有必要建立知识产权预警机制，使科技型中小企业能够及时预见、识别、防控、评价并规避或化解各阶段的风险。

6.2.1 科技型中小企业预警体系的设计原则

1. 全面性原则

由于知识产权风险成因复杂，且各种风险要素贯穿于知识产权开发的全过程,因此在建立预警指标体系时,应综合考虑各种风险源和风险要素,力求全面、客观地反映企业知识产权风险状况。预警指标应具有互补性、多层次性和高度概括性。

2. 可测性原则

风险的基本特征是不确定性，因此企业知识产权风险预警指标要具有可测性，并且尽可能采用可以进行量化处理的指标，只有这样才能明确测量出风险指数，起到风险预测的目的。对于定性指标应尽可能少地使用，必须使用时需要将其转化为定量指标，而对于无法测定的抽象化或过于宽泛的指标，则不能作为风险预警指标。

3. 可靠性原则

知识产权风险预警指标的可靠性包含两方面的要求：一是指标体系必须与科技型中小企业的实际情况相符合，真实地反映该类型企业知识产权开发过程中面临的风险类型；二是指标数据的真实性和预警指数的准确性，预警信号要如实反映企业知识产权风险的状态和存在问题。

4. 敏感性原则

敏感性原则要求所选指标要具有代表性，对企业知识产权风险反映的灵敏度高，数据上的微小变化可以及时地反映出风险大小的变化，这样才能及时地发出预警信号，起到风险防范的作用。

5. 科学性原则

科学性原则要求知识产权风险预警指标体系的设计要与企业知识产权管理的目标相一致，各个指标之间不存在强相关性，指标数据的获取要具有可操作性，这样才能真实地反映企业知识产权管理的现状、问题、趋势。

6.2.2 科技型中小企业知识产权风险预警系统及流程

科技型中小企业知识产权风险预警系统流程如图 6.2 所示。

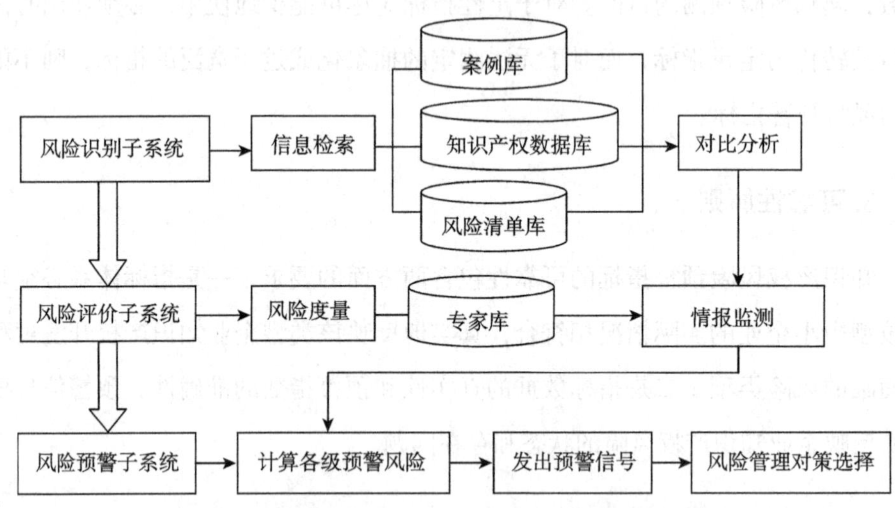

图 6.2 科技型中小企业知识产权风险预警系统流程

知识产权风险预警系统由三个子系统构成，包括：

（1）风险识别子系统

该子系统通过分析知识产权开发过程中的风险源，识别出潜在的风险要素。该子系统依托企业信息数据库，运用计算机信息检索工具与数据库中数据、文献进行对比分析，最终识别出导致企业产生知识产权风险源要素。企业信息数据库由三个子数据库构成：一是依托于权威部门统计的行业专利数据库、商标数据库等知识产权数据库，二是典型知识产权侵权和风险案例库，三是根据企业经验积累和文献数据构成的企业风险清单库。需要指出的是，这三个数据库需要实时更新、补充，数据和文档的归类、编码、数据库检索是企业知识产权风险管理的一项日常性工作。在此项日常工作中，相关人员一旦发现企业知识产权信息与数据库中现有信息高度相关，则应及时发布风险监测警示信号，进入预警子系统，通过进一步的剖析，确定风险等级。

（2）风险评价子系统

该子系统对风险要素指标量化处理后，测量评价其风险程度。风险评价指标体系是该子系统的核心，通过随机抽取专家库进行量化评价的方式，汇总各专家意见，并通过科学的评估方法进行计算，形成风险评级的情报信息。专家库的专家由企业相关部门核心人员、企业高管、行业专家、知识产权管理部门人员等组成。知识产权风险评价是企业知识产权风险管理的定期管理工作，企业可以根据自身知识产权开发情况在关键节点时期进行评价。

（3）风险预警子系统

根据前两个子系统反馈的情报监测信息，进行风险评级，该子系统将知识产权风险分为无风险级、轻微风险级、中等风险级和严重风险级。当系统发出预警信号时，警报信息输入到风险对策管理环节，企业以预警信号决定维持现状还是采取防控措施及可供选择的防控措施有哪些。

6.2.3　科技型中小企业知识产权风险预警指标体系

关于企业知识产权风险预警指标体系相关研究的成果并不多，本书梳理了几种有代表性的观点，见表 6.1。

表 6.1 企业知识产权预警指标体系代表观点

相关文献	主要观点
黄立军（2002）	主观指标：员工的心理承受力、员工工作的满意度、员工对企业的支持率 客观指标：信息阻塞、知识时滞等 8 个警源指标；大客户比、知识员工流失率等 6 个警兆指标；员工集体上访等 8 个警情指标
张昕光，樊治平，孙永洪（2003）	提出了一种基于语言评价信息的包含技术创新风险、时滞风险、人才风险、泄密风险和信息风险的综合评价方法
许祥秦，赵荣哲，王墨玉（2007）	分为人因风险、知识风险、流程风险、技术风险 4 个一级指标和泄密与道德风险、人员流失风险等 12 个二级指标
李颖，林聪颖（2009）	分为人力资本风险、技术资本风险、结构资本风险 3 个一级指标和员工流失率等 11 个二级指标

本书充分借鉴相关学者的研究成果并结合科技型中小企业自主知识产权生成机制特点，构建了风险预警指标体系，见表 6.2。

表 6.2 企业知识产权预警指标体系

一级指标	二级指标
管理风险（A_1）	知识产权战略地位（A_{11}）
	知识产权管理组织结构的完善性（A_{12}）
	业务流程顺畅度（A_{13}）
	知识产权管理制度完备性（A_{14}）
人力资本风险（A_2）	知识员工流失率（A_{21}）
	员工满意度（A_{22}）
	员工教育培训投入比（A_{23}）
	员工的自主创新能力（A_{24}）

续表

一级指标	二级指标
技术风险（A_3）	技术创新资本投入水平（A_{31}）
	技术创新成果专利转化率（A_{32}）
	泄密损失率（A_{33}）
	知识产权年增长率（A_{34}）
市场风险（A_4）	市场份额下降率（A_{41}）
	忠诚客户流失率（A_{42}）
	市场环境优劣度（A_{43}）

1. 管理风险

管理风险是指由于企业在企业战略、组织结构设计、流程设计等方面存在不合理或在管理层面对知识产权保护的不重视而导致的知识产权风险，通过以下指标衡量。

（1）知识产权的战略地位

该项指标考查企业对知识产权管理的重视程度，是否在战略层面制定了知识产权发展战略，知识产权战略目标是否明确，知识产权战略是否与企业整体发展战略相符合。

（2）知识产权管理组织结构的完善性

该指标考查企业是否具有专门的知识产权管理部门或人员，其管理组织结构是否完善，是否满足企业知识产权管理的工作需要。

（3）业务流程顺畅度

该指标考察企业信息在不同部门之间沟通、传递的顺畅度和知识与信息共享程度，以信息的失真率和延迟率来测量。

（4）知识产权管理制度的完备性

企业有无建立相应的知识产权管理制度，包括保密制度、激励制度、申报制度、档案管理制度等，且这些制度是否符合企业发展需求。

2. 人力资本风险

人力资本风险指与企业员工技术能力、道德水平、创造力、经验等相关的导致知识产权发展侵害的风险要素，它通过以下指标衡量：

（1）知识员工流失率

知识员工流失率指对企业知识产权产生重要作用的员工的跳槽流失比率，比率过高可能导致企业知识产权开发受阻或企业成果泄露。

（2）员工满意度

企业员工对企业的满意度越高，工作的积极性也越高，同时也愿意自觉、主动地维护企业利益，企业知识产权风险就越低。反之，员工对企业不满情绪较高，就越容易诱发员工的道德风险行为，包括不尽力向企业提供自己拥有的知识，做出损害企业利益的故意泄密等行为。

（3）员工教育培训投入比

企业员工的持续创新能力和知识产权管理能力都需要通过教育培训来不断提升，培训投入不足的企业往往创新持续性较差。该指标可以通过企业培训教育经费占总管理费用的比例来测量。

（4）员工的自主创新能力

员工的自主创新能力是企业进行自主知识产权开发的源泉。该指标可通过企业拥有自主知识产权数量与企业拥有的知识员工数的比值来测量。

3. 技术风险

科技型中小企业自主知识产权源自企业的自主创新，如果企业技术创新投入、开发、维护等环节出现问题将直接导致知识产权开发的失败，因此需要对技术风险进行评估，主要可从以下几方面进行。

（1）技术创新资本投入水平

该指标反映了企业对自主创新的重视程度，投入水平直接关系到企业知识创新水平。该指标可通过企业年研发投入与企业销售收入比值来测量。

（2）技术创新成果专利转化率

企业的研发投入能否转化为企业的潜在收益还需要看企业对自主创新的成果转化能力，同时企业及时将经过编码的知识资本申请专利后才能受法律保护，如果不及时申请专利则可能受到其他企业的侵犯或从内部泄露。该指标可用企业拥有的专利数量与知识产权总数比值来衡量。

（3）泄密损失率

企业重要的知识内容的流失会给企业带来巨大的知识产权收益损失，目前企业大多依靠信息管理系统存贮企业的知识文件、数据、档案等，企业的信息技术管理水平和知识数据库运行水平直接影响泄密风险，这一指标可用年泄密损失占企业年销售额的百分比来测量。

（4）知识产权年增长率

知识产权年增长率反映了企业自主创新的持续性，企业的技术领先是时空上的领先优势，如果缺乏后续创新动力，会逐渐丧失竞争优势，同时原有知识产权的外围开发也可能被竞争对手占得先机。

4. 市场风险

知识产权开发预期目标的实现要看该成果能否给企业带来更多的利润和市场份额。市场信息能够非常敏锐地反映企业知识产权管理中存在的和潜在的风险，该风险包括以下指标：

（1）市场份额下降率

企业的市场份额反映了企业在行业中的竞争力，也直接影响到企业业绩。如果企业的市场份额出现了明显下降，则意味着顾客对企业产品认可度在降低，企业知识产权产品正在失去原有的市场优势。

（2）忠诚客户流失率

忠诚客户是企业最重要的顾客资源。如果忠诚客户出现大量流失往往意味着市场上出现了比企业现有产品更具有吸引力的替代性产品。忠诚客户流失率是企业反映知识产权风险的重要指标。

（3）市场环境优劣度

市场环境的优劣度是指企业所处区域和行业知识产权保护政策的完善程度以及市场竞争秩序的好坏程度。

6.2.4　科技型中小企业风险评价方法

1. 单因素评价矩阵

在本书构建的知识产权风险评价指标体系中除了定量指标，还有部分定性指标，因此采用多级模糊综合评判方法，将定性与定量分析结合起来。

在本书设计的评价指标体系中目标层为企业自主知识产权风险 A，它由两个评价指标层次组成，准则层指标为因素集 A_i =（管理风险，人力资本风险，技术风险，市场风险）=（A_1，A_2，A_3，A_4），方案层指标为因素级 A_{ij}，即每个一级指标包含的具体指标。

评语集采用四级等级评价表示各层次指标的风险状态，即 V=（无风险，轻微风险，中等风险，高风险）=（V_1，V_2，V_3，V_4）

各个评价指标与风险之间的关系用隶属度 R 来表示，R 的取值范围为 [0, 1]，当 R=0 时表示不存在隶属关系，当 R=1 时表示存在 100% 的隶属关系。

对于定性指标可以抽取专家库的专家，根据企业实际情况对每项指标评定其等级：

$$\boldsymbol{R}=\begin{bmatrix} r_{11} & r_{12} & r_{13} & r_{14} \\ r_{21} & r_{22} & r_{23} & r_{24} \\ r_{31} & r_{32} & r_{33} & r_{34} \\ \vdots & \vdots & \vdots & \vdots \\ r_{i1} & r_{i2} & r_{i3} & r_{i4} \\ \vdots & \vdots & \vdots & \vdots \\ r_{n1} & r_{n2} & r_{n3} & r_{n4} \end{bmatrix} \tag{6.1}$$

其中，r_{ij} 指专家在第 i 项评价指标上所给出 j 等级评价结果所占的比重，j=1，2，3，4。则评价指标对应某等级 V_j 的隶属度等于其频数。

定量指标则可根据行业、企业的实际情况确定出其对应的风险等级值域范围。应用模糊理论可确定 4 个等级的隶属度函数，如图 6.3 所示。

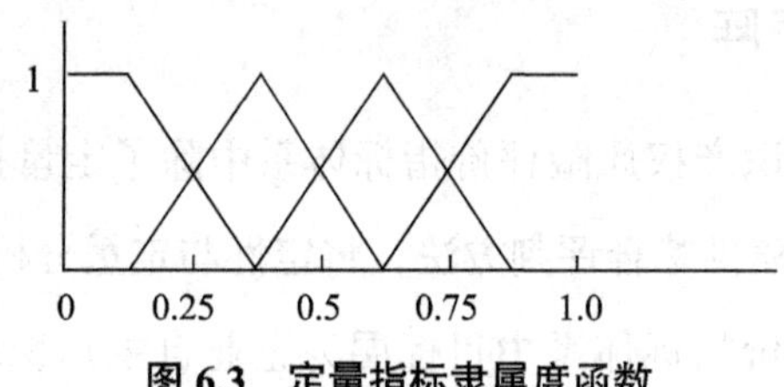

图 6.3　定量指标隶属度函数

将评价一级指标项的各定性指标与定量指标相结合，就可以得到单因素评价矩阵，即

$$\boldsymbol{R}_i = \begin{bmatrix} r_{i11} & \cdots & r_{i14} \\ \vdots & \ddots & \vdots \\ r_{n11} & \cdots & r_{n14} \end{bmatrix} \tag{6.2}$$

2. 各层次单排序指标权重的确定

各个指标权重的确定可以采用层次分析法（AHP），其层次结构模型如图 6.4 所示。

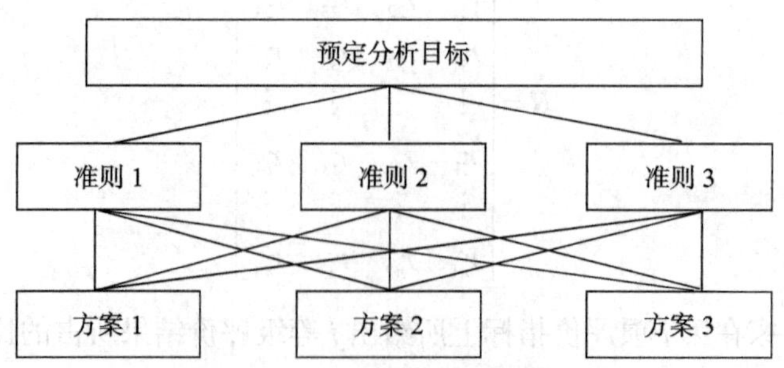

图 6.4　层次分析法结构模型

首先构造判断矩阵，本书采用九分位比例标度，构造两两比较矩阵，矩阵内数值由评价专家根据各列指标相对重要程度两两比较分析给出，判断矩阵见表 6.3。

表 6.3　判断矩阵

C	A_1	A_2	…	A_n
A_1	b_{11}	b_{12}	…	b_{1n}
A_2	b_{21}	b_{22}	…	b_{2n}
⋮	⋮	⋮	⋮	⋮
A_n	b_{n1}	b_{n2}	…	b_{nn}

然后计算判断矩阵每一行因素的乘积，求出各元素的几何平均值。

$$b_i = \sqrt[n]{\prod_{j=i}^{n} a_{ij}} \quad (i = 1,2,3,\cdots,n) \tag{6.3}$$

对 b_i 进行归一化处理，即可求得指标的权重系数 W_i：

$$W_i = b_i / \sum_{j=i}^{n} b_i \quad (i = 1,2,3,\cdots,n) \tag{6.4}$$

得到的 $\boldsymbol{W}$=（W_1，W_2，…，W_n）^{T} 即为判断矩阵的特征向量。

再根据以下公式计算矩阵最大特征向量值：

$$(\mathrm{AW})_i = \sum_{j=i}^{n} (b_{ji} W_i) \lambda_{\max} = \sum_{j=i}^{n} \frac{(\mathrm{AW})_i}{(nW_i)} \quad (i = 1,2,3,\cdots,n) \tag{6.5}$$

最后进行一致性检验，计算一致性指标 CI：

$$\mathrm{CI} = \lambda_{\max} - n / (n-1) \quad (i = 1,2,3,\cdots,n) \tag{6.6}$$

引入平均随机一致性指标 RI，计算一致性比率 CR：

$$CR=CI/RI \tag{6.7}$$

查得 $n=1\sim9$ 阶判断矩阵的平均随机一致性指标 RI 数值见表 6.4。

表 6.4　随机一致性指标 RI 值

n	1	2	3	4	5	6	7	8	9
RI	0	0	0.58	0.9	1.12	1.24	1.32	1.41	1.45

当 $CR<0.1$，认为判断矩阵具有满意的一致性，否则排序权重不可以接受，需要重新进行判断来修正判断矩阵的元素，直至达到满意为止。

3. 计算组合权向量及其一致性检验

计算方案层对目标层的组合权向量，计算方法采用从上至下的方法，逐层合成。假定已经算出第(k–1)层 m 个元素相对于总目标的权重 $\boldsymbol{W}^{(k-1)}=[(W_1^{(k-1)}, W_2^{(k-1)}, \cdots, W_m^{(k-1)}]^T$，第 k 层 n 个元素对于上一层（第 k 层）第 j 个元素的单排序权重是 $\boldsymbol{p}_j^{(k)}=[p_{1j}^{(k)}, p_{2j}^{(k)}, \cdots, p_{nj}^{(k)}]^T$，其中不受 j 支配的元素的权重为零。令 $\boldsymbol{p}^{(k)}=[p_1^{(k)}, p_2^{(k)}, \cdots, p_n^{(k)}]$，表示第 k 层元素对第 k–1 层个元素的排序，则第 k 层元素对于总目标的总排序为：$\boldsymbol{W}^{(k)}=[W_1^{(k)}, W_2^{(k)}, \cdots, W_n^{(k)}]^T=\boldsymbol{p}^{(k)}\times\boldsymbol{W}^{(k-1)}$。也需要对总排序结果进行一致性检验。当 $CR^{(k)}<0.1$ 时，认为判断矩阵的整体一致性是可以接受的。

4. 多级模糊综合评价

这里采用加权平均型的模糊合成算法。其计算公式为

$$b_i = \sum_{i=1}^{p}(a_i \cdot r_{ij}) = \min\left[1, \sum_{i=1}^{p}(a_i \cdot r_{ij})\right], \quad j = 1,2,\cdots,m \tag{6.8}$$

其中，b_i，a_i，r_{ij} 分别为隶属于第 j 等级的隶属度、第 i 个评价指标的权重和第 i 个评价指标隶属于第 j 等级的隶属度。

计算一级模糊综合评价向量的公式为

$$\boldsymbol{A}_i = \boldsymbol{W}_i \cdot \boldsymbol{R}_i = (a_{i1}, a_{i2}, a_{i3}, a_{i4}), \quad i=1,2,3,4 \tag{6.9}$$

计算二级模糊综合评价向量的公式为

$$\boldsymbol{A} = \boldsymbol{B} \cdot \boldsymbol{R} = (a_1, a_2, a_3, a_4) \tag{6.10}$$

由上述计算可得总体的综合评判分值。

6.2.5　科技型中小企业风险等级和预警信号的确定

根据最大隶属度原则确定企业对应的风险等级，本书将自主知识产权风险等级分为无风险状态、轻微风险状态、中等风险状态、严重风险状态四个等级。下面对其分别说明。

无风险级表示企业高度重视知识产权管理，各项管理活动处于良好运营状态，企业的知识风险管理水平较高，管理绩效与预期目标一致。企业知识产权风险预警信号显示为“绿灯”，表示企业需保持现有状态，无须采取调整措施。

轻微风险级表示企业知识产权管理受到一定程度的重视，并取得了一定的效果，总体上运行正常，但是出现了一些沟通不畅、少数员工情绪低落、知识产权管理效率下降等状况，但这些状况尚未给企业带来风险或产生轻微风险，也未影响到整个知识产权管理的绩效或其影响程度很小。此时，风险预警信号显示为“蓝灯”，表示企业需要高度警惕，知识产权管理部门需要对潜在风险症状进行跟踪分析，预防潜在风险转化为实际风险。

中等风险级表示企业知识产权运行状态已经与预期目标发生一定程度的偏离，企业已经出现一定数量知识员工流失、部门之间信息沟通滞后、客户流失率上升等影响到企业知识产权开发绩效的现象，并且企业受到知识产权风险带来的业绩损失，但尚不构成致命性威胁。此时，风险预警信号显示为“黄灯”，表示企业需要由知识产权管理部门牵头各部门共同配合，及时采取措施对已出现的风险事件进行补救和纠偏，同时，需要重新审视知识产权管理流程、企业制度、人力资源管理制度等方面是否存在漏洞或与企业目前知识产权管理目标不相适应的地方。

严重风险级表示企业知识产权管理目前处于无序和混乱状态，企业知识开发项目失败率高，知识员工流失率高，忠诚客户流失率高，企业已经出现了严重的知识产权危机和侵权事件，导致企业经营效益受到严重影响，而且这种负面影响已产生不可逆的后果，短期内难以恢复。此时，风险预警信号显示为“红灯”，表示企业正陷于严重的知识产权危机中，需要企业负责人主导与企业全体部门探讨产生问题的原因和对策，必要时还需要借助于“外脑”对企业进行诊断。此时，企业往往需要对业务流程、组织结构、管理制度做出重大调整或重组。

6.2.6　科技型中小企业自主知识产权风险防范

1. 基于自主知识产权开发流程视角的风险预控策略

如前所述，科技型中小企业自主知识产权开发可分为四个阶段，每个阶段都有不同的风险要素，本书首先从流程视角，提出风险预控策略。

（1）自主创新知识形成阶段

这一阶段的风险预控策略主要包括两方面：

一是建立健全企业知识产权数据库。知识产权数据库是企业知识产权管理工作的信息基础，企业必须强化情报信息的收集工作，才能有效避免知识产权的投入风险。企业知识产权数据库应该采集以下信息：国内外知识产权相关法律法规和发展战略、行业市场信息、行业技术信息、竞争对手和替代品新技术与新产品开发动态信息、该行业国内外专利申请和授权的数据信息、典型知识产权纠纷案例等。企业还必须注意对这些数据信息的实时更新、补充。

二是建立数据信息统计、分析、检索日常机制。在建立信息数据库的基础上，采取信息化管理手段对数据信息进行统计、分析，通过量化分析模型发现本行业技术发展趋势、产业生命周期和潜在的威胁等，用以指导自主知识产权开发的方向。同时，建立日常检索机制，帮助企业正确识别自主创新知识来源，避免发生侵权行为。

（2）自主知识产权开发阶段

这一阶段是风险预控的关键阶段，主要的预控措施包括三方面：

一是建立有效的信息沟通和知识共享机制。提高企业内部跨部门之间信息传播的有效性，采用项目式或其他扁平化组织结构进行知识产权开发，促进部门间的知识交流，提高知识共享度。及时创造所需知识，交流最新知识创造进展，发现新的知识创造机会，并有效克服内隐性知识转移困难造成的知识破损风险。进一步，企业可以制定激励措施，对部门间合作产生的知识创造成果进行奖励，促进企业的知识创造，从而提高创新绩效，促进知识在企业的流动。

二是建立预防知识泄密的知识产权管理制度。如强化培训以提高员工知识产权保护意识，并用制度规范员工行为，如明确规定在公开场合禁止谈论知识产权涉密问题，禁止将涉密文档擅自带出等。与参与知识产权开发的员工签订保密协议和“竞业禁止”协议，防止由于人员离职造成的知识泄密。建立文档管理制度，设置专门文档管理人员，对各类知识产权文档进行保密级别分类，严格执行文档使用、查阅规定，对文档定期更新、定期检查。

三是完善企业激励和惩罚机制。建立有利于员工进行创新和知识共享的激励机制；对把自己掌握的技术、方法等头脑中的隐性知识主动显性化的行为给予奖励；对核心知识员工通过技术入股、股权分配、期权奖励等方式鼓励其持续创新行为并将员工利益与企业效益相关联。同时，对于恶意传播知识的行为要及时制止，并依据企业知识产权管理制度给予相应的惩罚。

（3）自主知识产权成果化阶段

这一阶段主要的预控措施是根据企业自主知识产权的特点，及时选择适当的类型进行权利申请，保护知识创造成果。对于可以申请专利的成果，要及时申请专利，并及时进行后续追踪保护；对于品牌类知识产权成果，应及时申请商标注册，防止他人抢注；对于不能进行申请或注册的知识产权成果，如工艺流程、管理模式等，则应通过制度管理加强企业商业秘密的保护。

（4）自主知识产权应用阶段

这一阶段的重要风险预控方向是防止企业自主知识产权受到侵权和损失。主要风险预控措施包括：

一是建立知识产权动态监测机制，及时跟进获得确权的知识产权成果，防止企业在不知情的情况下受到侵权损害。

二是重视企业合作，杜绝业务往来过程中可能发生的侵权行为。对于企业外部人员要建立防范监督制度，防止发生窃取企业知识成果的行为；对于合作创新，需要以合同或协议的方式明确各自的责权利，特别是对知识产权收益的分配。

三是建立危机应急处理机制。企业应建立危机应急处理机制，一旦发生侵权事件，能够快速、及时反应，在最短的时间内调动各种可供利用的资源，评价风险损失，制订可行的处理方案，将损失降到最小。

四是重视知识产权的外围开发和衍化创新。当企业成功将自主知识产权成果化后，在防止该成果被侵权的同时，还要以攻为守，利用企业现有的领先优势继续及时地开发该知识产权的外围知识产品，开发上、下游产品或互补产品，形成专利墙，防止竞争对手通过技术改造开发竞争性产品。这样不仅能有效地保护企业自主知识产权不会在短时间内被替代，而且能够为企业带来新的经济效益，从而提高知识产权收益。

2. 基于风险源的自主知识产权防范策略

（1）降低管理风险的防范策略

一是提高管理层的知识产权保护意识和管理能力。企业知识产权管理工作的成效如何和管理层对知识产权的重视程度密切相关。因此，首先要提高管理层特别是高管的知识产权保护意识，加强对法律、政策、技术发展趋势、管理知识、沟通知识的学习。其次，要提高管理者的创新意识和管理创新能力，这样才能推动整个企业自主创新的可持续发展。

二是构建完善的管理制度体系，并建立与之相对应的业务流程。建立健全各项企业制度，让知识产权管理工作有章可依，同时，改善现有业务流程中沟通滞后、信息失真等问题，使知识在企业内部能够无障碍共享。

三是建立学习型组织。传统的直线职能式组织结构层级较多，信息传递慢，不适合创新型企业，应打破企业部门界限，建立扁平化、网络化的学习型组织，组织以知识创造为主题，更加开放、敏捷、高效。在组织内部建立和培养知识共享、知识创造、持续创新的企业文化。

（2）降低人力资本风险防范策略

一是建立鼓励员工进行知识创新的机制和工作氛围。将个人绩效与企业效益进行有机捆绑，使得员工的个人职业规划目标与企业目标尽可能地融合；在培训、招聘、职业晋升等制度上建立约束手段，防止隐性知识流失；鼓励员工创新，容忍创新失败，为员工创造轻松的创新环境。

二是增加人力资本投入。企业应认识到人力资本是知识型企业最重要的资源，建立健全人才培养机制，进行合理的人才储备，防止出现人才断层；加强教育培训，提高员工的整体知识素质、创新能力和道德素质。

（3）降低技术风险防范措施

一是增强企业自主创新能力。从企业自主知识产权的内生机制可以看出知识产权形成依赖企业自主创新能力的提升，为此企业应加强基础研究投资，加强研发设备投资，增强自主开发能力和对先进技术的吸收转化能力。

二是建设企业信息化管理平台。利用信息技术建立企业自己的信息化平台，对企业隐性知识和显性知识进行编码管理，最大限度地降低知识泄密率，并能够通过信息化平台对知识项目进行风险动态追踪，形成风险的事前预评、事中监督与事后评价总结机制。

（4）降低市场风险的防范对策

一是提高对市场的敏感性。科技型中小企业要及时掌握市场信息，利用自身“船小好调头”的优势,适应市场变化,以市场需求指导知识产权开发的方向,降低开发风险。密切监测产品的市场占有率变动情况和竞争对手与替代品行业的市场需求信息变化，及时发现问题，调整企业的发展路线。

二是重视客户服务工作，建立客户数据库。建立客户数据库，实际了解客户需求信息，关注客户需求变化，构建 CRM 服务体系，提升客户满意度；将客户特别是忠诚客户纳入企业知识创新联盟，通过与客户建立长期关系，加强与客户的沟通和信息共享，从需求端推动企业知识创新。

三是加强与政府、科研机构、中介服务机构的联系，改善知识产权保护外部环境。通过第 3 章对知识产权成长的外部影响因素分析，可知外部环境会对企业自主知识产权形成、收益产生重要影响，企业要充分利用外部因素，改善企业生存环境。这里要特别重视与政府部门的联系。政府的知识产权保护法律法规、行业政策、经济政策等会直接影响知识产权开发绩效，企业应主动与政府相关部门联系，及时获取政策变动信息，并争取得到政府在税收、人才等方面的支持，降低知识产权开发成本和风险。同时，企业应与科研院所、金融机构、孵化器以及各类知识产权中介服务机构建立长期共赢关系，借助外力提高知识产权开发效率，同时通过使用“外脑”帮助企业降低知识产权风险。

第 7 章　科技型中小企业自主知识产权成长机制和风险预警案例研究

本章根据本书前几章的研究成果，选取较有代表性的科技型中小企业作为典型案例，采用案例研究的方法和设计，对企业自主知识产权成长机制、自主创新的动态能力演进以及企业自主知识产权预警控制进行分析。

7.1　研究方法与设计

7.1.1　案例研究法

案例研究法是一种社会科学实证研究方法，其是根据搜集数据，对某一特定的事物现象进行深入描述和分析的方法，主要用来解决“怎么样”和“为什么”的问题。根据研究中引入的功能的不同，案例研究法可以分为探索性案例研究、描述性案例研究和解释性案例研究。本书的案例研究属于描述性案例研究，旨在通过对有代表性的科技型中小企业自主知识产权的成长过程进行深入的研究，对本书的假设和结论进行检验。

7.1.2　案例企业的选择

根据本书的研究对象，本章选取不同行业、不同类型的科技型中小企业中的典型样本作为研究对象。在选择典型样本时，考虑到不同时期的科技型中小企业发展知识产权成长机制有显著差异，所以选取了两个处于不同发展阶段的企业：一是成立时间为 10 年以上的快速成长期的科技型中小企业，二是成立 10 年以下的初创期科技型中小企业。被研究目标企业概况见表 7.1。

表 7.1　案例研究企业概况

公司名称	注册地址	成立时间	注册资金
苏州世名科技股份有限公司	苏州	2001 年	5000 万元
天紫环保投资控股有限公司	天津	2011 年	5 亿元

7.1.3　数据的收集方法

为了使研究的信度和效度能够得以保证，案例研究中的数据应当有不同的来源，一般案例研究中会采取访谈、观察、文档资料收集等方法来收集数据。本书也采用了以上几种方法作为数据收集的来源。

1. 访谈

访谈是直接获取一手数据信息的直接方式，通过与企业管理人员面对面地沟通和交流，了解研究目标公司的历史发展及现状等情况。在访谈前做好相关的准备工作，事前考察目标公司的基本情况，确定被访谈的对象，了解被访谈对象的职务工作职责，有针对性地拟订访谈提纲。为了不限制被访谈人员的思维，笔者采取了半结构化的访谈方式。在整个访谈过程中，笔者做了尽量详尽的访谈笔记，并根据访谈的录音内容进行了补充整理，访谈的地点为目标公司的办公室，时间每次 1~2 小时，共 2 天。

2. 观察

除了对目标公司的管理人员进行访谈以外，笔者还对目标公司的生产线进行了实地参观，切实了解目标公司产品的生产过程及工艺，同时考察了目标公司的技术研发中心，深入调查目标公司研发创新及知识产权管理模式。

3. 文档资料收集

除了通过半结构化访谈和现场观察两种方式获取第一手资料以外，文档资料也是资料收集不可或缺的部分，包括：目标企业的官方网站上关于企业发展历程的简要介绍，企业现状的要闻，公司高管的发言内容，中外专利数据库中目标企业的专利申请情况，国家知识产权局、国家统计局、商标局对目标公司的数据统计信息，证监局对拟上市公司的预披露公开信息，以及媒体对目标公司的相关报道。

被研究目标企业的数据来源见表 7.2。

表 7.2　案例研究企业数据来源

公司名称	地点	访谈人员	其他资料来源
苏州世名科技股份有限公司	苏州	董事会秘书 副总经理	企业网站资料 国家知识产权局资料 证监会拟上市公司披露信息
天紫环保投资控股有限公司	天津	总裁 研发院主任	企业网站资料 公司内部制度规范 国家知识产权局资料

7.2　苏州世名科技股份有限公司的自主知识产权管理分析

7.2.1　苏州世名科技股份有限公司概况

1. 公司简介

苏州世名科技股份有限公司成立于 2001 年（原名昆山市世名科技开发有限公司，以下简称“世名科技”），位于江苏昆山。本着“持续创新，高效服务”的精神，公司在短短几年内迅速发展壮大，现为江苏省高新技术企业。公司是色浆研发、生产和销售领域的领先企业，主要产品为环保型、超细水性色浆。公司拥有测配色软件、机用色浆及调色一体化系统等自主知识产权，能够为客户提供包括色浆、测配色软件、色卡、配色技术服务及调色相关设备等在内的色彩整体解决方案。世名科技坚持走自主创新之路，秉承“巩固、推广、研发、储备”的经营理念，践行“创新、合作、服务、共享”的核心价值观，集科技研发、成果转化、生产销售、技术服务于一体，聚集了大批的科研精英，拥有精良的生产设备和精准的检测手段，近年来已完成和正在实施的国家、省、部级科研项目 30 余项，参与修订、制定国际标准、行业标准 30 余项。公司拥有江苏省认定企业技术研究中心、江苏省水基颜料分散体工程技术研究中心和江苏省企业研究生工作站三个省级研发平台，具备较强的自主研发和自主创新能力。公司是具备自主研发能力的色浆生产商，掌握了色浆行业大量的专利技术和非专利技术。在专利技术方面，公司拥有专利 26 项，其中发明专利 17 项、实用新型专利 3 项、外观设计专利 6 项。在非专利技术方面，公司掌握了研磨、分散、在线控制等关键技术，有效提升了颜料分散效率，提高了产品品质和批次稳定性。公司生产的水性色浆均为超细化产品，色浆中颜料颗粒平均粒径小于 500 纳米（0.5 微米），远小于 20~25 微米的行业标准水平；部分产品颜料颗粒平均粒径小于 100 纳米（0.1 微米），达到纳米级色浆水平。公司开发的测配色软件、机用色浆及调色一体化系统，成功革新了传统的手工调色方式，实现了下游企业的自动配色和在线控制，为下游企业产品品质的提高和清洁化生产提供了保障。

2. 公司自主知识产权概况

本书根据对世名科技高管人员的访谈以及查阅国家知识产权局的资料和世名科技在证监局的披露信息中汇总自主知识产权信息如下。

① 世名科技拥有发明专利 17 项、实用新型 3 项、外观设计专利 6 项，具体见表 7.3。

表 7.3　世名科技专利明细

序号	名称	专利类型	专利号	申请日期	授予日	取得方式
1	亲水涂料用亚纳米级金黄水性色浆及其制备方法	发明专利	200810244003.4	2008-12-04	2012-01-04	原始取得
2	水性特氟龙高温布咖啡色色浆及其制备方法	发明专利	200810244004.9	2008-12-04	2012-10-10	原始取得
3	水油通用氧化铁色浆及其制备方法	发明专利	200910030164.8	2009-03-20	2012-04-11	原始取得
4	中性墨水用黑色调墨色浆及其制备方法	发明专利	200910030165.2	2009-03-20	2012-08-08	原始取得
5	竹炭颜料浆及其制备方法	发明专利	200910030162.9	2009-03-20	2013-01-16	原始取得
6	纳米改性酞菁颜料机用色浆及其制备方法	发明专利	200910030200.0	2009-03-23	2012-04-11	原始取得
7	素色原纸着色用低泡有机黄颜料悬浮液	发明专利	200910029501.1	2009-03-23	2013-01-16	原始取得
8	纳米改性环保氧化铁机用色浆及制备方法	发明专利	200910030484.3	2009-04-13	2012-04-18	原始取得
9	水性透明颜料分散体及其制备方法	发明专利	200910030482.4	2009-04-13	2012-08-08	原始取得
10	亲水涂料用亚纳米级蓝色水性制备物及制备方法	发明专利	200910030486.2	2009-04-13	2011-11-23	原始取得
11	乳胶吸附型黑色中性墨水及制备方法	发明专利	200910030483.9	2009-04-13	2013-09-25	原始取得
12	用于圆珠笔的假塑性水基颜料型墨水组合物及其生产工艺	发明专利	201010258095.9	2010-08-19	2013-12-11	原始取得
13	用于球珠直径小于 0.5 毫米圆珠笔的墨水组合物	发明专利	201110448453.7	2011-12-29	2013-11-20	原始取得

续表

序号	名称	专利类型	专利号	申请日期	授予日	取得方式
14	含有超细酞菁颜料颗粒的颜料制备物的制备方法	发明专利	201110448719.8	2011-12-29	2013-07-03	原始取得
15	高黏度液体产品的消泡装置	发明专利	201010273742.3	2010-09-07	2014-02-26	原始取得
16	纸品显白用自吸附型液体颜料的制备方法	发明专利	201110448716.4	2011-12-29	2014-01-29	原始取得
17	使用含磷化合物对颜料进行表面处理的方法	发明专利	201210063948.2	2012-03-12	2014-02-26	原始取得
18	分散盘的改良结构	实用新型	201020519259.4	2010-09-07	2011-05-11	原始取得
19	多功能真空脱泡机	实用新型	201020519256.0	2010-09-07	2011-05-04	原始取得
20	篮式湿法过滤与除铁一体化装置	实用新型	201020519280.4	2010-09-07	2011-03-16	原始取得
21	标贴（深绿）	外观设计	201030508073.4	2010-09-08	2011-02-16	原始取得
22	包装箱（水性色浆）	外观设计	201030508039.7	2010-09-08	2011-02-16	原始取得
23	包装罐（出彩）	外观设计	201030508062.6	2010-09-08	2011-02-16	原始取得
23	墙面漆包装罐（高效多功能）	外观设计	201030508063.0	2010-09-08	2011-02-16	原始取得
25	标贴（蓝）	外观设计	201030508081.9	2010-09-08	2011-02-16	原始取得
26	标贴（浅绿）	外观设计	201030514002.5	2010-09-13	2011-02-16	原始取得

② 世名科技拥有计算机软件著作权 4 项，具体见表 7.4。

表 7.4　世名科技软件著作权明细

序号	名称	登记号	首次发表时间	权利取得方式	权利范围
1	世名测配色仿真软件 V2.0	2003SR2531	2002-04-06	原始取得	全部权利
2	世名配色软件 V2.0	2004SR06527	2002-04-06	原始取得	全部权利
3	世名涂料颜色零售管理系统软件 V1.0	2007SR05481	2007-03-01	原始取得	全部权利
4	涂料自动配色软件 V1.0	2013SR100040	2013-05-28	原始取得	全部权利

③ 世名科技拥有图形或文字商标权 26 项，除商标注册号为 1204894 的商标为受让取得外，均为原始取得，分列于商标分类中的第 1、2、3、7、16、17、19、36、37、40、42 类。

7.2.2　世名科技自主知识产权成长机制

1. 内生识别要素

世名科技作为国内较早进入色浆商品化生产的企业，经过多年的技术和研发积累，形成了独特的产品开发体系、工艺配套方案体系以及配方数据库。公司具有较强的自主研发实力。目前，公司除拥有 26 项专利外，同时还承担国家、省部级科研项目共计 36 项，其中已完成 32 项，在研项目 4 项。公司的相关技术在国内领先，部分技术已具备国际竞争力。公司拥有的自主知识产权技术已经成功转化为公司的生产力，公司研制的产品多属国内首创，填补多项国内空白。公司的色浆产品，在颜色色差值、粒径、耐光、耐候、耐温、APEO、甲醛、VOC 和重金属指标方面，均优于行业标准，保证了色浆具有较高的品质。

① 在产品研发方面，世名科技自成立以来一直坚持持续创新，将技术研发与储备放在重要地位，并从组织机构、外部技术合作、人才培养等方面提供保障。公司的研发组织架构如图 7.1 所示。

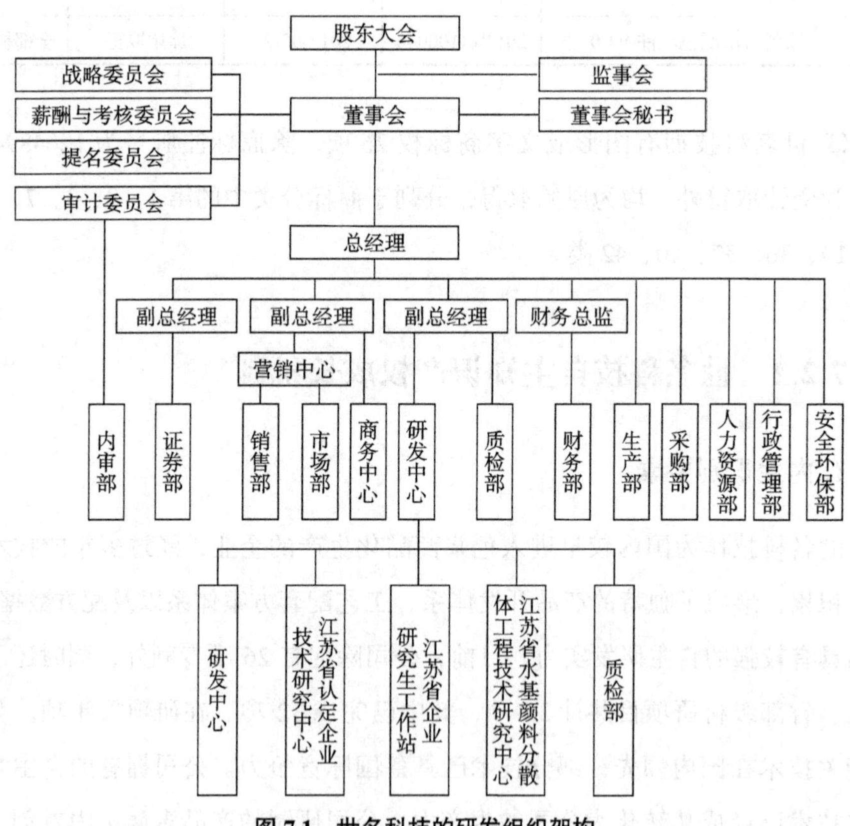

图 7.1 世名科技的研发组织架构

由世名科技研发部门的组织架构可以看出，公司的研发部直接向公司副总经理汇报。研发部下属五个子部门。其中，研发中心主要职责包括：负责公司技术研发年度规划及进度跟踪，负责新产品开发，负责有关技术、市场信息的收集、分析和处理工作，负责起草产品标准、编写产品说明书及技术资料，负责参与建立原料、过程产品、成品质量检测方法，负责售后服务的技术支持，参与现有工艺技术改进等。通过三个省级研发平台，公司提交研发课题，接受下拨的研发经费，调配研发人员，实现色浆技术研发目标，使科研项目的产品化、产业化以及与知识产权的转化程度比较高。质检部的主要职责包括：负责以技术标准为依据，对原材料、半成品、产成品进行检查，并签发产品出厂合格证；负责制定和执行公司质量检查标准，对生产工艺提出建议；参与制定产品质量升级和创优规划；负责优质产品及新产品的质量考核工作；负责记录产品质量数据并进行统计分析，及时发现产品存在的问题并提出改进意见。

② 在自主创新人员配置方面，世名科技目前已经形成了具有较高技术水平和较强业务能力的人才队伍，现有色浆专业研发团队 48 人，致力于不断研发新产品;此外，公司由专人负责科研项目知识产权的申报、实施、检查、汇报总结、项目验收鉴定等工作。

③在创新激励机制方面，世名科技注重与研发人员的双向交流，了解研发人员的能力、事业规划和个人需求等，根据他们的特长、能力、工作意向等安排合适的岗位，并设定合适的考核目标和考核办法。对于在考核期内，完成考核目标的研发人员给予一定的奖励。公司给予主要研发人员、技术骨干持股的机会，让他们分享公司成长的收益，从而激发研发人员的工作热情，充分调动研发人员的积极性和创造性。

④ 在专业技术人才培养方面，在多年生产经营过程中，世名科技逐步建立

并完善了具有公司特色的人才培养体系。公司为研发人员提供大量进入研发平台进行研发实践的机会,同时还为员工提供包括新员工入职培训、产品知识培训、质量管理培训、专业技能培训、管理制度及操作程式培训、在职人员后续培训、职务资格培训等在内的全方位培训，不断提高员工综合素质。此外，公司还通过组织行业专家会议、参观同行业外资企业、观摩交流色浆生产等方式拓宽技术骨干的视野和知识面。

⑤ 在公司核心技术管理方面，世名科技色浆产品的核心技术是产品配方以及关键的生产参数。这些核心技术是公司赖以发展的基石，也决定着公司未来的市场竞争地位。为此，公司建立了严格的技术保密制度。公司已经形成了较为完善的技术研发体系和技术资料存档管理体系；公司产品配方和关键生产参数由少数核心技术人员掌握；公司对原材料和重要助剂独立编码、分类采购；公司与研发人员及其他有可能接触技术文件的人员签订了保密协议；公司也采取申请专利等方式，对部分核心技术进行了必要的保护。另外，公司通过良好的人才培养、薪酬考核、股权激励机制和企业文化来吸引与留住核心技术人员。

⑥ 在知识产权管理和技术储备方面，世名科技自成立以来，充分发挥研发、人才优势，以颜料分散技术和环保、超细化色浆的研发为核心，积极向相关应用领域延伸，取得了一定数量的具有自主知识产权的科技成果。公司未来的研发主要有纳米颜料水性分散体、调色一体化机用色浆、原液着色水性色浆三个方向，将有利于公司突破国外企业技术的垄断，降低国内涂料的生产成本，同时有利于减少印染带来的污染问题。

⑦ 在生产管理方面，世名科技已建立了符合公司实际的现代质量管理体系和制度，制定了完备的岗位职责体系，并按“分工负责、恪尽职守”的原则，

明确了每位员工在生产流程中的作用和工作标准。另外，公司对研发、采购、生产、销售、质量控制、环保、安全等各过程均制定了详细的管理手册，制定了严格的绩效评估标准和奖惩措施，并积极推动实施。公司始终坚持加强对员工的质量意识培训，员工必须经过严格的学习、培训并通过内部考核后，方能上岗作业，其生产管理流程如图 7.2 所示。

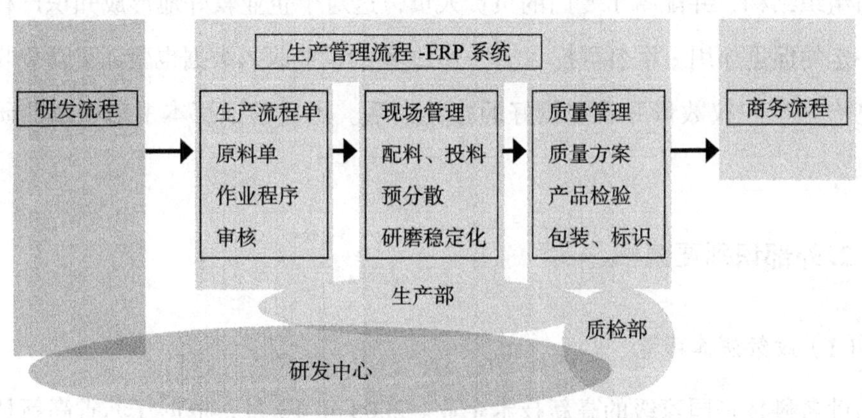

图 7.2　世名科技的生产管理流程

世名科技 2011—2013 年的相关财务数据和知识产权情况汇总见表 7.5。

表 7.5　世名科技自主知识产权近年相关数据

变量	2011 年	2012 年	2013 年
营业收入 / 元	107 692 917.14	136 212 589.59	165 688 245.23
职工总数 / 名	192	196	205
已有自主知识产权 / 项	52	55	56
研发投入比 /%	4.66	6.06	5.53
研发人员占比 /%	21.88	25.52	23.41

由以上数据可以看出：世名科技已有知识产权数量的增量与研发投入比呈正相关关系，即当公司研发投入比较高时，其已有的知识产权增加数量相对较高；公司已有知识产权数量的增量与研发人员占比大致趋势一致，截至 2013 年数据研发人员的占比由 25.52% 下降至 23.41%，自主知识产权的增量也由 3 项下降为 1 项；在组织架构上，世名科技建立了较完备的知识产权管理和保护的制度与组织结构，并配备了专门的负责人员，这对于企业较好地形成知识产权具有一定的促进作用；世名科技 2011—2013 年的营业收入数据也验证了营业收入与已有知识产权数量并没有较好的相关关系。由此验证了本书第 4 章的研究结果。

2. 外部识别要素

（1）政策法律环境

世名科技是国家级的高新技术企业。2008 年 10 月，根据江苏省高新技术企业认定管理工作协调小组《关于认定江苏省 2008 年度第二批高新技术企业的通知》，世名科技被认定为江苏省高新技术企业，有效期三年。2011 年 9 月，根据江苏省高新技术企业认定管理工作协调小组《关于公示江苏省 2011 年第二批复审通过高新技术企业名单的通知》，公司复审通过高新技术企业认定，有效期三年。根据高新技术企业的有关税收优惠政策，目前公司一直享受 15% 的所得税优惠税率。作为江苏省的科技型企业，公司申请每一项专利都能得到江苏省给予的专利补助，同时昆山市政府对于公司的科研人员也有相应的奖励政策。公司主导起草的《建筑涂料用水性色浆》（HG/T 3951—2007）、《合成革用水性色浆》（QB/T 4343—2012）、《调色系统用色浆》（GB/T 21473—2008）3 项国家标准也都已经正式实施，该项工作推动了我国颜色标准与国际颜色标准的对接，得到了相关部门的肯定及奖励。

色浆作为“绿色环保、节能减排”的产品，一直受到国家相关行业政策的鼓励和支持。国家发展和改革委员会颁布的《产业结构调整指导目录》（2011年）中，环保型色浆属于专用精细化学品，被列入鼓励发展的产业。《涂料行业“十二五”规划》明确指出，涂料产业结构调整的重点和方向是：鼓励环境友好型、资源节约型涂料（水性木器、水性工业、水性船舶涂料、高固体分、无溶剂、辐射固化、功能性外墙外保温涂料等）。此外，《石油和化学工业“十二五”科技发展规划纲要》《纺织工业“十二五”发展规划》《当前优先发展的高技术产业化重点领域指南（2011 年度）》等政策文件也明确了行业未来的发展思路，为色浆企业提供了非常有利的政策环境。

（2）金融环境

世名科技为我国色浆行业龙头企业之一，2013 年末色浆年产能已达到10517.76 吨，但与国际色浆巨头相比，规模仍然偏小。近年来公司业务发展较快，在基本保持生产设备满负荷生产的情况下，仍然无法完全满足客户的订单要求，产能不足成为制约公司发展的瓶颈。预计未来几年公司业务仍将保持较快增长，随着下游行业需求的持续强劲增长，公司的产能缺口问题将愈发明显。因此，公司自 2010 年开始，先后引入华泰紫金、红塔创新和上海成善的社会资本进行股份制改革。目前，公司已经向创业板提交上市申请，发行不超过 1667 万股人民币 A 股，尽快募集资金加大投入，及时、有效地扩大产能，以满足市场对于公司产品的需求。

（3）技术环境

在坚持自主创新的同时，世名科技还注重与科研机构、院校等的密切合作，与多家科研机构建立合作关系或实现技术转让。经过多年实践，公司成功打造了以企业为核心、科研2院所为依托的技术创新体制，总结出一套成功的“产学研”合作模式，拓展了技术创新渠道。研发中心设有精密仪器室、涂料色浆研发与技术服务中心、造纸色彩实验室，合成革与乳胶色彩实验室、颜料墨水实验室、纺织纤维实验室、工业漆色浆实验室、国际联合实验室、测试检验中心与技术交流中心，拥有种类齐全的各类相关测试、分析仪器和研发实验设备，研发规模和水平处于国内领先地位。

（4）市场环境

色浆是颜料精细化使用的一种方式，颜料的消费量与经济发展程度密切相关。改革开放以来，我国经济发展非常迅速。2013 年我国国内生产总值达到 568 845 亿元，仅次于美国，位居世界第二位。我国整体经济发展情况良好，为色浆行业的发展奠定了坚实的基础。世名科技主营业务为色浆的研发、生产和销售，主要产品为环保型、超细化水性色浆。经过多年的发展，公司已经成为国内色浆行业的龙头企业、商品化色浆的领导者，产品广泛应用于涂料、乳胶、造纸、纺织、皮革、墨水等多个行业，在建筑涂料色浆、乳胶色浆和造纸色浆等细分市场处于领先地位。2011—2013 年，水性色浆销售收入占发行人主营业务收入的比例分别为 96.84%、97.90% 和 96.98%。色浆产品使用广泛，其应用领域包括建筑涂料、工业涂料、乳胶、造纸、纺织、皮革等诸多行业，这些行业不仅市场容量大，而且与宏观经济息息相关。

（5）服务支持环境

作为一个自主创新主导的科技型中小企业，世名科技一直努力将自主研发的技术成果转化为知识产权，自 2001 年公司成立至今研发的 27 项专利和软件著作权均由从事专业服务的专利事务所向国家知识产权局申请。公司为了将知识产权体系化管理，也与其他院校共同开发创新技术。2011 年，公司从合作院校江南大学处受让了“一种有机颜料用非离子超支化型高分子分散剂的制备方法”的专利。

综合以上世名科技外部的政策法律环境、金融环境、技术环境和中介服务环境等外部因素可以看出，公司捋清了自主知识产权的发展思路，在市场和行业处于优势的大环境下，在符合政府对企业生产的环保要求下，运用“产学研”合作模式将创新成果转化为产品，借力资本市场，驱动公司快速发展。

7.2.3　世名科技自主创新动态能力演化

世名科技法定代表人吕仕铭自 1996 年开始创业涉足水性墨行业，1998 年经过理论研究和反复的实验，由他自主研发的采用自行开发的带锚基团助剂项目研制成功，经查系国内首创，专家鉴定技术国内领先。吕仕铭于 2001 年创办了苏州世名科技股份有限公司，注册资本为 50 万元，由于其领先的技术及广阔的市场前景，被列入国家级“星火计划”，公司逐步成长扩大，具体演化过程如图 7.3 所示。

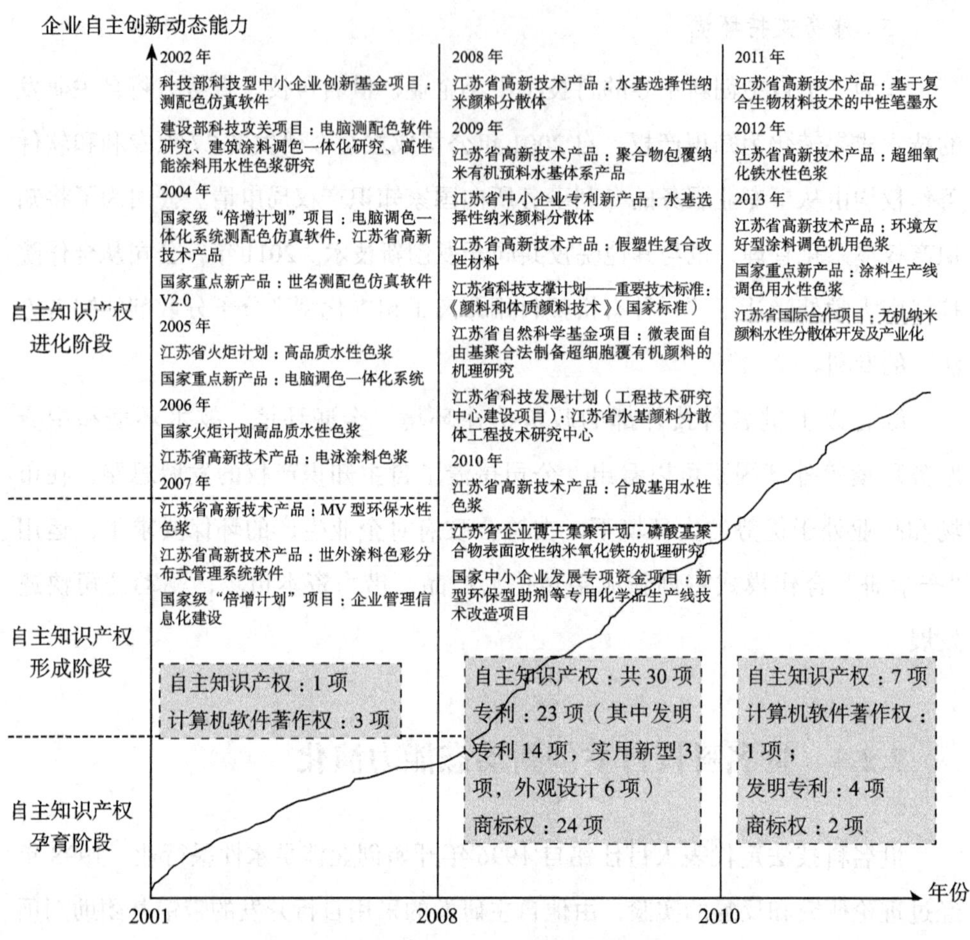

图 7.3　世名科技自主创新动态能力演化

在企业的初创期，吕仕铭为解决涂料生产企业普遍面临的调色难题，在进行了大量的市场调研和需求分析后，认为必须变革手工调色的传统工艺。随后，公司与国防科技大学进行“产学”联合，共同研发“世名测配色仿真软件”，该软件不仅着眼于解决调色问题，而且立足于颜色的数字化、标准化。该软件

2002 年研发成功，由于算法的创新及良好的市场前景，2002 年被科学技术部列入“科技型中小企业创新基金”项目，2005 年通过验收，同年被授予“国家级重点新产品”称号，2006 年荣获江苏省优秀软件产品“金慧奖”。2002 年，世名科技承担国家标准化管理委员会下达的国家标样《建筑涂料色卡》研制任务，2003 年研制成功，由国家质检总局和国家标准化管理委员会正式发布执行。这套色卡统一了建筑涂料的色彩标准，实现了标准数字化，为建筑设计、施工、装饰、生产提供了色彩依据。这个阶段也是自主知识产权的孕育期，公司已经有了一定的创新成果，研发出具有核心竞争力的产品，并且已经得到了市场的初步认可。

2008 年，世名科技进入企业的成长期，由吕仕铭带领的技术团队起草的《建筑涂料用水性色浆》和《阴极电泳涂料》行业标准自 2008 年开始正式颁布实施。公司完成了国家、部、省、市各级科研项目 40 余项，在此期间增加自主知识产权共 50 余项，其中发明专利 14 项，实用新型 3 项、外观设计 6 项，商标权 24 项、高新技术产品 6 项、国家级重点新产品 2 项。公司先后被认定为江苏省高新技术企业、软件企业，荣获昆山市十佳民营科技企业、昆山市十佳创新企业、全国优秀民营科技企业创新奖、中国民营科技发展贡献奖等荣誉称号。公司迅速、及时地将创新成果转化为知识产权，并产业化大规模生产，基本形成完整的知识产权体系和健全的公司研发、生成管理流程。在自主知识产权的形成期，公司采用“产学研”合作的模式，与国防科技大学、南京大学、江南大学、山东技术学院等高等院校合作，共同研发新型技术。

自 2010 年开始世名科技与华泰紫金、红塔创新和上海成善社会资本合作，对公司进行股份制改革，将公司注册资本增加到 5000 万元人民币，截至 2013 年年末公司资产总额达到了 1.8 亿元人民币。公司建立了较为完善的法人治理结构，内部控制体系也比较健全，公司的产能也在逐步扩大。2012 年 4 月，公司设立了常熟分公司，同年 11 月设立了昆山汇彩全资子公司。公司进入快速成长期，核心产品水性色浆销售收入已经稳定占到主营业务收入的 96% 以上，在知识产权战略上也由进攻性战略转向防御性战略。经过多年的技术和研发积累，公司形成了独特的产品开发体系、工艺配套方案体系以及配方数据库，以保证研发、生产的顺利高效进行。为了防止核心失密和技术人才的流失，公司建立了严格的技术保密制度。公司的产品配方由少数核心技术人员掌握，公司对这些技术骨干进行股权激励，让他们共同分享公司的成长收益。

7.2.4 世名科技自主知识产权风险预警控制

世名科技从 2001 年成立至今，已经经历了自主知识产权的形成阶段、开发阶段，目前处于自主知识产权的成果化向应用阶段过渡时期。公司基本完成了自主知识产权的开发，根据自主创新的研发阶段及时申请知识产权，通过法律的途径保护自身的知识产权不受侵害。自主知识产权也基本实现了成果转化，产业化率达到 98% 以上，公司的核心产品水性色浆的销售收入连续三年占到营业收入的 96% 以上。

设定因素集 A_i =（管理风险，人力资本风险，技术风险，市场风险）=（A_1，A_2，A_3，A_4），风险状态的评价集 V =（无风险，轻微风险，中等风险，高风险）=（V_1，V_2，V_3，V_4）。

对定性指标，请公司管理层和公司管理咨询专家共计 10 人，根据公司的实际情况进行评价，评价结果见表 7.6。

表 7.6　世名科技自主知识产权定性指标模糊评价

指标	无风险	轻微风险	中等风险	高风险
知识产权战略地位（A_{11}）	0.1	0.8	0.1	0
知识产权管理组织结构的完善性（A_{12}）	0.9	0.1	0	0
业务流程的顺畅度（A_{13}）	0.8	0.2	0	0
知识产权管理制度的完备性（A_{14}）	0.2	0.7	0.1	0
市场环境的优劣度（A_{43}）	0.8	0.2	0	0

定量指标通过查找公司相关资料，整理后见表 7.7。

表 7.7　世名科技自主知识产权定量指标评价

指标	值	指标	值
知识员工流失率（A_{21}）	0.01	技术创新成果专利转化率（A_{32}）	0.92
员工满意度（A_{22}）	0.91	泄密损失率（A_{33}）	0
员工教育培训投入比（A_{23}）	0.002	知识产权年增长率（A_{34}）	0.038
员工的自主创新能力（A_{24}）	1.167	市场份额下降率（A_{41}）	–0.16
技术创新资本投入水平（A_{31}）	0.054	忠诚客户流失率（A_{42}）	0.008

通过询问企业管理层人员并结合行业一般状态，整理出该公司定量指标的值域范围见表 7.8。

表 7.8　世名科技自主知识产权定量指标值域范围

指标	无风险	轻微风险	中等风险	高风险
知识员工流失率（A_{21}）	0.15 以下	0.15~0.25	0.25~0.35	0.35 以上
员工满意度（A_{22}）	0.9 以上	0.8~0.9	0.65~0.8	0.65 以下
员工教育培训投入比（A_{23}）	0.005 以上	0.002~0.005	0.0005~0.002	0.0005 以下

续表

	无风险	轻微风险	中等风险	高风险
员工的自主创新能力（A_{24}）	0.9 以上	0.8~0.9	0.7~0.8	0.7 以下
技术创新资本投入水平（A_{31}）	0.05 以上	0.03~0.05	0.01~0.03	0.01 以下
技术创新成果专利转化率（A_{32}）	0.9 以上	0.8~0.9	0.65~0.8	0.65 以下
泄密损失率（A_{33}）	0.05 以下	0.05~0.1	0.1~0.2	0.2 以上
知识产权年增长率（A_{34}）	0.03 以上	0.02~0.03	0.01~0.02	0.01 以下
市场份额下降率（A_{41}）	0.01 以下	0.01~0.04	0.04~0.08	0.08 以上
忠诚客户流失率（A_{42}）	0.01 以下	0.01~0.05	0.05~0.1	0.1 以上

综合定性指标和定量指标，得出管理风险状况 A_1 的模糊综合评判矩阵：

$$\boldsymbol{R_1}=\begin{bmatrix} 0.1 & 0.8 & 0.1 & 0 \\ 0.9 & 0.1 & 0 & 0 \\ 0.8 & 0.2 & 0 & 0 \\ 0.2 & 0.7 & 0.1 & 0 \end{bmatrix}$$

采用层次分析法构造的相对重要程度得出判断矩阵：

$$\boldsymbol{D}=\begin{bmatrix} 1 & 3 & 4 & 2 \\ 1/3 & 1 & 2 & 2 \\ 1/4 & 1/2 & 1 & 1/3 \\ 1/2 & 1/2 & 3 & 1 \end{bmatrix}$$

$$\boldsymbol{M}_i=\prod_{i=1}^{n}a_{ij}=(24,1.33,0.04,0.75)^{\mathrm{T}} \tag{7.1}$$

$\boldsymbol{M}_i$ =（2.21，1.07，0.45，0.93）归一化处理后可得

W_i =（0.47，0.23，0.10，0.22）

经计算得向量最大特征值 λ_{max}= 4.21。

一致性指标 CI = 0.07 < 0.9，判断矩阵具有满意的一致性。

$$\boldsymbol{A}_1 = (0.47，0.23，0.10，0.22)\begin{bmatrix} 0.1 & 0.8 & 0.1 & 0 \\ 0.9 & 0.1 & 0 & 0 \\ 0.8 & 0.2 & 0 & 0 \\ 0.2 & 0.7 & 0.1 & 0 \end{bmatrix}$$

$$= (0.378，0.573，0.069，0)$$

因此，管理风险处于轻微风险状态，知识产权管理的组织结构基本完备，业务流程比较顺畅，但知识产权管理的战略地位还有待提升，企业须从战略层面确定知识产权管理的目标、方向，知识产权管理制度有待进一步完善。

同理可得，

人力资本风险 A_2 =（0.592，0.380，0.028，0），表明人力资本风险处于无风险状态，员工满意度较高，知识员工流失率较低，企业比较重视对员工的培训和教育，特别是员工自主创新能力非常强。

技术风险 A_3 =（0.683，0.301，0.016，0），表明技术风险处于无风险状态，企业重视技术资本投入，技术创新的转化率较高，没有泄密发生。

市场风险 A_4 =（0.503，0.378，0.119，0），表明市场风险处于无风险状态，企业市场份额保持增长，客户忠诚度较高，市场整体环境较好。

自主知识产权整体风险评价的权重同样通过 AHP 法确定，

$$\boldsymbol{B} = (0.307，0.214，0.284，0.197)$$

则

$$\boldsymbol{A} = (0.307，0.214，0.284，0.197)\begin{bmatrix} 0.378 & 0.573 & 0.069 & 0 \\ 0.592 & 0.380 & 0.028 & 0 \\ 0.683 & 0.301 & 0.016 & 0 \\ 0.503 & 0.378 & 0.119 & 0 \end{bmatrix}$$

$$= (0.54，0.42，0.04，0)$$

根据最大隶属度原则，可知世名科技的自主知识产权风险总体处于无风险状态，各项管理活动处于良好的运营状态，企业的知识风险管理水平较高，管理绩效与预期目标一致。企业知识产权风险预警信号显示为“绿灯”，即企业需保持现有状态，无须采取调整措施。

7.3 天紫环保投资股份有限公司的自主知识产权管理分析

7.3.1 天紫环保投资股份有限公司概况

1. 公司简介

天紫环保投资控股有限公司（以下简称“天紫环保”）是一家位于天津市的高新技术企业。公司于2010年成立，注册资本5亿元，员工200人，总部设在天津滨海新区，并在天津武清区和原静海县分别设有两座TWR（Total Waste Recycling）生活垃圾处理厂。天紫环保是以生活垃圾全资源化处理为目标，以打造区域循环经济产业链、建设区域和谐经济新模式为主要战略的高科技集团公司。公司主营业务涉及产品研发、装备制造、规划设计、建筑安装、垃圾处理、制肥制塑、有机农业、绿色地产、碳减排交易、产品销售等多个领域。

2. 公司自主知识产权概况

天紫环保针对中国生活垃圾中餐余等有机成分比例大、含水量高、分类程度低的现状，自主研发了 TWR 生活垃圾处理系统。该系统已完成工业化实证，进入市场化应用阶段，并成功实现生活垃圾无害化、减量化、资源化。天紫环保以 TWR 系统为核心，提供生活垃圾处理一体化解决方案，引领产业的健康发展。

根据对天紫环保实际控制人高卫华的访谈以及查阅国家知识产权局官方网站检索信息汇总天紫环保自主知识产权信息如下：

① 天紫环保拥有发明专利 24 项、实用新型 41 项，具体见表 7.9。

表 7.9　天紫环保发明专利、实用新型明细

序号	名称	专利类型	专利号	申请日期	授予日	取得方式
1	利用含有机质垃圾制备泥浆状肥料基材的方法	发明专利	CN103172412A	2013-03-22	2013-06-26	原始取得
2	用含有机质垃圾制备肥料基材的方法	发明专利	CN103204712A	2013-03-22	2013-06-26	原始取得
3	从垃圾中回收塑料制粒的方法	发明专利	CN103213215A	2013-03-22	2013-06-26	原始取得
4	利用含有机质垃圾制备泥浆状肥料基材的方法	发明专利	CN103172412B	2013-03-22	2013-06-26	原始取得
5	蒸汽弹射式有机质垃圾处理机用保压弹射结构	发明专利	CN103433269A	2013-08-27	2013-12-11	原始取得
6	垃圾处理机用上料装置	发明专利	CN103420309A	2013-08-27	2013-12-11	原始取得
7	垃圾处理机用可升降送料装置	发明专利	CN103420049A	2013-08-27	2013-12-04	原始取得
8	蒸汽弹射式有机质垃圾处理系统	发明专利	CN103418600A	2013-08-27	2013-12-04	原始取得
9	具有汽固分离功能的蒸汽弹射式有机质垃圾处理机	发明专利	CN103406337A	2013-08-27	2013-11-27	原始取得

续表

序号	名称	专利类型	专利号	申请日期	授予日	取得方式
10	移动式进料口密封盖旋拨装置	发明专利	CN103406338A	2013-08-27	2013-11-27	原始取得
11	蒸汽弹射式有机质垃圾处理机用旋盖	发明专利	CN201310380396	2013-08-27	2013-11-27	原始取得
12	蒸汽弹射式有机质垃圾处理机用带旋盖弹射钢笼	发明专利	CN103406342A	2013-08-27	2013-11-27	原始取得
13	蒸汽弹射式有机质垃圾处理机	发明专利	CN103406339A	2013-08-27	2013-11-27	原始取得
14	具有进料旋盖旋紧功能的蒸汽弹射式有机质垃圾处理机	发明专利	CN103406336A	2013-08-27	2013-11-27	原始取得
15	具有出料导向口的蒸汽弹射式有机质垃圾处理机	发明专利	CN103406334A	2013-08-27	2013-11-27	原始取得
16	蒸汽弹射式有机质垃圾处理机用保压弹射装置	发明专利	CN103406335A	2013-08-27	2013-11-27	原始取得
17	蒸汽弹射式有机质垃圾处理机用弹射钢笼	发明专利	CN103406340A	2013-08-27	2013-11-27	原始取得
18	专用于垃圾泥浆的滚筒干燥系统	发明专利	CN103791707A	2014-01-23	2014-05-14	原始取得
19	用于生活垃圾的全密闭性密度分选系统	发明专利	CN103785610A	2014-01-23	2014-05-14	原始取得
20	基于生活垃圾中轻质物与重质物的密度分选系统	发明专利	CN103785613A	2014-01-23	2014-05-14	原始取得
21	小型污泥无害化处理系统	发明专利	CN103787566A	2014-01-23	2014-05-14	原始取得
22	用于垃圾泥浆的振动出料装置	发明专利	CN103787060A	2014-01-23	2014-05-14	原始取得
23	垃圾泥浆专用干燥筒	发明专利	CN103759526A	2014-01-23	2014-04-30	原始取得

续表

序号	名称	专利类型	专利号	申请日期	授予日	取得方式
24	专用于垃圾泥浆的螺旋干燥器	发明专利	CN103759518A	2014-01-23	2014-04-30	原始取得
25	垃圾处理厂用污水处理系统	实用新型	CN202808544U	2012-09-17	2013-03-20	原始取得
26	垃圾上料池的空气净化系统	实用新型	CN201220475291	2012-09-17	2013-03-20	原始取得
27	垃圾肥料的有机物原料制备系统	实用新型	CN202808632U	2012-09-17	2013-03-20	原始取得
28	有机垃圾肥料造粒装置	实用新型	CN202808544U	2012-09-17	2013-03-20	原始取得
29	废旧塑料再生造粒系统	实用新型	CN202805458U	2012-09-17	2013-03-20	原始取得
30	垃圾处理厂用污水处理系统	实用新型	CN202808544U	2012-09-17	2013-03-20	原始取得
31	从垃圾中回收塑料制粒的前置分选系统	实用新型	CN203155565U	2013-04-11	2013-08-28	原始取得
32	具有自动报警功能的垃圾集料池结构	实用新型	CN203158624U	2013-04-11	2013-08-28	原始取得
33	垃圾储料池	实用新型	CN203158623U	2013-04-11	2013-08-28	原始取得
34	垃圾上料装置	实用新型	CN203158772U	2013-04-11	2013-08-28	原始取得
35	生活垃圾闪蒸干燥系统	实用新型	CN203159492U	2013-04-11	2013-08-28	原始取得
36	含有机质垃圾制肥前置分选系统	实用新型	CN203155366U	2013-04-11	2013-08-28	原始取得
37	利用含有机质垃圾制备泥浆状肥料基材的方法	实用新型	CN103172412A	2013-04-11	2013-08-28	原始取得

续表

序号	名称	专利类型	专利号	申请日期	授予日	取得方式
38	生活垃圾制肥系统	实用新型	CN203159491U	2013-03-22	2013-06-26	原始取得
39	从垃圾中回收塑料制粒系统	实用新型	CN203331282U	2013-03-22	2013-06-26	原始取得
40	垃圾中有机物料干燥车间的空气净化系统	实用新型	CN203329606U	2013-06-25	2013-12-11	原始取得
41	垃圾处理厂废水处理系统	实用新型	CN203333440U	2013-06-25	2013-12-11	原始取得
42	垃圾处理机用上料装置	实用新型	CN203461774U	2013-08-27	2014-03-05	原始取得
43	移动式进料口密封盖旋拨装置	实用新型	CN203459388U	2013-08-27	2014-04-02	原始取得
44	垃圾处理机用可升降送料装置	实用新型	CN203461351U	2013-08-27	2014-04-02	原始取得
45	蒸汽弹射式有机质垃圾处理机	实用新型	CN203508574U	2013-08-27	2014-04-02	原始取得
46	蒸汽弹射式有机质垃圾处理机用旋盖	实用新型	CN203508576U	2013-08-27	2014-04-02	原始取得
47	具有出料导向口的蒸汽弹射式有机质垃圾处理机	实用新型	CN203508575U	2013-08-27	2014-04-02	原始取得
48	蒸汽弹射式有机质垃圾处理机用保压弹射结构	实用新型	CN203459392U	2014-03-05	2014-08-27	原始取得
49	具有汽固分离功能的蒸汽弹射式有机质垃圾处理机	实用新型	CN203459391U	2014-03-05	2014-08-27	原始取得
50	利用生活垃圾快速制肥系统	实用新型	CN203461981U	2014-03-05	2014-08-27	原始取得
51	具有进料旋盖旋紧功能的蒸汽弹射式有机质垃圾处理机	实用新型	CN203459390U	2014-03-05	2014-08-27	原始取得

续表

序号	名称	专利类型	专利号	申请日期	授予日	取得方式
52	蒸汽弹射式有机质垃圾处理机用保压弹射装置	实用新型	CN203459386U	2014-03-05	2014-08-27	原始取得
53	蒸汽弹射式有机质垃圾处理机用带旋盖弹射钢笼	实用新型	CN203459389U	2014-03-05	2014-08-27	原始取得
54	蒸汽弹射式有机质垃圾处理系统	实用新型	CN203459385U	2014-03-05	2014-08-27	原始取得
55	蒸汽弹射式有机质垃圾处理机用弹射钢笼	实用新型	CN203459387U	2014-03-05	2014-08-27	原始取得
56	垃圾泥浆专用干燥筒	实用新型	CN203798131U	2014-01-23	2014-08-27	原始取得
57	专用于垃圾泥浆的螺旋干燥器	实用新型	CN203798106U	2014-01-23	2014-08-27	原始取得
58	小型污泥无害化处理系统	实用新型	CN203794765U	2014-01-23	2014-08-27	原始取得
59	用于污泥的离心脱水机	实用新型	CN203794761U	2014-01-23	2014-08-27	原始取得
60	基于生活垃圾中轻质物与重质物的密度分选系统	实用新型	CN203791215U	2014-01-23	2014-08-27	原始取得
61	小型脱水储泥池	实用新型	CN203794762U	2014-01-23	2014-08-27	原始取得
62	专用于垃圾泥浆的滚筒干燥系统	实用新型	CN203798102U	2014-01-23	2014-08-27	原始取得
63	用于垃圾泥浆的振动出料装置	实用新型	CN203794157U	2014-01-23	2014-08-27	原始取得
64	用于生活垃圾的全密闭性密度分选系统	实用新型	CN203791204U	2014-01-23	2014-08-27	原始取得
65	专用于垃圾泥浆的输送干燥机	实用新型	CN203798107U	2014-01-23	2014-08-27	原始取得

② 天紫环保拥有系列注册商标 19 项，涵盖公司的品牌及产品商标权，著作权 2 项。

7.3.2 天紫环保自主知识产权成长机制

1. 内生识别要素

天紫环保针对我国垃圾前端分类意识薄弱、措施落后，后端处理难度大的弊端，自主创新，采用 TWR 技术另辟蹊径，将城市生活垃圾经过机械分选系统进行初选，再经筛选、磁选、风选等环节进行精细化分选，将有机物、塑料、可燃物、金属、玻璃等资源层层分离，循环利用，做到多管齐下、一丝不漏。天紫环保 TWR 技术示意如图 7.4 所示。

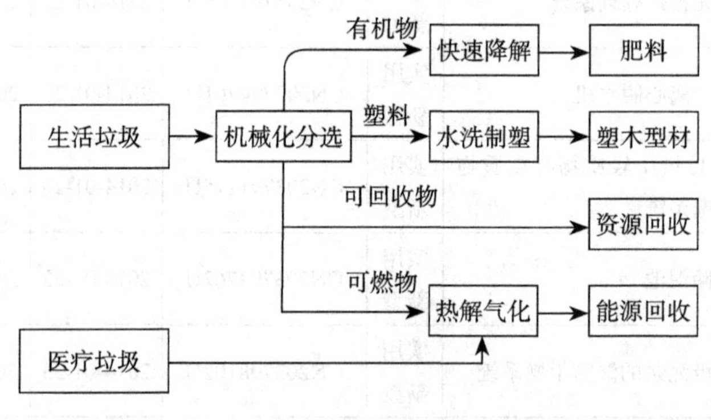

图 7.4 天紫环保 TWR 技术示意

生活垃圾经 TWR 技术精细化分选后，根据分选产物特性进行深度加工，实现资源回收，循环再生的目标。生活垃圾中的有机质经过快速降解、干燥筛分处理，大大缩短了制肥时间，当日内可将生活垃圾中的有机物转化为优质高效肥料，成为生产绿色有机农产品的可靠保障。利用 TWR 技术，生活垃圾中的废旧塑料可制成优质塑木型材。该新型材料同时具备木材和塑料的优点，适用范围广泛，几乎可涵盖所有原木、塑料、塑钢、铝合金及其他类似复合材料的使用领域。生活垃圾分选出的可燃物热值达 3000 大卡以上，可进行热解气化。与传统的垃圾焚烧技术相比，热解气化技术使固体废弃物得到完全处理并可充分回收能源、循环利用，同时大大降低了公害物质的产生，有效降低了对环境的污染，是具有极大发展潜力的领先技术。

天紫环保的核心技术就是公司董事长、总裁高卫华组织开发的全资源化垃圾处理技术 TWR 生活垃圾处理一体化技术。高卫华在核心技术管理上采取防御式管理方式，公司尽快将自主创新的成果转化为自主知识产权，以防止被竞争对手模仿。公司也注重技术人才的培养，对技术开发人员进行培训，鼓励员工技术创新。公司的组织架构如图 7.5 所示，我们可以看出公司设有研发院，由总裁直接领导，下设技术研发部、技术支持部和专利事务部。虽然天紫环保成立时间短，但由于公司是按照上市方向规划和发展，所以公司的各项管理制度比较规范，尤其是在核心技术的管理和自主知识产权的保护方面。

天紫环保 2012—2014 年的相关财务数据和知识产权情况见表 7.10。

表 7.10　2012—2014 年天紫环保自主知识产权相关数据

	2012 年	2013 年	2014 年
营业收入 / 元	94 692 709.12	254 069 763.89	448 030 589.23
职工总数 / 人	56	142	201
已有自主知识产权 / 项	6	43	86
研发投入比 /%	15.79	8.25	4.06
研发人员占比 /%	19.64	12	19

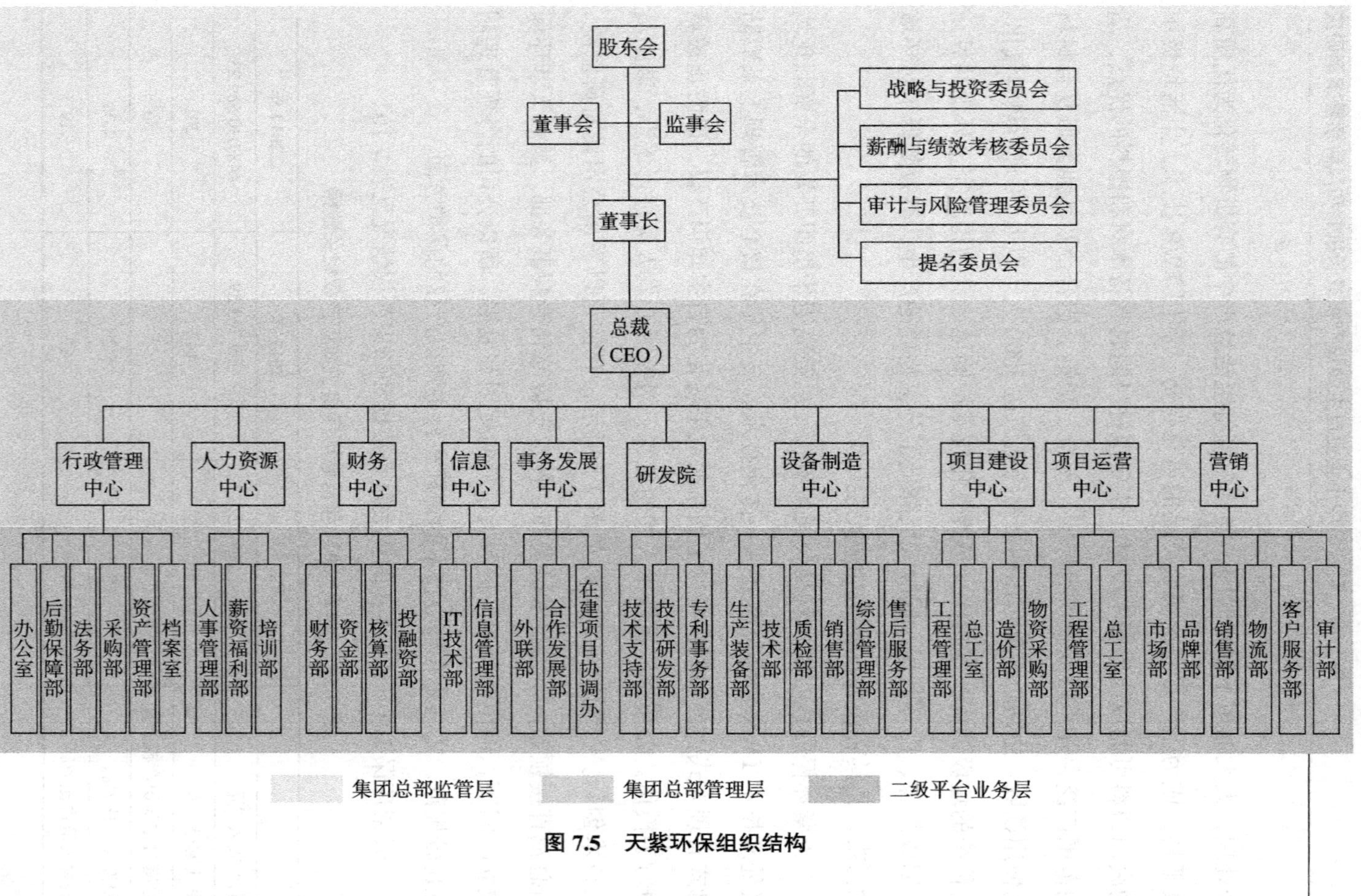

图 7.5　天紫环保组织结构

根据以上数据可以得出如下结论：天紫环保的已有知识产权数量的增量与研发投入比呈正相关关系；公司已有知识产权数量的增量与研发人员占比大致趋势一致，截止到 2014 年数据研发人员的占比由 12% 上升至 19%，自主知识产权在 2014 年增量为 43 项。在公司组织架构上，天紫环保建立专利服务中心，为新技术的成果化产业化服务，并随时关注竞争对手的知识产权发展情况。

2. 外部识别要素

（1）政策法律环境方面

根据中国社会科学院发布的《中国中小城市发展报告（2010）》，我国中小城市有 2160 个，生活垃圾无害化处理率仅为 30.49%，与“十二五”规划全国城市生活垃圾无害化处理率达到 80% 以上和县县建有生活垃圾处理设施的目标差距较大。可见，未来中小城市生活垃圾处理设施建设需求巨大，发展空间广阔。

（2）金融环境方面

天紫环保为了迅速地占有市场，扩大生产规模，于 2014 年开始向社会融资，有意与中广核产业投资基金和苏州工业园区元禾重元股权投资基金达成融资意向，融资 16 亿元。公司拟与央企、地方国企等有实力的大公司合资成立投资管理公司共同投资 TWR 项目，增大运营收入在总收入中的比重，实现公司经营模式从设备制造到运营服务的转型。

（3）技术环境方面

天紫环保针对矿化垃圾的特定分选线，在垃圾填埋现场对已填埋垃圾进行挖掘后，就地进行破碎和分选，可以将塑料和可燃物分别分选出来进行资源化利用。应用天紫 TWR 技术的已填埋垃圾处理及土壤修复工程，将为土地带来二次开发的价值；经过修复后的土地，可以根据属性进行各类型的开发，提升了土地的使用价值。该模式的创新将成为全国垃圾处理项目的标杆，引领全国垃圾资源化利用的风向标，最终将形成节能与环保相结合的垃圾处理新模式。

（4）市场环境方面

根据世纪证券研究所《我国生活垃圾处理现状分析及对策建议》一文，我国垃圾填埋占比超过 70%，但包括北京、上海、广州、南京等地面临垃圾填埋场土地资源缺乏的问题。近年来，垃圾分类、处理、重新利用的企业越来越多，很多企业拥有先进的垃圾处理技术，也有一些先行者申请了大量专利；同时，国外大型企业也在我国申请了部分核心专利，保护自己的垃圾处理技术。但总体来看，目前我国垃圾处理市场的主要份额还是由我国企业所控制。

（5）服务支持环境方面

天紫环保努力加强“产学研”合作，充分利用国内外高校、科研院所的科技资源优势，组织实施产学研合作项目，不断加速科技成果的转化，提升企业的创新能力和市场竞争力，力争在环保相关领域取得更多、重大的技术的突破。

7.3.3 天紫环保创新动态能力演化

天紫环保成立的时间较短，公司实际控制人高卫华在 2008 年开始研究垃圾处理技术，研究有了初步的成果后组建了公司。高卫华于 2010 年至 2012 年开始投资建设公司，经过 2013 年的技术和管理方面的不断完善，于 2014 年开始在设立的天津市武清区天紫环保有限公司、天津市静海区紫兆生活废弃物处理有限公司和泊头市紫兆环保技术开发有限公司对核心技术开始复制推广，如图 7.6 所示。

图 7.6　天紫环保自主创新动态能力演化

7.3.4　天紫环保自主知识产权风险预警控制

天紫环保成立以来初步形成了自主知识产权体系，并确认了自主知识产权的战略地位，组织结构也较为完善，有专门的技术人员负责知识产权的管理并洞察技术市场的新动向，但是由于公司成立时间较短且尚处于初创期，人员不稳定和流动性比较大，公司员工的自主创新能力也较难调动。公司在筹备成立前，创始人已经组建核心团队研发出公司核心技术，并在公司成立后持续研发动能开发新技术。公司也将全部的专有技术转化为知识产权。核心团队经过数年磨合目前处于相对稳定状态，同时掌握了公司全部的知识产权，不太存在泄密的可能，但是由于核心团队人员较少对公司后续的创新能力有所限制。公司 TWR 的核心技术也迎合了政府和市场大环境的需要，市场发展空间较为广阔。自主知识产权定性指标评价见表 7.11。

定量指标通过查找公司相关资料，整理后见表 7.12。

表 7.11　天紫环保自主知识产权定性指标模糊评价

指标	无风险	轻微风险	中等风险	高风险
知识产权战略地位（A_{11}）	0.1	0.7	0.2	0
知识产权管理组织结构的完善性（A_{12}）	0.4	0.5	0.1	0
业务流程的顺畅度（A_{13}）	0.5	0.4	0.1	0
知识产权管理制度的完备性（A_{14}）	0.3	0.6	0.1	0
市场环境的优劣度（A_{43}）	0.7	0.3	0	0

表 7.12　天紫环保自主知识产权定量指标评价

指标	值	指标	值
知识员工流失率（A_{21}）	0.08	技术创新成果专利转化率（A_{32}）	0.99
员工满意度（A_{22}）	0.72	泄密损失率（A_{33}）	0
员工教育培训投入比（A_{23}）	0.001	知识产权年增长率（A_{34}）	0.46
员工的自主创新能力（A_{24}）	0.53	市场份额下降率（A_{41}）	0
技术创新资本投入水平（A_{31}）	0.054	忠诚客户流失率（A_{42}）	0.001

通过询问企业管理层人员并结合行业一般状态，整理出该公司定量指标的值域范围见表 7.13。

表 7.13　天紫环保自主知识产权定量指标值域范围

指标	无风险	轻微风险	中等风险	高风险
知识员工流失率（A_{21}）	0.15 以下	0.15~0.25	0.25~0.35	0.35 以上
员工满意度（A_{22}）	0.9 以上	0.8~0.9	0.65~0.8	0.65 以下
员工教育培训投入比（A_{23}）	0.005 以上	0.001~0.005	0.0005~0.001	0.0005 以下
员工的自主创新能力（A_{24}）	0.8 以上	0.7~0.8	0.5~0.7	0.5 以下
技术创新资本投入水平（A_{31}）	0.05 以上	0.03~0.05	0.01~0.03	0.01 以下
技术创新成果专利转化率（A_{32}）	0.9 以上	0.8~0.9	0.65~0.8	0.65 以下

续表

指标	无风险	轻微风险	中等风险	高风险
泄密损失率（A_{33}）	0.05 以下	0.05~0.1	0.1~0.2	0.2 以上
知识产权年增长率（A_{34}）	0.5 以上	0.3~0.5	0.1~0.3	0.1 以下
市场份额下降率（A_{41}）	0.01 以下	0.01~0.04	0.04~0.08	0.08 以上
忠诚客户流失率（A_{42}）	0.01 以下	0.01~0.05	0.05~0.1	0.1 以上

经计算，可得管理风险 $A_1=$（0.348，0.512，0.140，0），表明管理风险处于轻微风险状态，业务流程比较顺畅，但知识产权管理的战略地位还有待提升，知识产权管理制度体系还不是很健全，知识产权管理的组织结构有待完善。

人力资本风险 $A_2=$（0.291，0.481，0.228，0），表明人力资本风险处于轻微风险状态，知识员工流失率较低，企业比较重视对员工的培训和教育，但是员工满意度较低，特别是员工自主创新能力不强。

技术风险 $A_3=$（0.687，0.303，0.010，0），表明技术风险处于无风险状态，企业重视技术资本投入，技术创新的转化率较高，没有泄密发生。

市场风险 $A_4=$（0.421，0.369，0.210，0），表明市场风险处于无风险状态，企业市场份额保持增长，客户忠诚度较高，市场整体环境较好。

自主知识产权整体风险评价 $A=$（0.397，0.421，0.182，0），根据最大隶属度原则，天紫环保的自主知识产权风险总体处于轻微风险状态，风险预警信号显示为“蓝灯”，企业知识产权管理总体上运行正常，局部存在一定风险，企业需要高度警惕，针对存在问题的地方需要分析原因，及时采取措施避免风险扩大。公司应挖掘和培养专业技术人员，并制定奖励机制调动全体员工的动力。另外公司可以适当引进部分核心专利，节约自身的研发费用，并利用二次创新开发出该专利产品的新应用，突破公司发展的技术瓶颈。

第8章　科技型中小企业自主知识产权保护

科技型中小企业是从事高新技术产品的研发、生产和服务的中型、小型企业的统称。据国家统计局印发的《统计上大中小微型企业划分办法（2017）》，中小企业是指在营业收入、从业人员、资产总额等指标处于中、低水平的企业，其在提升科技创新、支持经济的可持续发展和增加社会就业方面发挥着重要作用。随着国家知识产权战略的推进，知识产权创造在科技型中小企业中越发活跃，但科技型中小企业运用知识产权的能力和运用法律保护知识产权的能力却仍然是企业发展中的薄弱环节。在市场上，科技型中小企业自主创新的知识产权被侵权以及科技型中小企业侵犯他人知识产权的现象经常会出现。

8.1　科技型中小企业自主知识产权保护的主要内容

8.1.1　科技型中小企业知识产权保护的重要性

科技型中小企业自身以知识为核心的特点决定了科技型知识产权保护对中

小企业的重要性。随着中国市场经济的发展，科技型中小企业的知识产权保护逐渐成为社会关注的重大问题。科技型中小企业的知识产权占中国知识产权的绝大部分，但中小企业由于其自身规模、法律意识及能力等原因的限制，在知识产权保护领域和知识产权侵权预防等方面存在的问题却非常严重。这些问题的存在既影响了企业自身的发展，又对企业生存的市场环境产生了不良影响，更对企业知识产权创新的动力起到了消极的负面作用。因此，保护中小企业的知识产权非常重要。

1. 保护知识产权有利于科技型中小企业的生存和发展

创新是企业发展的核心和灵魂。对科技型中小企业而言尤其如此。科技型中小企业的资产规模不大，主要资产都表现为知识产品，并且以其创新精神和创新能力为企业发展提供原动力。技术创新可以为中小企业提供持续的动态支持，但如果市场不尊重科技型中小企业的技术创新，任意侵害、抄袭和无序使用，会造成社会产品混乱，产品质量参差不齐，更会严重损害中小企业的经济利益，使科技型中小企业丧失其经济优势，最终被市场淘汰。

2. 科技型中小企业知识产权保护有利于知识产权市场经济秩序的稳定

在改革发展到现在的实践中，我国市场经济的发展取得了显著成就，市场机制在经济发展中起的作用越来越大。市场主体的经营活动越来越规范，市场活动秩序越来越好，但随着科技的发展和市场结构的不断变化，新问题也不断出现——科技型中小企业知识产权保护不当，以及中小企业经常侵犯知识产权。中小企业知识产权保护的混乱和不当，导致了科技创新经济和市场的不稳定、秩序紊乱，最后将影响中国市场经济的健康发展。

3. 保护科技型中小企业的知识产权能激发创新动力

科技型中小企业的盈利点就在于其创新精神和创新机制，创新是企业的生命力。国家为保护科技型中小企业的知识产权创造了良好的法律环境，企业亦应建立完善的知识产权保护和管理制度，实现对他人知识产权的保护和规避。通过创新获得盈利，实现经营目的不但会充分调动企业自身的创新能力，而且会极大地调动企业技术人员的研发积极性，促进科技型中小企业进一步的创新，实现可持续的、良性循环的创新模式。

4. 保护科技型中小企业的知识产权有利于科技人才的培养和发展

科技型中小企业发展最离不开的就是科技人才，因此科技型中小企业在发展过程中，科技人员的重要性和优化也是企业发展的重要组成部分。但是，如果我们不重视科技型中小企业发展中的知识产权保护，创新成果得不到充分的保护，科技创新活动得不到认可，科技人才的个人成就感就无法实现，人才就无法留住，从而导致人才流失。充分强调保护科技型中小企业的知识产权是国家和企业自身重视科技人才的表现，将为人才的培育和人才发挥作用创造良好的创新环境与创新“土壤”，有利于优化市场人才配置。

8.1.2 科技型中小企业自主知识产权保护现状

我国科技型中小企业的知识产权保护经历了一个相对长的企业发展过程。现在国家的法律制度、社会对知识产权保护的态度、企业的知识产权保护制度等方面与刚改革开放初期相比，已经发生了根本性的变化，但是在我国的法律制度和企业自身保护知识产权的具体做法上还残留着一些错误的认识和不当的做法。在以下的论述中我们将主要以专利权的保护现状为例说明我国在法律制度建设方面及科技型中小企业自身在知识产权保护领域存在的一些问题。

科技型中小企业的核心竞争力之一是专利申请和授权。中国的授权专利数量正在增加，表明中国企业自主创新能力不断提高。知识产权制度在发明创造中发挥着越来越重要的作用。知识产权是企业技术成果产权的法律形式，确保企业的技术成果具有市场垄断力。知识产权保护使企业获得竞争优势。知识产权保护的目的不是单纯保护知识产权，而是保护隐藏在其背后的巨大经济利益。国家立法机关和司法机关保护知识产权的重视程度越来越高，但这并不意味着我国对科技型中小企业知识产权的保护越来越完善，随着时势变化，知识产权保护也不断出现新问题。

目前我国科技型中小企业知识产权保护普遍存在的问题主要体现在两个方面：一是国家立法和社会对科技型中小企业缺乏知识产权保护，二是科技型中小企业缺乏知识产权保护制度。

1. 国家立法和社会层面对科技型中小企业知识产权保护的不足

我国对知识产权的重视和发展开始于 20 世纪改革开放以后，在我国加入 WTO 以后更是有了突飞猛进的发展。自加入 WTO 以来，我国已开始制定和修改有关法律，知识产权保护的规定越来越丰富。进入 21 世纪后，一方面为了保护中国企业的知识产权，另一方面为了适应 WTO 的相关要求，我国设置了国家保护知识产权工作组以保护知识产权。2008 年，中国颁布了《国家知识产权战略纲要》，十八届三、四、五中全会都提出了知识产权的保护问题。可以说，经过几十年的发展，中国越来越重视企业的知识产权。公众、企业和其他组织也开始重视知识产权问题。根据国家知识产权局的统计，我国企业专利申请数量近年来大幅增加。近年来，我国越来越重视知识产权保护问题，地方政府也开始加大对知识产权研发的支持力度，但对知识产权的创新和保护还不够。例如，在鼓励和管理企业知识产权创新方面，国家不同地区的实施政策并不相同。一些本地创新的知识产权支持需要多种申请和审批程序，这些程序更为复杂。在知识产权保护领域，企业需要提供足够的证据来保护它们。这在很大程度上增加了中小企业知识产权保护的难度，变相地增加了科技型中小企业维权成本，将对企业维权积极性有一定不利影响。近些年以来，中国逐步建立了比较完善的知识产权保护体系和管理体系，知识产权保护和管理工作取得了明显进步，但是由于制度建设起步较晚，在知识产权立法中还有许多不完善的方面。

虽然我国已经建立了比较完善的知识产权法律保护制度，但在实际运作中知识产权法律制度仍然存在一些不合理之处。例如，知识产权的所有权不明确，法律法规不足以惩罚被侵权的企业，这不利于有效遏制侵权行为。知识产权保护的缺陷影响着先进技术的发展，阻碍了技术创新的力量。知识产权审判中的新问题变得越来越严重，知识产权法律和相关的司法解释也都落后。知识产权纠纷的司法保护力度不足，知识产权审判体制和审判机构不完善。2014 年 11 月 06 日，中国第一家知识产权法院即北京知识产权法院正式挂牌成立，从而开创了我国由专业法院审理知识产权案件的先河。在司法实践中，知识产权案件一般比较复杂，救济程序也较为复杂，还存在知识产权司法人员业务水平低、行政权力不足等问题。上述问题使企业无法在知识产权纠纷中及时采取司法救济措施，导致企业的合法权益得不到有效保护。

知识产权执法部门不主动发挥应有的作用。通过行政手段保护知识产权是一种符合我国国情的特殊制度，它要求政府机构承担更多责任。但是，在实践中，知识产权行政执法部门并没有统一和分散，执行的主动性欠缺，执行力度较差。

行政执法机关与司法机关之间的联系存在缺陷，政府没有为保护知识产权创造良好的外部环境。

如前所述，涉及中小企业知识产权保护的相关法律包括《中华人民共和国专利法》《中华人民共和国著作权法》《中华人民共和国商标法》《中华人民共和国反不正当竞争法》等，主要对科技型中小企业知识产权体系中的专利权、著作权、商标权和技术秘密的研发和利用分别进行规范和保护。2014 年 7 月，国家知识产权局、教育部、科学技术部等 8 部门联合印发《关于深入实施国家知识产权战略 加强和改进知识产权管理的若干意见》，其明确提出“提升知识产权运用服务水平、提高知识产权维权服务水平”。2015 年 3 月 23 日，《中共中央 国务院关于深化体制机制改革加快实施创新驱动发展战略的若干意见》发布。该文件明确提出了 18 个地方的知识产权，间接提出了 30 多个知识产权方面，涉及知识产权保护、知识产权的应用和科技人员知识产权的实施内容。2016 年 3 月，国务院批准设立国务院知识产权战略实施制度的部级联席会议（以下简称“联席会议”）。作为联席会议的重要成员单位，国家工商总局推动出台了《国务院办公厅关于印发〈2016 年全国打击侵犯知识产权和制售假冒伪劣商品工作要点〉的通知》《国务院办公厅印发〈国务院关于新形势下加快知识产权强国建设的若干意见〉重点任务分工方案的通知》《国务院办公厅关于印发〈知识产权综合管理改革试点总体方案〉的通知》《国务院关于印发〈“十三五”国家知识产权保护和运用规划〉的通知》等文件，有力地推动知识产权事业取得突破性进展。2016 年 12 月 5 日，习近平总书记主持召开中央全面深化改革领导小组第三十次会议，强调“打通知识产权创造、运用、保护、管理、服务全链条，建立高效的知识产权综合管理体制，构建便民利民的知识产权公共服务体系”。然而，在知识产权相关法律法规执行上仍有不足。

（1）知识产权裁判标准不统一

2014 年以来，我国在知识产权专项审判方面取得了巨大成就，在保护知识产权特别是技术知识产权方面发挥了积极作用。但是，在技术知识产权案件管辖的范围内指定基层法院接受技术知识产权案件。大量指定一审法院，也使一审法院过于分散。一方面，一审法院的标准不统一；另一方面，几乎不可能建立统一的申诉机制。同时，这种过于分散的试验模式，以及由此产生的裁判标准的统一结果，也阻碍了技术创新成果的有力保护，难以适应创新驱动发展战略的需要。相应地，中国有必要改革技术知识产权审判模式，以满足创新驱动发展战略的需要。我国正在建设一个全新的知识产权法院系统专门从事知识产权案件审理，如专利、工厂的新品种、集成电路布局设计、技术秘密和计算机软件。针对知识产权法院体系的建设，李明德（2018）提出：在北京、上海和广州的三个知识产权法院的基础上，再增加三到五个知识产权法院；明确知识产权法庭是知识产权法院的派出机构；设立全国性的知识产权高级法院；专利复审司法机关应遵守相关规定；在专利侵权、植物新品种侵权和注册商标侵权的案件中，知识产权法院直接确定案件涉及的专利权和植物新种子权利是否有效，商标注册是否有效；知识产权法院的民事、行政和刑事案件由知识产权法院统一受理；知识产权法院系统中的初审法院既确定事实又依据法律，二审法院和再审法院只审查法律问题。

（2）没有真正做到“三审合一”

按照《全国人大常委会关于在北京、上海、广州设立知识产权法院的决定》，北京、上海、广州三个知识产权法院仅对一审技术知识产权民事和行政案件管辖，不包括一审技术知识产权刑事案件。其具体规定是：“知识产权法院管辖专利、植物新品种、集成电路布图设计、技术秘密等专业技术性较强的第一审知识产权民事和行政案件。”根据该规定，随后的知识产权法院，包括另外的知识产权法院和国家知识产权高等法院，只对技术知识产权的民事和行政案件拥有管辖权。显然，这种思路与广泛宣传的民事、行政和刑事案件中的三项知识产权审判不一致。

如果严重侵犯技术秘密和计算机软件的版权被排除在知识产权法院的制度之外，则由一般刑事法院管辖，并将在民事和刑事案件中采用旧的单独审判方式，不利于侵权和犯罪标准的统一。因此，在我国知识产权法院系统的构建中，对于侵犯技术秘密和计算机软件著作权的案件仍然是一个亟待解决的问题。

（3）知识产权行政执法依据不健全、侵权行为处罚较轻

知识产权的行政执法具有一般行政执法的一般特征，如法定、强制、程序和自由裁量权。中国已经建立了国际通行规则，适合中国国情和发展水平的知识产权法律制度、管理和执法体系。在《中华人民共和国专利法》《中华人民共和国商标法》《中华人民共和国著作权法》和其他法律中，除明确知识产权管理机构外，还赋予行政机关一定的行政权力，并有权对侵犯知识产权进行一定的处罚。以专利为例，根据现行《中华人民共和国专利法》第六十五条：“未经专利权人许可，实施其专利，即侵犯其专利权，引起纠纷的，由当事人

协商解决；不愿协商或者协商不成的，专利权人或者利害关系人可以向人民法院起诉，也可以请求管理专利工作的部门处理。管理专利工作的部门处理时，认定侵权行为成立的，可以责令侵权人立即停止侵权行为，当事人不服的，可以自收到处理通知之日起十五日内依照《中华人民共和国行政诉讼法》向人民法院起诉；侵权人期满不起诉又不停止侵权行为的，管理专利工作的部门可以申请人民法院强制执行。进行处理的管理专利工作的部门应当事人的请求，可以就侵犯专利权的赔偿数额进行调解；调解不成的，当事人可以依照《中华人民共和国民事诉讼法》向人民法院起诉。”除部门执法外，知识产权行政管理部门还以国家知识产权局等部门规章和部门规范性文件的形式，介绍了知识产权的行政执法方法和操作指南。“审判实施”进一步明确了专利行政执法的条件、程序和法律责任。目前知识产权行政执法的法律依据和执法权权限见表 8.1。

表 8.1　知识产权行政执法依据与权限（例举）

知识产权类型事项	专利权	商标权	著作权
执法依据	《中华人民共和国专利法》第六十五条、第六十八条、第六十九条；《专利行政执法办法》；《专利行政执法操作指南（试行）》等	《中华人民共和国商标法》第六十条、第六十一条、第六十二条	《中华人民共和国著作权法》第五十三条
执法主体	管理专利的部门	工商管理部门（商标权行政部门）	文化执法部门
执法内容	调处专利侵权纠纷查处假冒专利	主动 / 应请求查处商标侵权	侵犯著作权

续表

知识产权类型事项	专利权	商标权	著作权
执法措施与手段	询问、调查、检查、查阅、复制	询问、调查、检查、查阅、复制	《中华人民共和国著作权法》无相应规定
	查封、扣押（仅限假冒专利产品）	查封、扣押（侵犯商标权产品）	
执法权限	认定侵权行为是否成立	认定侵权行为是否成立	损害公共利益的，可责令停止侵权行为，没收违法所得、罚款；没收、销毁侵权产品及制作工具
	责令停止侵权行为	责令停止侵权行为	
	应请求调解赔偿数额	应请求调解赔偿数额	
	没收违法所得、罚款	没收违法所得、罚款	
	责令改正	没收、销毁侵权产品及制作工具	

从表 8.1 可以看出，目前中国知识产权行政执法存在法律不完善、违法处罚少等问题。第一，立法水平较低。中国的法律仅对知识产权行政执法做出了原则性规定，知识产权行政执法措施和执法程序分散在各种知识产权法、实施细则、部门规章中。地方知识产权管理机构缺乏统一的标准，知识产权行政执法主体不明确。第二，知识产权行政执法缺乏查处权。例如，对于专利侵权，专利行政机关只能做出“请求行政行为”和责令停止侵权的行政行为，不能积极调查和执行行政处罚。在实践中，由于没有健全、完整的知识产权责任追究制度和行政执法程序，行政执法机构的组织不够稳定。知识产权行政执法在一定程度上适应了现状，忽视了调查，缺乏有效的执法、手段和措施导致无法及时处理知识产权纠纷。第三，知识产权行政处罚缺乏应有的力度。法律规定的处罚数额较低，难以严厉惩治和制止侵权行为。

（4）行政权过多地介入知识产权制度

中国的知识产权立法具有“先法律实践，然后是相关法律理论研究”的特点。因此，知识产权制度建立初期的知识产权行政执法体系不存在重大争议。随着中国知识产权法律体系的不断丰富和完善，实践中行政执法对知识产权制度的介入显得过多、过强，其介入知识产权这一私权领域的执法行为导致行政权与司法权界限不清，行政权过强，以至于抑制了司法权的行使，违背了政府职能转变的根本目标，易引发行政机关的自利行为，降低诉讼效率、增加行政成本。

2. 科技型中小企业知识产权保护体系构建的不足

为了建设有中国特色的社会主义市场经济，中国的中小企业经历了几十年的从无到有、从弱到强的实践。在现代市场经济的发展中，中小企业发展到知识产权保护的关键时期。但实践中科技型中小企业自身保护的制度建设仍有很大的发展空间，中小企业在自身知识产权保护方面还有很长的路要走。中小企业知识产权保护意识还不够，尽管得到了政府部门的支持，中小企业逐渐意识到知识产权的重要性，但在具体实施过程中，对知识产权保护还没有完全了解。例如，如何在创新过程中保护企业自身利益和创新技术，以及专利申请后如何处理专利没有系统的侵权和侵权预防设计。科技型中小企业在这种知识产权保护意识薄弱的影响下，在知识产权保护制度建设方面存在严重缺陷。

（1）企业知识产权保护意识普遍不高

从国外大型跨国公司的发展轨迹来看，知识产权是企业规划的关键环节，是企业提高自身竞争力的集中体现，也是企业占领市场、赢得消费者信心的关键。

由于中国经济发展阶段的特点，主要表现在企业阶层和员工阶层缺乏知识和创新能力。在许多情况下，保护知识产权的发展不利于经济的发展。尤其是对我国现阶段而言，由于科技发展水平不高且处于发展中国家水平，过度打击知识产权侵权和盲目追求“西方式”高度保护知识产权可能反而不利于我国科技水平的提高和发展。但总的来说，中国知识产权保护的发展是顺应时代潮流发展的。作为企业的领导者，应该建立知识产权战略，知识产权应该是企业建设的关键部分。但是，一些企业的决策者和领导者并不完全了解知识产权在企业市场竞争中的地位和作用。他们对当前知识产权保护工作面临的严峻形势估计不足，他们更加关注有形资产，更加关注市场和市场规模，但对知识产权这类无形资产的关注并不足够。这是对缺乏知识产权意识和企业领导者思想的深刻反映。这些现象都反映出中国某些企业领导人缺乏知识产权保护意识，缺乏知识产权知识，不利用知识产权促进企业发展，在企业中没有建立尊重知识产权的氛围。对知识产权保护意识不足一方面可能会有意或无意地侵犯他人合法知识产权，另一方面则可能会对己方的知识产权保护没有充分重视，面对他人侵犯己方知识产权时无动于衷或束手无策。

（2）我国中小企业知识产权质量不高

根据统计，近年来我国企业申请的专利总量呈上升趋势，但专利质量不高。简单的数量并不表明我国企业的专利创新和保护已经达到了很高的水平。例如，2014 年，我国授予了 100.37 万项专利，但只有 1/5 是高质量专利。因此，我国中小企业的知识产权质量还有待提高，这是保护知识产权的重要前提。由于质量较低或质量较差的专利在略有改进后可被视为新专利，因此两者之间将存在竞争和侵权问题。而且越是创新性不高的技术越容易面临侵权或被侵权风险。

（3）科技型中小企业对知识产权的保护投入不够

科技型中小企业的利润增长点在技术和知识的生产与创新上，因此对知识产权生产和创新的重视程度普遍较高，但是很多企业只注重生产与创新而不注重保护，对保护知识产权所做的还远远不够。近年来，我国侵犯知识产权的案件很多，如中小企业侵犯知识产权案件较多。在这种情况下，我国许多企业尚未采取有效措施来应对。在知识产权侵权行为发生之前，科技型中小企业并未进行充分有效防止侵权的系统设计；在侵权案件中，中小企业往往不考虑如何保护权利和如何制止侵权，而是衡量知识产权保护的成本和效益，吝于付出成本投入知识产权保护中。所以，这造成很多企业并不会通过法律保护的方式维护自己的知识产权，无形中助长了知识产权侵权之风的盛行。

（4）企业知识产权管理人才匮乏

所谓的知识产权管理是规划、组织、协调和控制知识产权的活动和过程。知识产权管理是为了充分发挥知识产权在企业发展中的重要作用。特约管理者有必要通过各种方式组织、协调和利用企业的知识产权。在我国，许多中小企业的知识产权管理体系建设非常不健全，知识产权管理尚未被纳入企业日常管理。

对知识产权的保护需要有专门的人员进行管理，这样，就会有足够的时间来有效地分析、收集证据和保护知识产权。但在我国许多中小企业中，没有专门的人员进行管理，也没有办法找到并采取有效的措施解决侵权案件。

在技术和知识经济时代，管理和提供知识产权咨询服务非常重要。就目前的情况而言，专业知识产权代理与我国知识产权市场的需求存在较大差距。知识产权代理人和专业知识产权律师等专业人才寥寥无几，对我国企业知识产权战略的发展极为不利。随着中国知识产权法律制度的不断完善和中国企业对知识产权重要性认识的深化，我国迫切需要一批知识产权专业人才和管理人才来促进知识产权事业的顺利发展。知识产权保护工作的目的之一是让我们的企业真正拥有自己的知识产权团队和高知识产权意识，充分参与国际竞争，在国际竞争中获取优势，促进企业的发展壮大。

知识产权专门管理既可以通过企业内部设立独立的部门或岗位来实现，也可以通过委托独立的知识产权保护机构和组织来实现。而企业对知识产权保护投入的有限性，决定了企业在岗位设置和外部聘任上都不舍得投入，往往由行政部门的非专业人员对知识产权的保护进行兼职管理，造成管理效果不佳。

（5）企业知识产权管理制度不健全

许多企业还没有专门设立知识产权管理机构，个别企业建立了知识产权管理机构且也在履行管理职责。但从整个企业层面来看，基本缺乏必要的制度保障。这使得企业知识产权管理不能与企业的正常生产经营联系起来，发挥其积极作用，导致知识产权与生产关系严重脱节，许多企业面临着如何结合的问题。虽然有些企业拥有保护知识产权的制度，并建立了知识产权管理机构，但制度设计严重缺乏可操作性，缺乏必要的监督检查机制。这样，企业的科技成果不断增加，但专利申请相对较慢，许多核心技术和发明都没有受到知识产权的保护，从而失去了市场的竞争优势。当出现知识产权纠纷时，大多数企业采取外聘律师的方式来帮助解决，企业本身没有专门的部门和机构来解决相关问题，企业内部专业知识产权人员也很缺乏。另外，由于缺乏专业知识和专业人才，缺乏知识产权运作经验，包括抵押、评估和授权，无法合理利用其实际价值，以促进企业的快速发展。

（6）企业运用知识产权制度的能力和水平较低

与发达国家的知识产权制度相比，中国的知识产权起步较晚，知识产权的知识、应用和研究不是很深入。知识产权战略研究和制度建设刚刚起步，大多数企业无法充分有效地利用知识产权资源。虽然国家为推动知识产权的建设和完善做出了巨大努力，国家知识产权战略纲要已经实施多年，但从企业的角度来看，很多企业缺乏知识产权专业管理团队，知识产权保护工作不能有效开展。企业利用知识产权制度的能力和水平较低，且不能通过知识产权的形式促进自身发展，也无法在知识产权的竞争中获得领先优势。这直接导致中国企业生产的产品技术含量低，不能满足社会不断发展的需要。面对竞争，不少中国企业只能通过降低价格获得短时间的市场优势。这些优势的背后，是降低工人工资、“山寨”与“高模仿”产品，最终导致了恶性循环。这是我国企业、行业无法实现快速发展的根本原因，也是我国存在大量“短命”企业的重要原因。

（7）缺乏科技人才的培养和合理的绩效考核制度

在许多科技型中小企业中，不乏能够创造知识产品的人才，缺乏的往往是对人才的发现和保护：千里马常有而伯乐不常有，或者有伯乐但不会保护千里马。企业、事业单位人才培养机制不健全，人才短缺使企业难以满足知识产权保护工作和员工发展的需要。对科技人才的薪酬制度不考虑科技成果的效应，对知识产权保护人员缺乏相应的绩效考评制度，知识产权研发人员的工作积极性和知识产权保护人员的工作积极性没有得到充分的激发，这既不利于知识产权的产出也不利于知识产权的保护。

（8）职务发明人或设计人的奖励制度落实不力

企业自主创新的知识产权一般是由自己的员工开发的，属于服务发明的智力劳动的结果。员工创造性的发明反映了他们创造性的智力劳动。在这方面，企业应该给予员工固定工资以外的额外奖励。虽然科技型中小企业能给予发明人相应的奖励，但因为企业管理者的局限性，奖励制度的透明度和公平性仍然欠缺。例如，知识产权绩效评估与知识产权创造的数量和质量脱钩，知识产权创造的回报与其产生的价值和质量无关。发明人无法获得与其所创造的知识产权价值相匹配的报酬，很容易打击他们对知识产权创造的积极性，这可能导致工作成就的无义务和知识产权的丧失。因此，关于创造奖励的规定应该更加制度化和规范化。

（9）企业内部专利保密制度缺失

虽然专利制度的本质是通过开放式技术方案来交换专利权的法律保护，但企业内部的研发创新仍然存在保密要求。在企业的内部管理中，存在许多需要保密的事务，包括专利申请前的技术和技术文件、专利申请文件、企业的专利战略和企业的诉讼策略。除了公布的专利说明外，几乎所有的专利管理事务都需要保密。缺乏内部保密机制可能会使专利在开始时失去其新颖性并导致专利损失。

（10）处理纠纷能力不强

中国以中小技术为基础的中小企业往往将专利权视为法律问题。专利保护通常依赖于法律补救机制。当出现争议时，他们不会考虑从各种渠道中获得救济，甚至通过逃避来避免专利侵权。环顾发达国家，对专利纠纷均持积极态度，或双方协商或寻求行政部门进行救济甚至诉讼。与此相比，中国的中小型科技企业处理纠纷的方式略有消极和机械化。

（11）知识产权信息检索平台建设不足

科技型中小企业大多没有建立行之有效的专利信息应用平台，且缺乏专利检索等相关技术。随着科学技术的发展，计算机网络已成为企业不可或缺的工具。现代企业，特别是以技术为导向的中小企业，正在变得越来越以信息为基础。专利信息是科技企业信息的重要组成部分。专利信息的检索和分析在专利管理中至关重要。它是企业信息管理中最重要的部分，涉及企业专利管理的各个方面。利用信息平台，企业可以了解竞争对手的技术水平，跟踪最新的技术发展趋势，加快产品升级，防范专利风险。然而，在研发过程中，中国的科技型中小企业对信息平台的关注度不够，专利文献尚未得到充分利用。许多科技型中小企业的科研人员缺乏科技检索的意识，仅根据企业的经营需要就确定研发课题，很容易形成自主研发的技术已被他人申请了专利的情况，致使企业的研发毫无价值，造成研发资源的浪费。

以上科技型中小企业自身知识产权保护制度建设的不足都将影响企业自主研发知识产权的保护，企业自身应对这些不足应给予充分重视，积极采取措施补救和改进，以满足知识产权保护的需要。

8.2　加强科技型中小企业自主知识产权保护的方法

如前所述我国科技型中小企业知识产权保护面临的问题体现在外部和内部两个方面。

从企业外部来看，我国知识产权保护制度中存在一些较不合时宜的地方，如一些法律需要不断修改和完善。司法机关的执法和行政机关的效率低，知识产权保护的宏观环境有待进一步完善。同时，我们需要进一步完善知识产权制度，营造知识产权保护的法律环境，健全中介机构市场。由于我国知识产权中介机构不足，科技型中小企业在自身知识产权管理人才缺乏的情况下，无法从市场上购买专门的知识产权中介服务。

从企业内部来看，企业知识产权意识淡薄，企业知识产权管理制度不健全，许多企业未在多家企业内建立知识产权管理机构和管理制度。虽然有些企业拥有知识产权管理部门和相应的管理制度，但缺乏可操作性，没有监督检查制度。与发达国家相比，我国的知识产权起步晚于发达国家，知识产权的知识、应用和研究不是很深入，知识产权战略研究刚刚起步，大多数企业无法充分有效地利用知识产权资源。针对以上问题，笔者建议从国家及社会角度和企业自身角度出发来思考完善我国科技型中小企业知识产权保护。

8.2.1　国家及社会层面加强科技型中小企业自主知识产权保护

当前我国知识产权法律管理制度是一种单向管理模式，这种法律制度独立保护知识产权。随着中国经济的不断发展，对知识产权法律保护的需求更加迫切。这需要从国家层面构建统一完善的知识产权保护体系，这一完整体系的载体是知识产权法典。通过制定法律法规，推动知识产权法律地位的提升，建立独立法律部门和研究学科已成为促进知识产权国际化和现代化的重要因素。促进知识产权立法，建立统一的法律体系，建立符合国际标准的知识产权审计标准，将知识产权问题纳入国际知识产权体系的大系统是大势所趋。因此，我国可以按照国际标准制定统一的知识产权保护法，促进中国的知识产权立法和国际社会的发展，在此基础上加强国际合作与交流，推动中国知识产权事业的不断发展。在法典化思想的指导下，在立法、执法、司法和相关配套制度的建设上完善国家及社会对知识产权的保护制度。

1. 加强我国知识产权立法保护

当前的知识产权问题已成为制约现代社会发展的重要问题。我国的法律法规体系尚未形成，知识产权保护的法律法规分散程度较低，大部分属于行政法规，其力量和约束力受到很大限制。在中国的知识产权保护过程中，对侵犯知识产权的行为处罚是不够的，许多侵犯知识产权的行为都没有受到应有的惩罚。因此，知识产权的立法问题必须从知识产权制度、法律效力和侵权惩罚的角度出发，提高知识产权的立法水平，提高相关法律的权威性。同时，从系统化和编纂的角度出发，构建相互协调统一的知识产权保护法律规范，减少法律漏洞，防止一些侵权人从“法律漏洞”中获取非法利益。此外，在完善的法律制度下，通过完善的惩罚机制，加强对侵犯知识产权的处罚，从根本上消除知识产权侵权。

2. 改进行政执法和司法保护水平

我国的立法和司法活动还应在国际标准和国际义务的基础上加强知识产权国际化，促进国内司法环境的改善，适应国际惯例、相关申请、审查、注册和授权。中国知识产权保护的一个主要特征是行政保护。行政保护在保护知识产权方面发挥着重要作用。因此，我国必须加强行政机关职能的规范和协调。要建立有效的行政保护机制，加强对知识产权的惩罚，促进知识产权保护的发展。

司法保护是保护知识产权的最有效方式，要加强对知识产权的司法保护，提高司法人员的专业素质。

3. 改善知识产权法律环境

政府及其他机构组织要为企业的知识产权保护提供环境，鼓励建立和发展知识产权中介机构，提高知识产权人员的专业水平，构建知识产权保护环境，促进知识产权的经济和社会效益。建立有效利用机制，鼓励企业开展知识产权研发，重视知识产权信息化，从企业发展的角度研究知识产权问题，为知识产权的发展提供支持。一般来说，企业不能单独开发和改造专利技术。政府和其他机构可以为知识产权的发展提供优惠政策和资金支持。政府可以设立引导基金，引进先进技术和设备，建立金融抵押和转移机制。

8.2.2　企业内部加强自主知识产权保护

在科技型中小企业经营发展过程中，对自主知识产权的保护和对知识产权侵权行为的打击至关重要。国家、社会要不断加强对企业知识产权的保护，为科技型中小企业的发展营造良好的知识产权保护环境，企业自身应建立和完善知识产权保护制度，通过法律保护等有效的知识产权保护手段，保护企业的知识产权，促进企业健康发展。就企业自身知识产权保护制度而言，企业应从以下几方面进行完善。

1. 提高知识产权意识

科技型中小企业应具备知识产权保护意识，认识到知识产权保护是创新的动力，是企业生存和发展的基石。因此，企业管理者应不断强化知识产权保护意识，了解相关法律法规，把知识产权保护作为企业发展的总体战略目标之一，制定严格可行的知识产权保护战略，形成系统的管理模式，严厉打击侵权行为。

2. 加大投入力度

中小企业的知识产权保护不仅要体现在意识中，而且要加大自身投入。企业一方面要敢于通过法律手段处理侵权行为，不仅要考虑保护成本，而且要承认侵权行为可能对企业造成的长期损害；另一方面应鼓励员工反对侵权行为，并采取一定的奖励措施，让员工也能采取行动主动保护本企业的知识产权。

3. 提高技术创新能力

针对我国中小企业缺乏高质量的专利技术问题，政府部门和中小企业应加强对新专利的理解、统一协调和持续改进。一方面，要注重专利检验，完善新发明专利，及时修复漏洞，申请相关专利；另一方面，加强“产学研”结合，尽快将科研成果转化为实际生产力，提高产业转化效率。

4. 设置专门的知识产权管理部门

随着时代的发展，信息化管理模式、专业化和多元化已成为中小企业未来发展的重点。企业要充分认识到知识产权保护的重要性，在企业内部设立专门的管理部门，保护企业的知识产权，实行企业的相关保护制度，保护企业的利益。

5. 引导企业建立知识产权管理制度

引导企业建立知识产权管理体系，培养高素质的管理人才。技术型中小企业作为中国市场经济的重要组成部分，应加强知识产权的管理和保护，以知识产权的开发和运营为内容进行企业评估，保护企业的自主知识产权，提高科技发展水平和企业生产水平。此外，企业必须建立高素质的知识产权管理团队，增强知识产权管理能力。通过严格的监管，保护企业的合法权益，同时限制知识产权的滥用。对于广大企业而言，知识产权的法律保护是一把“双刃剑”，合理的保护将有助于企业有效利用知识产权，促进企业活动的更大发展。但如果保护不力，就会导致知识产权的滥用，影响企业的创新和发展，甚至破坏产业链的协调发展，制约企业的公平竞争，影响企业的秩序建设。

6. 落实发明人的奖励制度

虽然科技型中小企业在给予发明人奖励方面能遵守法律予以相应的奖励，但因为企业管理者的局限性，奖励制度的透明度和公平性仍然欠缺。企业内部应建立知识产权的绩效考核与专利发明的数量和质量挂钩、员工薪酬与发明数量和质量挂钩、员工薪酬与知识产权保护和预警相关的制度，鼓励员工积极参与知识产权创新，鼓励发现知识产权保护风险。应加强发明人的创新主动性，增强全体员工保护知识产权的积极性。

7. 完善企业内部保密制度

虽然知识产权制度中专利和商标制度的实质是交换专利权的法律保护与商标的法律保护，但在研发和创造过程中应该有保密的要求。对技术秘密等无须公开的技术更应做好保密措施。在企业的内部建立完善的保密管理制度，与员工签订保密协议，将员工奖惩制度与保密措施实施情况挂钩。

8. 建立有效的专利信息应用平台

建立企业专利信息应用平台或从有条件的企业购买相关的服务，检索最新的技术及趋势，根据市场需求和市场技术发展情况决定研发方向，谨防侵犯他人知识产权，并有效杜绝他人侵犯己方知识产权的可能性，避免因资源浪费和侵权而使企业利益受损。

8.2.3 企业自主知识产权侵权预防

企业预防侵犯他人知识产权与企业自主知识产权的保护同等重要。企业自主知识产权被侵犯所遭受的损失无疑将是严重的，尤其是对于科技型中小企业而言，知识产权是其经营的核心。科技型中小企业在知识产权研发、转化和应用阶段的保护应并行，企业时刻要警惕预防侵犯他人的知识产权，侵权后的赔偿责任以及对知识产权的限制将成为阻碍企业发展的桎梏。

创新是中小企业发展的核心要素。只有不断创新，实现产品的优化和更新，企业才能在市场上立于不败之地。中国市场经济发展的时间相对较短，可能会导致一些大企业或国外先进技术企业对我国中小企业发展产生一定的不利影响。因此，中小企业必须具备创新发展能力。近年来，我国经济保持平稳稳定发展，中国市场经济建设也取得了显著成效，企业间的良性发展和有序创新取得了长足发展。但是，取得这些成就后，我国中小企业知识产权保护问题逐渐凸显，存在一系列需要持续改进的方面。

科技型中小企业自主知识产权研发及使用过程中涉及可能侵犯他人知识产权的情形有如下几种：一是企业将自己研发的创新技术作为技术秘密，而该秘密其实已经被其他企业申请了专利，此时再使用该项技术就是一种侵权，而不论该技术是否是中小企业自行研发出来的；二是企业明知他人技术，并利用他人的专利技术进行经营谋利；三是企业在自己生产的商品上使用他人商标或使用他人专利号等行为；四是企业在经营中通过不正当竞争手段获取他人商业秘密和技术秘密，并利用该秘密进行经营等。以上多种表现均为企业侵犯他人知识产权的表现。当然经济生产实践中知识产权侵权类型表现得更为繁复，企业在保护自己知识产权的同时必须谨防侵犯他人权利。

为预防科技型中小企业知识产权研发和使用过程中侵犯其他企业的知识产权，企业在经营过程中应从以下几方面注意侵权预防。

1. 加强商标资产管理

（1）识别在用商标风险

目前，商标的使用没有零风险，一般企业在使用商标时都会面临侵权风险，即使在一个国家是零风险，在全球范围内也不可能是零风险。所以，企业必须确定哪些商标仍然存在风险，以确定商标的使用情况和未使用的商标状态。即使中小企业拥有巨大的商标注册申请量，商标资产管理人也应该知道主线是什么，如何判断商标的重要等级，如何使用每个商标，以及如何定位每个商标的风险等级。

（2）企业进行商标管理应注意的问题

商标管理中的关键问题需要注意。企业应该关注他们的商标清单是否可用。因为当企业规模较大或关联公司较多时，会存在某些商标不在总公司管理的情况，此时应该建立商标清单并放在企业数据库中，管理人员应间隔一段时间进行检查，看是否还有一些商品及服务没有注册商标，是不是还有一些类别需要补充注册商标，有没有他人在其他类别注册了企业的商标，这不仅对商标权质押顺畅与否起关键作用，对企业发展也至关重要。

（3）构建企业商标管理体系

商标是企业重要的无形资产，企业要不断提高商标意识，学习和理解我国商标法律法规的内容和规定，积极发展商标管理制度，全方位保护和管理商标。企业应设立专门的职能部门，对企业商标的管理和决策负全部责任；企业集体领导应充分重视商标工作，将商标战略纳入企业管理制度。目前，虽然许多企业加强了内部商标管理，但管理职能分散，责任不明确，管理不科学，应建立科学的内部商标管理制度。企业应建立和完善商标管理体系，即由多个商标及其活动组成的系统相互关联，相互作用。企业商标体系的形成应具备以下条件：

首先，企业具有强烈的商标意识，形成了商品和服务与商标有机结合的良好结构；拥有多个注册商标，如果只有两三个商标难以形成系统，但它们是相互关联的；每个商标都具有很强的整体实现“三个统一”的能力：业务标准行为与管理行为统一，商标声誉与企业声誉统一，商标优势行为和企业优势行为统一。

其次，企业商标行为标准科学，企业品牌声誉高，一个或多个商标具有较高的声誉，可为企业带来良好的经济效益。建立企业商标制度有利于促进商标工作的全面发展。

最后，企业应注意国外商标注册。近年来，许多企业已经实现了“走出去”，但有时企业的决策并不那么迅速，导致自身商标在国外被抢先注册。此时进行商标梳理迫在眉睫。

2. 专利等同技术特征认定中的抗辩

科技型中小企业在经营中需掌握专利权相关知识并运用有关知识来预防侵权，保护自己的合法权益。企业在被诉专利侵权时，可以运用专利无效、现有技术、禁止反悔原则等理由进行抗辩。

（1）专利无效抗辩

被控侵权人如果发现专利权人的专利权具有无效事由，则可以向专利复审委员会宣告申请该专利无效。无效宣告请求的理由有很多，诸如被授予专利权的主体不符合，它违反了国家法律的规定，没有可专利性。无效宣告请求可以针对整个专利，也可以仅针对其中的一部分。如果被告成功辩护并且专利被宣告无效，原告提出的专利权利要求就不存在，因为已经失去了主张权利的基础，并且没有权利诉讼的问题。

（2）现有技术抗辩

现有技术是公众所熟知的技术，可以由公众自由使用。现有技术本身的技术方案不能授予专利权。因此，现有技术本身也可以申请专利无效。虽然纠正专利错误授权最彻底的方法是专利无效宣告制度，但是专利权无效审查需要投入较大的成本，而且涉及专利有效性的问题时，诉讼程序会被中止。《中华人民共和国专利法》中现有技术的抗辩制度能够有效地避免无效宣告程序的弊端，只要被控侵权人能够举证证明其实施的技术方案是现有技术，法院就不会支持原告的诉讼请求。因此，现有技术抗辩制度还具有节省诉讼时间、减少当事人累诉的作用。科技型中小企业可以更多地利用该理由进行抗辩，以便捷快速地摆脱诉累，保护自己合法权益，恢复经营。

（3）禁止反悔原则抗辩

禁止反悔原则是一项技术特征，即阻止申请人放弃实质审查。是重新纳入其权利要求保护范围的一项原则，也是一项对等同侵权进行限制的理论。禁止反悔原则也被列为被控侵权者的辩护手段。禁止反悔通常用于修改专利申请。在专利审查过程中，审查员会要求申请人对权利要求书进行修改，申请人修改其权利要求书保护的范围之后，就不能因为他人的技术特征与其修改前的技术特征等同而主张侵权。

3. 商业秘密的保护

商业秘密（Trade Secrets）是指不被公众知晓的技术信息和管理信息，可为债权人带来经济利益。商业秘密是企业的财产权，与企业的竞争力有关，对企业的发展至关重要，其中一些甚至直接影响企业的生存。对任何一家企业而言，专利都是少数，商业秘密是多数，一个企业可能没有专利，但绝对会有商业秘密。对于商业秘密的保护，首先应识别商业秘密资产，并对其进行重要度分类，如绝密、机密、秘密或者 1 级、2 级、3 级等。分类的目的是找出最需要保护的商业秘密，使保护程度与商业秘密的重要度相吻合，平衡保护成本与保护效果。然后，对识别出来并进行分类的商业秘密，分析其泄漏风险。识别和分析泄漏风险的目的是采取有针对性的保护措施。最后，根据商业秘密泄露的风险，选择并实施适当的保护措施，以消除或减少泄密风险，从而达到保护商业秘密的目的。

商业秘密的保护措施很多，例如物理保护措施、网络保护措施、加密保护措施、人员保密措施、组织保密措施、流程保密措施、监控保密措施等，企业应根据商业秘密的重要度和面临的风险，选用适当的保密措施，避免出现保护不足或保护过度的情况。

8.3　知识产权保护的法律规制

企业的生存和健康发展离不开其所依存的法律环境。科技型中小企业的生存发展除了本身需要关注的企业主体法律制度、企业经营活动相关的法律制度之外，也应该十分重视其所处的知识产权法律环境。

8.3.1　知识产权保护的国际法律规制

随着国际贸易的发展，特别是技术贸易的增长，国际知识产权保护问题日益突出。

随着我国“一带一路”倡议的日益推进，我国融入世界贸易的程度越来越深入，我国科技型中小企业面临的来自世界范围的知识产权法律风险也越来越大，与我国加入世界知识产权组织和国际知识产权公约步调相一致，科技型中小企业也会受到这些公约的制约，因此，科技型中小企业应该认清自己所处的知识产权保护的国际环境。

由于经济发展水平不同，知识产权独立的特点，知识产权法律保护标准的制定存在冲突，如保护范围和保护期限，以及知识产权地域性的矛盾和国际贸易中知识产品的自由流动。因此，通过缔结“双边”“多边”协议或国际公约来保护知识产权，在所有国家建立统一的知识产权法律规范，是国际贸易发展的必然要求和内在需要。国际知识产权保护突破区域限制，可以降低整个贸易交流中知识产权实现和保护的成本，从而消除国际贸易中知识产权法的冲突，加强知识产权法律体系在全球范围的整合。

国际知识产权保护始于19世纪。国际社会保护知识产权的标准主要是通过国际知识产权条约确定的。这些国际标准由各成员国的国内法的遵守得到反映和保证。知识产权的国际保护作为知识产权制度的国际协调体系，以利益平衡理论为基础，体现了知识产权利益保护与维护公共利益之间的平衡。无论我国是否加入某个知识产权国际组织，是否缔结某个知识产权国际公约，我国的科技型中小企业在进行世界贸易、研发技术和使用技术的过程中都面临着与之相遇、受其制约的可能性。

1883年缔结的《保护工业产权巴黎公约》和1886年缔结的世界上第一部保护文学艺术作品的《保护文学和艺术作品伯尔尼公约》确立了知识产权保护的国际标准。《保护工业产权巴黎公约》主要是为协调所有知识产权领域，包括专利、实用新型、外观设计、商标、服务商标、商号、来源商标或原产地名称以及防止不正当竞争的国际保护。《保护文学和艺术作品伯尔尼公约》是为协调国际保护版权及其相邻权利。

从19世纪上半叶到20世纪上半叶，国际贸易受到两次世界大战影响的严重阻碍，知识产权国际保护体系也发展缓慢。直到20世纪60年代初，西方国家逐渐从战后的经济困境中恢复过来，世界经济和贸易进入了一个新的发展时期，知识产权的国际协调正在蓬勃发展。

《商标注册商品和服务国际分类的国际协定》（1957年）、《里斯本保护原产地名称和国际注册协定》（1958年）、《保护表演者、制片人和广播组织的罗马公约》（1961年）和其他国际知识产权保护公约已经相继签署。其中，它们的里程碑是世界知识产权组织（WIPO）的成立。这个政府间国际机构设立了“世界知识产权组织国际局”，以确保和通过各国之间及国际组织之间对《保护工业产权巴黎公约》和《保护文学和艺术作品伯尔尼公约》及其他国际条约的合作协调，促进全球知识产权保护。WIPO 非常重视发展中国家的知识产权保护，协助这些国家根据国际协调和具体国家现实制定和完善国内知识产权立法。

1994 年《与贸易有关的知识产权协议》（TRIPs）的缔结是保护国际知识产权的重要转折点。

WIPO 主持的知识产权保护国际协调，客观上促进了国际知识产权保护体系的发展。但是，它较少涉及知识产权执行程序的规定，缺乏争议解决机制，使知识产权得不到充分保障。与此同时，经济的快速发展使得 WIPO 的国际知识产权保护体系无法满足西方发达国家的需求。自 20 世纪 60 年代以来，跨国公司的快速增长导致了全球经济主导模式，主要体现在经济全球化和市场全球化。从这个时期开始，全球经济以惊人的速度和前所未有的规模围绕科技核心迅速发展，提出了加强知识产权保护和统一全球知识产权规则的客观要求。这要求科技型中小企业也必须关注知识产权的保护问题，以知识产权保护来助力企业的发展。

由于争端解决的开放性、可转让性和有效性，TRIPs 已成为提高美国和欧洲知识产权保护水平的舞台。美国和欧洲等发达国家认为，知识产权和贸易是相互关联的。在 TRIPs 的框架内，解决了知识产权问题，旨在消除一些国家未能将其知识产权保护制度提升到国际标准所造成的贸易扭曲。TRIPs 扩大了知识产权保护范围，延长了知识产权保护期限，加强了知识产权执法程序和保护措施。因此，现在科技型中小企业进行的科技创新面临的是一个既有挑战性又要严守法律底线的国际知识产权保护的法律环境，中小企业通过合法的手段进行的科学创新、生产的科技成果，只要采取规范的自我保护方式，基本都可以得到保护。科技型中小企业在生产和使用科技成果的同时也要注意关注他人的科技成果，以免侵害到他人的知识产权，承担相应的法律后果。

8.3.2　知识产权保护的国内法律规制

1. 我国知识产权保护立法的现状

随着全球经济一体化的发展，越来越多的国家通过缔结国际条约实现了法律的全球化。1980 年，中国签订了《世界知识产权组织公约》，加入了 WTO；1985 年中国加入了《保护工业产权巴黎公约》；2001 年，中国签订 TRIPs，加入 WTO。这是中国加入的两个与知识产权国际保护有关的最重要的国际组织和缔结的最重要公约。中国加入知识产权国际公约情况见表 8.2。

表 8.2　中国加入知识产权国际公约情况一览

条约名称	加入时间
《成立世界知识产权组织公约》	1980 年 6 月 3 日
《保护工业产权巴黎公约》	1985 年 3 月 19 日
《关于集成电路知识产权条约》	1989 年 5 月 26 日
《商标国际注册马德里协定》	1989 年 10 月 4 日
《保护文学和艺术作品伯尔尼公约》	1992 年 10 月 15 日
《世界版权公约》	1992 年 10 月 30 日
《保护音像制作者防止非法复制公约》	1993 年 4 月 30 日
《专利合作条约》	1994 年 1 月 1 日

续表

条约名称	加入时间
《商标注册用商品和服务国际分类尼斯协定》	1994 年 8 月 9 日
《国际承认用于专利程序微生物保存布达佩斯条约》	1995 年 7 月 1 日
《建立工业品外观设计国际分类洛伽诺协定》	1996 年 9 月 19 日
《国际专利分类斯特拉斯堡协定》	1997 年 6 月 19 日
《国际植物新品种保护公约》	1999 年 4 月 23 日
《与贸易有关的知识产权协定》	2001 年 12 月 11 日

为了与国际组织和国际公约保持一致，兑现我国加入各组织和公约的承诺，我国立法也随之进行了相应的修改。目前涉及我国科技型中小企业的知识产权权利类型主要有专利权、商标权、著作权和技术秘密，我国对于这些权利的保护规定基本实现了与国际的接轨。

1984 年，《中华人民共和国专利法》颁布，实施了专利权司法保护和行政保护双轨制，并在随后的修订中予以保留并进一步确认。

专利权的行政保护主要是专利当局和海关的责任，专利权的司法保护是人民法院的责任。现行《中华人民共和国专利法》经 1992 年、2000 年、2008 年、2020 年四次修订，现 82 条。国务院《中华人民共和国专利法实施细则》于 2001 年颁布，2002 年、2010 年两次修订，现 123 条。

我国现在商标保护的主要法律为《中华人民共和国商标法》，于 1982 年颁布，经 1993 年、2001 年、2013 年、2019 年四次修订，现 73 条；《中华人民共和国商标法实施条例》于 1983 年颁布，经 2002 年、2014 年修订，现 98 条。商标保护也采取双轨制，一是对国家工商行政管理部门或者公安经济调查部门管辖范围内的假冒注册商标和商标侵权案件进行查处；二是举报违法商标的犯罪行为，或者由企业和个人向两个电力部门使用相关商标的权利。

我国现行著作权保护和技术秘密保护采取的是司法保护，行政机关对著作权和技术秘密不主动提起保护。规范著作权保护的主要法律是《中华人民共和国著作权法》，于1990年颁布，经2001年、2010年、2020年三次修订，现67条，《中华人民共和国著作权法实施条例》，于2002年制定，经2011年、2013修订，现38条。规范技术秘密保护的主要法律是《中华人民共和国反不正当竞争法》（于1993年颁布，2017年修订）。

除此之外，还有《中华人民共和国知识产权海关保护条例》（2018年修订）、《集成电路布图设计保护条例》（2001年）、《计算机软件保护条例》（2013年修订）等相关法律对企业的知识产权予以保护。截止到2017年底，最高人民法院共发布36件知识产权司法解释，丰富了知识产权法律制度体系，并确保了知识产权相关法律的有效实施。此外，在最高人民法院发布的92件指导性案例中，有20个案例与知识产权相关，在促进裁判尺度统一方面发挥了重要作用。2018年2月中共中央办公厅、国务院办公厅印发了《关于加强知识产权审判领域改革创新若干问题的意见》，是首个专门面向知识产权审判领域的里程碑式的纲领性文件。该文件以完善知识产权诉讼制度为基础，以加强知识产权法院体系建设为重点，以加强知识产权审判队伍建设为保障，着力破解、影响和制约知识产权司法保护的全局性、体制性和根本性问题，确立了新时代人民法院知识产权审判工作的指导思想、基本原则、改革目标和重点措施，对于全面加快我国知识产权审判体系和审判能力现代化进程具有重大而深远的意义。

2. 我国知识产权保护的司法现状

与我国法律的不断完善相对应，我国知识产权司法保护案件数量也越来越多，这也从另一个侧面反映出知识产权在企业经营中的重要性和企业对加强知识产权保护的认知和应用能力。随着知识产权司法保护工作机制的进一步完善和修订后的《中华人民共和国民事诉讼法》的实施，最高人民法院知识产权法院受理的知识产权案件不断增加。最高人民法院对知识产权判决和业务指导职能的监督是有效的。

2016 年全国法院审理各类知识产权一审案件情况统计见表 8.3。

表 8.3　2016 年全国法院审理各类知识产权一审案件情况统计

单位：件

	收案	结案
刑　事	8 352	8 601
民　事	136 534	131 813
行　政	7 186	6 250
合　计	152 072	146 664

资料来源：最高人民法院公报 [R]. 2017（4）：13-15.

全国法院新收各类知识产权一审案件从 2013 年的 100 800 件持续上升到 2017 年的 213 480 件，案件总量翻了一番，年均增速超过 20%。

2015 年 1 月 1 日至 2016 年 12 月 31 日，全国知识产权侵权案件审结量排名前三的地区是广东、北京和浙江。在知识产权侵权案件中，从案由分布看，知识产权侵权案件中著作权侵权、商标权侵权和专利权侵权的民事一审审结案件量占比分别为 50.20%、34.17% 和 15.63%。从当事人类型上看，原告、被告均以法人为主。其中，法人占全部原告的 87.32%，占全部被告的 74.76%。见图 8.1 所示。

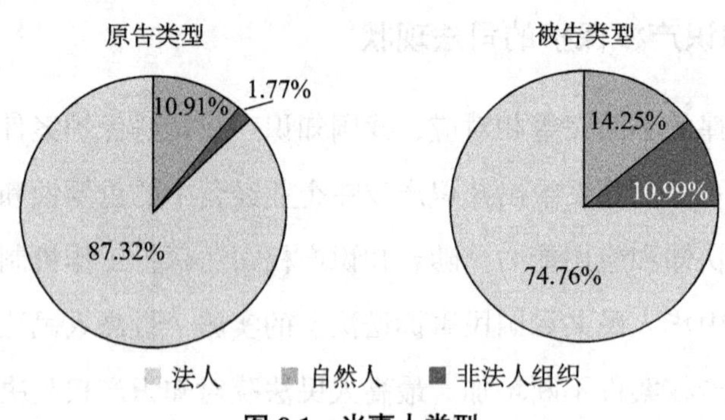

图 8.1 当事人类型

资料来源：《司法大数据专题报告——知识产权侵权》。

从被告单位的性质看，被告中占 81.88% 的为有限责任公司，个体经营者占 9.62%，事业单位占 4.04%，其他占 4.04%。从被告的身份看，被告中占 80.74% 自然人身份为私营企业主、个体劳动者，农民占 6.34%，其他占 12.92%。在知识产权侵权涉外案件中，涉及国家多达 28 个。其中，美国、法国和德国涉案量最多。

2017 年最高人民法院共审结各类知识产权案件 910 件，在审结的 808 件申请再审案件中，行政申请再审案件 366 件，民事申请再审案件 442 件；裁定驳回再审申请 615 件，裁定提审 98 件，裁定指令再审 66 件，裁定撤诉 22 件，以其他方式处理 7 件。

在知识产权保护意识不断增强和保护力度不断加大的国际法律环境中，我国科技型中小企业要做好应对这些法律并充分利用它们的准备，积极发挥创新精神和创造能力研发知识产品与新技术，以此促进企业的发展。

第9章 科技型中小企业知识产权法律保护案例及管理启示

9.1 侵害商标权及不正当竞争案例分析

9.1.1 “乔丹”系列商标案例分析

自2012年以来，美国篮球明星迈克尔·杰弗里·乔丹和国家工商总局、国家工商总局商标评审委员会、中国乔丹体育股份有限公司，因“乔丹”这个名称而进行了持续的法律纠纷。2016年12月8日，经最高人民法院审判委员会讨论决定，判决认为：① 关于涉及“乔丹”商标的三起案件，（2016年）最高法行再15号、26号和27号有争议商标的注册损害了重审申请人对“乔旦”的先前名称权利。不符合2001年修订的《中华人民共和国商标法》第三十一条有关“申请商标注册不得损害他人现有的在先权利”的规定，撤销商标评审委员会撤销的判决，一审判决和二审判决，商标评审委员会对争议商标作出裁决。② 关于涉及拼音“QIAODAN”的（2016）最高法行再20号、29号、30号、31号四件案件，以及涉及拼音“qiaodan”与图形组合商标的（2016）最高法行再25号、28号、32号三件案件，共计七件案件，因再审申请人对拼音“QIAODAN”“qiaodan”不享有姓名权，争议商标的注册未损害再审申请人的在先姓名权。争议商标也不属于商标法第十条第一款第（八）项规定“有害于社会主义道德风尚或者有其他不良影响”，以及第四十一条第一款规定“以欺骗手段或者其他不正当手段取得注册”的情形，故判决维持二审判决，驳回再审申请人的再审申请。

根据法律规定，最高人民法院对“乔丹”商标纠纷进行一系列行政纠纷的判决，维护中外合法权益，进一步树立了负责任的大国形象。体现了我国对知识产权司法保护的重视。在判决中，最高人民法院强调了诚实信用原则对商标申请登记标准化的重要性。对商标注册和使用环境的净化，保护了消费者合法权益,对弘扬社会主义核心价值观的实践具有积极意义。最高人民法院对《中华人民共和国商标法》中适用于保护名字权利的法律规定对此类案件的裁判标准产生重要影响。

历时多年的“乔丹”系列商标案经最高人民法院再审判决，其中涉及体育明星乔丹的姓名权保护范围成为各界关注的焦点。现行《中华人民共和国商标法》第三十二条规定的在先权利，包括《中华人民共和国商标法》虽无特别规定但依据其他法律的规定应予保护，并且在争议商标申请日之前已由民事主体依法享有的民事权利或者民事权益。因此，姓名权属于现行《中华人民共和国商标法》第三十二条中的在先权利。自然人根据该条主张姓名权保护时，该相关公众应了解具体名称，以指称自然人并与自然人建立稳定的关系（但不建立独特的对应关系）。同时，自然人有权就其并未主动使用的特定名称获得姓名权的保护。

1. 注册商标侵犯自然人姓名权的相关法律法规

“乔丹”系列商标行政案的法院裁判遵循司法实践中惯用的“唯一对应关系”标准。2017 年 3 月 1 日施行的《最高人民法院关于审理商标授权确权行政案件若干问题的规定》第二十条规定：如果相关公众认为该商标标志指代了该自然人，容易认为标记有该商标的商品系经过该自然人许可或者与该自然人存在特定联系的，人民法院应当认定该商标损害了该自然人的姓名权。当事人以特定名称主张姓名权，该特定名称具有一定的知名度，与该自然人建立了稳定的联系，相关公众以其指代该自然人的，人民法院予以支持。可以看出，判定注册商标侵犯自然人姓名权的要件有：一是该商标标识造成了公众的误认；二是姓名标识有知名度且与自然人形成稳定联系。《最高人民法院关于审理商标授权确权行政案件若干问题的规定》明确提出了以上两种判断姓名侵权的要件。

2017 年 1 月国家工商总局公布新修订《商标审查及审理标准》规定，姓名权保护应当满足以下适用条件：① 在相关公众的认知中，系争商标文字指向该姓名权人；② 系争商标的注册给他人姓名权可能造成损害。对他人的姓名保护包括本名、笔名、艺名、别名等。认定系争商标损害他人姓名权，应当以相关公众容易将系争商标在其注册使用的商品上指向姓名权人或者与姓名权人建立对应联系为前提，既包括系争商标与他人姓名完全相同，也包括虽然系争商标与他人姓名在文字构成上有所不同，但反映了他人的主要姓名特征，在相关公众的认知中指向该姓名权人。未经许可使用公众人物的姓名申请注册商标的，或者明知为他人的姓名，却基于损害他人利益的目的申请注册商标的，应当认定为对他人姓名权的损害。

2. 学者们不同的观点和看法

对于“乔丹”商标系列案判决结果学者们也有不同的看法和观点。

有学者认为,《中华人民共和国商标法》第三十二条所谓在先权利，指被保护的民事权利、民事权益在商标注册之日前已由民事主体依法享有，应予保护。最高人民法院（2016）最高法行再27号行政判决书过于概括、抽象，失之于偏颇，未能整体把握民法各项制度及规则。判决书坚持的“稳定对应关系说”存在着缺点。国家工商总局商标评审委员会所主张的“唯一对应关系说”，在重名、笔名、译名、艺名并存的情况下，难以用于判断某特定姓名与某特定主体之间有无对应关系。构成侵害姓名权的要件之一是姓名权人积极地使用其姓名，不使用姓名，致使他人难以知晓该姓名权的存在，却责令他人承担侵害姓名权的法律责任，不利于经营活动的正常开展。

有学者认为，在判断外国人能否就其外文姓名的部分中文译名主张姓名权保护时，需要考虑我国相关公众对外国人的称谓习惯。申请注册争议商标时是否存在主观恶意，是认定争议商标的注册是否损害他人在先姓名权的重要考量因素。擅自将他人享有在先姓名权的姓名注册为商标，容易导致相关公众误认为标记有该商标的商品或者服务与该自然人存在代言、许可等特定联系的，该商标的注册就应被认定为损害他人的在先姓名权。即使注册人经过多年的经营、宣传和使用，使争议商标在特定商品类别上具有较高知名度，相关公众能够认识到标记有争议商标的商品来源于注册人，也不足以否认申请注册商标的行为侵害自然人的在先姓名权。

有学者结合我国现行法律及其司法解释，根据姓名权保护各案型所侵害利益之不同，分为以下四类：侵害姓名权之经济利益，侵害名誉权，侵害公共利益并造成不良影响的，以及具有欺骗性的。

有学者认为，判定某商业性使用构成姓名侵权，须以认定该使用构成公众“误认”为前提。“混淆可能性”是判定构成“误认”的主要考量因素；“利益平衡”的测试法是确定体育明星姓名权保护边界的重要工具。

有学者认为，“乔丹”商标案再审判决及《最高人民法院关于审理商标授权确权行政案件若干问题的规定》明确了姓名权可以成为商标法中的在先权利，但却是以保护姓名权为名，行保护姓名的商品化权益之实。此种名不符实的状况必然导致一系列法律适用问题，需要根据现有立法格局和客观实际，进一步厘清商标法上的在先权利、民法上的姓名权和反不正当竞争法上的商品化权益的相互关系。姓名权与姓名的商品化权益虽均以姓名为客体，但在性质上属于不同的民事权益，有着不同的保护路径和条件，现行法律也将其纳入不同的保护序列，故应将其区别对待并使其各得其所，将姓名的商品化权益作为一种独立的民事利益。姓名在商标上的使用构成功能与目的的转换性使用，即由人格到商业标志的转换，应将由此产生的在先权益定性为商业标志性的商品化权益，而不适宜将其归入姓名权。姓名的商品化权益既要遵循财产权保护的法律逻辑，又要注重政策考量。商品化权益保护与各国经济、社会、文化和法律传统息息相关，我国的商品化权益保护不能简单借鉴国外相关经验以及仅从概念出发，而是须符合国情、立法状况和实际需求。

3. 本案对科技型中小企业知识产权保护的启示

科技型中小企业发展过程中，应树立品牌意识，并注意从萌芽阶段就培养和维护自己的商标权。在选择和注册商标时，万不可有“搭便车”的投机心理和免受处罚的侥幸心理，申请注册并使用与国内外名人的本名、艺名、笔名、译名等相同或近似的商标固然可以短期内获得大量关注，引起大众兴趣，但从长期而言是一种损人不利己的行为。这种行为既损害了他人与姓名有关的权益，对商标权人而言，也会导致被追索并承担巨额赔偿，此种投机行为所产生的短期利益与其要承担的责任相比得不偿失。老老实实脚踏实地经营，避免他人在先权利的雷区，是科技型中小企业从本案中可以得到的在品牌培养和维护方面的重要启示。

9.1.2 商标权与企业名称权冲突案例分析

商标和商业名称是商业标志。前者用于区分不同来源的商品或服务，后者用于区分不同的市场参与者。作为两项重要的民事权利，企业名称权和商标权之于企业和产品犹如姓名权和名誉权之于个人，其重要意义不言而喻。

从管理方式来看，我国负责登记企业名称的各级机关，对企业的名称是否与其他企业商标相同或相似并不做检查。而企业名称的核心是其中的字号。企业名称权与商标权的纠纷实质是企业名称中的字号与商标名称的纠纷。两者都是市场主体在商业活动中用于区分其身份或其商品服务的标志。由于企业名称未做商标注册，在确认过程中没有公示和异议程序，因此如果企业名称与在先注册商标存在相同或相似的现象，而它们在识别性的功能上又具有相似性，这就导致在实践中企业名称权和商标权冲突层出不穷。

1. 基本案情

在康成投资（中国）有限公司（以下简称“康成公司”）与吴江大润发超

市有限责任公司（以下简称“吴江大润发公司”）、李某某、汪某某侵害商标权与不正当竞争纠纷案中，康成公司系“大潤發”“大润发”“ ”等注册商标的权利人，其主张吴江大润发公司恶意使用与康成公司商标文字内容相同的企业名称，甚至以开设分支机构或授权个体企业主以类似方式使用企业名称，并在门店中使用与康成公司旗下门店风格一致的装修，加剧了侵权后果。吴江大润发公司及加盟商在实际经营过程中，还使用与康成公司注册商标相同或类似的商标，构成商标侵权及不正当竞争。本案中“大潤發”“大润发”“ ”是否为需要认定为驰名商标存在争议，根据《最高人民法院关于审理涉及驰名商标保护的民事纠纷案件应用法律若干问题的解释》第二条第二款规定，以企业名称与其驰名商标相同或者近似为由，提起的侵犯商标权或者不正当竞争民事纠纷案件中，当事人以商标驰名作为事实根据，人民法院根据案件具体情况，认为确有必要的，对所涉商标是否驰名作出认定。依据上述法律规定，在司法实践中，对于涉及驰名商标与企业名称冲突的民事纠纷案件，如果企业名称的使用侵犯了驰名商标的显著性特征，致使驰名商标的市场声誉贬值，或者不合理使用驰名商标而影响其市场声誉，在这种情形下，才有认定侵犯驰名商标的必要。因该案涉及企业名称与商标的冲突，且被诉企业使用的名称有可能使相关公众对超市服务的来源产生误认，认为吴江大润发公司及其加盟商与康成公司具有许可使用、关联企业等特定联系，从而可能贬损或不正当利用涉案商标的市场声誉等，所以法院认为有必要认定“大润发”商标为驰名商标并予以扩大保护。

另外康成公司于 1999 年 6 月 14 日获准注册了第 1284783 号“大潤發”商标，但康成公司一直到 2005 年才在吴江开设超市，且一开始使用的店名为“百润发”，2007 年之后才改名为“大润发”，而吴江大润发公司成立于 2000 年

9月25日，且吴江大润发公司在原来的经营过程中也受到过表彰、获得了一些荣誉，为当地的经济发展和老百姓的生活作出一定的贡献，经过10年左右的共存经历，当地的相关公众在吴江大润发公司现有的经营门店范围规范使用其企业名称的情况下，应当可以区分康成公司与吴江大润发公司以及他们提供的服务，吴江大润发公司固有的生存空间应予保留。法院对康成公司请求判令吴江大润发公司停止使用企业名称的诉讼请求未予支持。

2. 判决要旨

对于非因历史原因造成的注册商标与企业字号之间的权利冲突，如果被告利用其企业字号与他人高知名度注册商标文字相同的便利条件，在不具备其他特许经营资源的情况下，超出其本身知名度影响范围许可加盟商使用其企业名称开展经营活动，攀附他人高知名度注册商标商誉，足以使相关公众产生误认，违反诚实信用原则和公认的商业道德，即应认定上述使用方式超出了企业名称合理使用的范围，构成不正当竞争行为，加盟商应当变更企业名称。同时考虑到被告如果再开设新的分公司或加盟店也极有可能造成相关公众误认，故被告不得再开设新的分公司或加盟店。

3. 本案对科技型中小企业知识产权保护的启示

科技型中小企业在企业品牌维护过程中既要关注企业自主研发培育的商标权，同时也要关注其注册登记的企业名号。首先，在企业设立之初企业名号的选择要具有独特性和独立性，尽量区别于在先的企业名号以及他人在先的注册商标，谨慎选择企业名号的目的不仅是为了预防侵犯他人商标权、避免不正当竞争，更重要的是要为企业名号的发展留出足够的空间，避免其他企业在先的商标提前发展挤压了科技型中小企业名号、规模等的发展空间。其次，企业在经营过程中，注意定期检索关注其他企业的注册商标及企业名号，发现有与本企业的名号相同或类似的商标及企业名号，则应重点关注，以避免被有意无意地“搭便车”或抢商号、抢市场。既不主动攀附他人高知名度注册商标商誉，又关注自己的商号商誉，坚守经营底线，遵循诚实信用原则和公认的商业道德，是企业制胜的根本。

9.2　专利纠纷案例分析

9.2.1　共享单车涉案专利无效案例分析

专利无效系统是根据授权专利确定专利权的有效性及其保护范围的程序。实践证明，它不仅仅是专利效果的消极程序，而是具有多种功能的系统。无论是作为专利侵权纠纷程序的违法者还是防御方，都必须充分注意无效宣告程序对专利侵权纠纷程序的影响，以便规划合理的保护权利或者回应诉讼的策略。知识产权保护的强度也是资本和数量强度的体现，知识产权保护一直是国家层面从未被忽视的话题。在党的十九大报告中，我们提出倡导创新文化，加强知识产权的创造、保护和应用。企业在经营过程中应积极响应国家号召，充分利用我国现有法律制度，利用专利法中的专利无效宣告制度，维护自己的合法知识产权。

1. 摩拜单车以宣告专利无效应对被诉侵权

摩拜单车、ofo 小黄车以及永安行等多家自共享单车在内的众多市场参与者均卷入不少专利侵权纠纷之中。其中，摩拜单车先后在上海、北京两地被至少三家单位或个人起诉专利侵权，累计索赔金额接近 5000 万元。

作为共享经济的开创者之一，摩拜单车依托物联网智能电子锁实现与后台数据实时交换，摆脱了传统停车桩束缚，并解决了系统设备复杂、租借不便等问题，在大大提升用户体验的同时，快速占领了市场。正是这一无桩停车的核心技术在过去一年中引发了一起关注度很高的专利纠纷。2017 年 3 月，深圳呤云科技有限公司（以下简称“呤云科技”）分别向北京市知识产权局和北京知识产权法院提出专利侵权纠纷处理请求，认为北京摩拜科技有限公司（以下简称“摩拜公司”）的产品摩拜单车涉嫌侵权，涉案专利名称为“互联网门禁临时用户授权装置和方法”（专利号：ZL201310630670.7）。随后，摩拜公司以涉案专利不具备创造性等为由，向国家知识产权局专利复审委员会（以下简称“专利复审委员会”）提起了专利权无效宣告请求。2017 年 12 月，专利复审委员会作出第 34304 号无效宣告请求审查决定书，宣告涉案专利权全部无效。

2. 专利纠纷起因

涉案专利权人呤云科技是一家主要提供智能门禁系统解决方案的公司，通过将移动互联网技术与楼宇安防系统相结合，开发出移动通信终端上的应用程序来实现开启门禁、提供物业服务、资讯推送等功能，相应的 App 产品名叫“令令开门”。据了解，呤云科技目前已提交了 10 多件专利申请，其中 4 件涉及门禁系统、方法与装置等。呤云科技于 2017 年 3 月 7 日向北京市知识产权局提起了专利侵权行政救济，同时向北京知识产权法院提起专利侵权诉讼，请求判令摩拜公司停止侵权，并赔偿损失 130 万元。摩拜公司成立于 2015 年 1 月，以提供智能共享单车服务为主营业务。摩拜单车的智能锁具备精准定位和快速扫码响应开锁的功能，通过移动应用程序，用户可以随时随地找到并使用附近的自行车。骑行到目的地后，就近停放在路边合适的区域，关锁同时实现电子付费结算。2017 年 3 月 23 日，在收到相关起诉文书后不久，摩拜公司向专利复审委员会提出针对 3 件发明专利的 4 项无效宣告请求，其中包括对涉案专利的无效宣告请求。涉案专利权人均为呤云科技，摩拜此举意在反击呤云科技，釜底抽薪，破解相关诉讼的权利基础。呤云科技拥有的涉案专利涉及互联网门禁系统中针对用户的开锁权限进行设定的相关技术。该技术能够直接对开锁用户的身份进行验证并进行授权，属于远程开锁技术领域中的基础技术，在多个技术领域均有应用，不仅是摩拜单车智能锁绕不开的底层技术，更是物联网中物物联接、物物识别认证的关键技术，楼宇门禁、智能家居等行业也都离不开这一专利技术的支撑。一旦确认摩拜公司的侵权行为成立，所有的共享单车都将面临无法继续使用的困境，这对于摩拜公司和共享单车使用者都有很大的影响。专利审查委员会收到无效申报请求后，成立了 5 个党组进行公开听证，小组成员由相关技术专家和法律专家组成。经过审理，合议组于 2017 年 12 月 20 日宣告涉案专利权全部无效。另外，两件同期提交的无效宣告请求的涉案专利，也在随后被宣告无效。根据公开资料显示，呤云科技于 2017 年 12 月底撤回了在北京知识产权法院提起的专利侵权诉讼请求。

3. 涉案专利无效成因

《中华人民共和国专利法实施细则》第六十五条第一款：依照专利法第四十八条的规定，请求宣告专利权无效或者部分无效的，应当向专利复审委员会提交专利权无效宣告请求书和有关文件一式两份，说明所依据的事实和理由。摩拜公司在无效宣告请求书中提出了众多无效理由，包括涉案专利权利要求不清楚、修改超范围、缺乏创造性等，涉及多份国内外的专利文献、外文书籍。在审理中，双方主要围绕创造性和域外证据真实性展开了激烈的争辩。合议组根据我国专利法相关规定，对案件的争议焦点进行了客观判定，在证据真实性的认定、创造性的判定依据方面对相关领域的案件具有一定的借鉴和指导意义。对于域外证据真实性的认定，合议组成员表示，域外证据真实性的认定是多方面综合考量的结果。"公证认证既不是域外证据真实性判断的充分条件也不是必要条件。当面对原件与复印件存在差异时，需要根据差异的种类、原因，对论证证据的真伪进行判断。作为证据的举证一方，法律明确规定其负有证明证据真实性的基本义务。可见，对于证据真实性的举证方式其实并没有限制，包括公证机关出具证明文件，从互联网等公开渠道获得的证明材料，用其他出版物来佐证证据本身的真实性等，任何可以证明真实性的证明材料都可以提交和使用。"该案合议组相关人员表示。就创造性判断而言，合议组认为当发明与现有技术使用了不同的措辞对技术进行描述时，应当从技术方案的整体设计思路和原理出发，综合判断两者解决的技术问题、采用的技术手段和达到的技术效果是否相同，而不能仅从字面的描述来比较两个技术方案；在技术启示的判定中，应当从本领域普通技术人员的站位出发，衡量同一技术手段在技术领域的应用上是否有相同之处，是否容易想到将此技术手段应用到现有技术中，再评估是否取得了预料不到的技术效果。

4. 案例意义

涉案专利主要涉及用户解锁权限的因特网访问控制系统中的相关技术可

以直接验证和授权请求许可用户的身份。属于远程开锁技术领域中的核心技术，这是所有共享单车企业的技术中都会涉及的技术点，业内企业对该案关注度很高，社会影响力很大。该案涉及专利权利要求不清楚、修改超范围、缺乏创造性等多个无效理由，在证据中涉及外文教科书、国内馆藏图书、专利文献等多种证据形式，审查决定中对于何种证据属于域外证据、域外证据的公信力、效力高低的判断标准、是否需要公证认证手续等证据质证环节中双方争论比较激烈之处进行了详尽的阐述，明确了相关法律法规和无效案件审查过程中的适用标准，对以后无效案件审理过程中的相同问题起到了一定的指导作用。

值得一提的是，同样是面对专利侵权诉讼，永安行因筹划 IPO，略显畏首畏尾，在与专利权人简单交手之后，主动与后者达成专利许可合作。

而摩拜单车因暂无上市压力，针对每次专利诉讼都积极应对，并取得了较为乐观的结果，虽被多家单位或个人起诉，但暂时还没有败诉记录，没有为任何起诉其侵权的专利“花冤枉钱”。摩拜单车应对专利诉讼的策略和能力，值得其他同时期创业者学习和效仿的。

《中华人民共和国专利法》第一条规定：“为了保护专利权人的合法权益，鼓励发明创造，推动发明创造的应用，提高创新能力，促进科学技术进步和经济社会发展，制定本法。”保护专利权人的合法权益是专利法的核心，也是实现本条规定的其他四个目的的基础。但专利制度不仅要充分维护专利人的合法权益，还要充分考虑到公众的合法利益，并在两者之间实现合理的平衡。涉案专利“互联网门禁临时用户授权装置和方法”的核心构思在于如何让临时用户通过授权令牌从授权装置中获得开门权限。这一构思可以在多个场景中应用。比如，酒店的住客通过酒店预授权的门卡打开房门，小区里的访客通过小区业主发送的授权验证打开小区大门，家里的保姆通过授权打开智能家居家电。同理，这个构思也运用在了共享单车上，租车的用户通过后台发送的授权码打开自行车。可以看出涉案专利应用广泛，换言之，则是专利权利要求的保护范围大，以上所提的这些场景技术的应用都可能落入涉案专利权利要求保护范围之中。专利权的本质是给发明人做出的贡献一个权利的独占，这个权利与其技术贡献是相当的，一旦超出了这个技术贡献的范围，权利往往是不稳定的。“呤云科技的实体业务主要是楼宇的门禁系统，在提交专利申请时，呤云科技对权利要求保护范围做了拓展，但对于在楼宇场景应用时遇到的具体技术问题、克服了哪些技术困难、采取的何种技术手段，在权利要求书中并没有记载，而这恰恰可能是呤云科技的技术贡献之所在。”这可能正是涉案专利被宣告无效的主要原因。

企业在提交专利申请之初要立足自身发展，将知识产权管理与公司发展战略相结合，理清思路，找准定位。在撰写专利申请文件时，要紧密结合目标产品和研发方向，深入分析和挖掘，在申请文件中体现出技术贡献所在，从而有针对性地开展专利布局。

5. 本案对科技型中小企业应对被诉侵权的启示

摩拜单车的做法为科技型中小企业被诉专利侵权时的应对措施提供了一条全新的解决路径，避其锋芒，进行反击。如果被诉侵权根本不存在，专利权本身无效，则企业的被诉案件就变成了空中楼阁，而且摩拜单车在反击过程中充分应用国内外的先进技术和先进资料，进行了充分的知识技术检索，这也为其在专利宣告无效活动中的取胜提供了充分的证据。

9.2.2　确认不侵犯专利权案例分析

1. 案情摘要

本田科技研究总公司（以下简称“本田股份有限公司”）以石家庄双环汽车股份有限公司（以下简称“双环股份公司”）侵犯其汽车外观专利权设计为由，于 2003 年向其发出警告信，并向法院提起专利权诉讼。双环股份公司于 2003 年 10 月 16 日起诉至石家庄中级人民法院，声称该案件中生产和销售涉及的汽车设计没有侵犯案件涉及的专利权。随后，双环股份公司向国家知识产权局专利复审委员会申请宣告专利权无效。双环股份公司经行政决定宣告专利权无效后，由一、二次行政诉讼维持。因本田股份有限公司不断发送侵权警告信，致使双环股份公司不得不推迟涉案汽车的销售，改造产品和模具的外观，造成经济损失。2008 年 4 月 26 日，双环股份公司在提起的确认不侵权之诉中，增加了诉讼请求，请求法院判令本田股份有限公司赔偿其经济损失及律师费、评估费、诉讼费共计人民币 2579.139 万元。本田股份有限公司对宣告涉案专利无效的行政判决不服申请再审，最高人民法院就涉案专利权的效力于 2010 年 11 月 26 日作出（2010）行提字第 3 号行政判决，判决撤销被诉决定。在专利权恢复有效后，本田股份有限公司提高了侵权赔偿数额，并针对双环股份公司等向河北省高级人民法院提起侵害涉案专利权诉讼。

2. 判决要旨

该案由河北省高级人民法院和最高人民法院二级法院审理。双环股份公司于 2013 年 4 月 1 日向本田股份有限公司发出警告信，以散布不良舆论，导致其丧失经营权和声誉为由，增加索赔金额，请求赔偿3.65亿元人民币。河北省高级人民法院对此案作出了审判决定，确认双环股份公司生产和销售的涉案汽车不侵犯本田股份有限公司的涉案专利权；本田股份有限公司赔偿双环股份公司经济损失人民币5000万元（含合理维修费用），双环股份公司的其他投诉被驳回。双环股份有限公司和本田股份有限公司均不服，向最高人民法院提起上诉。最高人民法院判决确认双环股份公司生产销售的涉案汽车没有侵犯本田股份有限公司的涉案专利权，并改判本田股份有限公司赔偿双环股份有限公司经济损失1600万元。

3. 案例意义

上述案件在审理过程中涉及管辖权异议、侵害专利权关联诉讼、涉案专利权确权诉讼等纠纷，导致审理长达12年。最终的判决明确了确认不侵权纠纷与损害赔偿纠纷为两种不同的法律关系，并根据审理查明的事实，在原审法院就确认不侵权和损害赔偿纠纷事实上均已进行了审理，并在程序上也保证了双方当事人诉权的基础上，变更了本案的案由，明确为确认不侵权以及损害赔偿纠纷。本案判决明确，权利人发送侵权警告维护自身合法权益是其行使民事权利的应有之义，但行使权利应当在合理的范围内。权利人维权的方式是否适当并非以被警告行为是否侵权的最终结论为判断依据，而是以权利人维权的方式是否正当，是否有违公平的竞争秩序，是否存在打击竞争对手作为衡量的标准。由于侵权认定的专业性和复杂性，不能过高要求权利人对其警告行为构成侵权的确定性程度，否则会妨碍侵权警告制度的正常效用，有悖此类制度的初衷。本案判决从发送侵权警告函的合法性、与公平竞争的关系以及市场交易者的商业风险等多角度进行阐述，对认定知识产权侵权警告行为究竟是正当维权行为，还是属于不正当竞争行为以及由此造成的损害赔偿如何审理进行了详细的说理和明确的判断，构建了知识产权权利人通过侵权警告维权的相关法律规范，为同类型案件的审判提供了裁判参照，对于统一该领域的裁判尺度具有标杆意义。

4. 本案对科技型中小企业知识产权保护的启示

双环股份公司在被本田汽车诉外观设计侵权的专利纠纷案中积极作为，首先向专利行政主管机关提出专利无效申请，除要求法院认定外观设计不侵权外，在获得专利无效裁决后又进一步提出增加损害赔偿的诉讼请求，虽然最终判决赔偿的数额未能达到起诉书的要求，但也获得了支持，其损失获得了部分补偿。科技型中小企业在应对大企业知识产权进行侵权诉讼时无须盲目惶恐，在利用专利宣告无效武器的同时，也要积极主张自己的合法利益。

9.2.3　发明专利权无效纠纷案案例分析

1. “阿托伐他汀”发明专利权无效行政纠纷案

沃尔尼·朗伯有限责任公司（以下简称“朗伯公司”）与国家知识产权局专利复审委员会（以下简称“专利复审委员会”）、北京嘉林药业股份有限公司（以下简称“嘉林公司”）、张楚发明专利权无效行政纠纷再审案〔最高人民法院（2014）行提字第 8 号行政判决书〕。

（1）案情摘要

1996 年 7 月 8 日，沃尼尔·朗伯有限责任公司申请了名称为“结晶 [*R*-（*R**,

*R**）]-2-（4- 氟苯基）- β，δ- 二羟基 -5-（1- 甲基乙基）-3- 苯基 -4-[（苯氨基）羰基]-1H- 吡咯 -1- 庚酸半钙盐”发明专利（即本案专利），2002 年 7 月 10 日获得授权。针对本案专利，嘉林公司、张楚分别向专利复审委员会提起无效宣告请求，专利复审委员会合并审理后于 2009 年 6 月 17 日作出第 13582 号无效宣告请求审查决定（以下简称“第 13582 号决定”），以本案专利不符合《中华人民共和国专利法》第二十六条第三款规定为由，宣告本案专利权全部无效。主要原因是：① 本说明书未提供任何定性或定量数据证明所得到的 I 型结晶阿托伐他汀水合物确实含有 1~8 摩尔水（优选 3 摩尔）；此外，不能从制备方法的步骤和用于表征产物晶体的 XPRD 数据和光谱图中准确推断出。产物中的水含量为 1~8 摩尔（或 3 摩尔）。因此，本领域技术人员根据说明书公开的内容无法确认权利要求中保护的产品。② 基于该专利说明书的内容，该领域的技术人员不能确定如何获得 I 型结晶阿托伐他汀水合物 1~8 摩尔水（优选 3 摩尔）。朗伯公司拒绝接受行政诉讼。

（2）判决要旨

北京市第一中级人民法院判决：维持第 13582 号决定。朗伯公司提出上诉。

北京市高级人民法院二审认为，要解决的技术问题是获得阿托伐他汀的结晶形式，特别是 I 型结晶阿托伐他汀，以克服“无定形阿托伐他汀不适合过滤和干燥的技术问题”。由于专利审查委员会没有确定本发明要解决的技术问题，因此不清楚哪些参数是“与待解决的技术问题有关的化学物理性能参数”。因此，在没有全面考虑本发明要解决的技术问题的情况下，专利复审委员会不适合对《中华人民共和国专利法》第二十六条的相关标识进行相应的识别。一审判决和第 13582 号决定被撤销，专利复审委员会被责令作出新的决定。专利复审委员会和嘉林公司均未向最高人民法院申请再审。最高人民法院裁定该案件已经审理，并于 2015 年 4 月 16 日决定撤销两起审判并维持一审判决。

（3）典型意义

该案例涉及化学领域产品发明的完全公开判断。法律应用不仅典型，而且技术问题也很复杂。同时，专利权本身具有很大的经济价值，因此本案的审理引起了国内外的广泛关注。最高人民法院认为化学产品的确认、准备和使用应记录在化学产品发明专利说明书中。特别地，当本发明是化合物时，化合物的化学结构和与要发明的技术问题有关的化学和物理性质应该在说明书中解释，以便该领域的技术人员可以确认该化合物。该手册还应披露至少一种制备方法，以使该领域的技术人员能够操作。从确认和制备化学产品的角度来看，该案的专利说明书不符合《中华人民共和国专利法》第二十六条和第三款的规定。除此之外，本案还对确定发明所要解决的技术问题与判断说明书是否充分公开之间的关系，及申请日后补交的实验性证据是否可以用于证明说明书充分公开等法律问题进行了明确。本案在确立法律标准、指引说明书撰写等方面具有重大法律和现实意义。

2.“马库什权利要求”专利无效行政纠纷案

（1）案情摘要

第一三共株式会社系名称为“用于治疗或预防高血压症的药物组合物的制备方法”的发明专利（即涉案专利）的权利人。涉案专利权利要求以马库什方式撰写。北京万生药业有限责任公司（以下简称“万生公司”）以涉案专利不具备创造性等为由向国家知识产权局专利复审委员会（以下简称“专利复审委员会”）提出无效宣告请求。2010 年 8 月 30 日，第一三共株式会社对权利要求进行了修改，其中包括：删除了权利要求 1 中“或其可作药用的盐或酯”中的“或酯”两字；删除权利要求 1 中 R4 定义下的“具有 1 至 6 个碳原子的烷基”；删除了权利要求 1 中 R5 定义下除羧基和式 COOR5a 外的其他技术方案。专利复审委员会在口头审理过程中告知第一三共株式会社，对于删除权利要求 1 中“或酯”的修改予以认可，但其余修改不符合《中华人民共和国专利法实施细则》第六十八条的相关规定，该修改文本不予接受。第一三共株式会社和万生公司对此无异议。2011 年 1 月 14 日，第一三共株式会社提交了修改后的权利要求书替换页，其中删除权利要求 1 中的“或酯”。专利复审委员会作出第 16266 号无效宣告请求审查决定（以下简称“第 16266 号决定”），认为涉案专利权利要求 1 相比于证据 1 是非显而易见的，具有创造性，符合《中华人民共和国专利法》第二十二条第三款的规定。专利复审委员会遂在第一三共株式会社于 2011 年 1 月 14 日提交的修改文本的基础上，维持涉案专利权有效。万生公司不服，提起行政诉讼。

（2）判决要旨

一审法院认为，专利复审委员会以不符合《中华人民共和国专利法实施细则》第六十八条的规定对第一三共株式会社于 2010 年 8 月 30 日提交的修改文本不予接受并无不当。涉案专利权利要求 1 相对于证据 1 是非显而易见的，具备创造性。一审法院遂判决维持第 16266 号决定。万生公司不服，提起上诉。

二审法院认为，马库什权利要求属于并列技术方案的特殊类型，第一三共株式会社于 2010 年 8 月 30 日提交的修改文本缩小了涉案专利权的保护范围，符合《中华人民共和国专利法实施细则》第六十八条第一款规定；涉案专利权利要求所涵盖的一个具体实施例的效果与现有技术的证据 1 中实施例 329 的技术效果相当，因此，涉案专利权利要求 1 未取得预料不到的技术效果，不具备创造性，于是决定撤销一审判决和第 16266 号决定，并命令专利复审委员会作出新的决定。专利复审委员会拒绝接受申请，并向最高人民法院申请再审。最高人民法院裁定撤销两项审判，并保留一审判决。最高人民法院认为，以马库什方式撰写的化合物权利要求应当被理解为一种概括性的技术方案，而不是众多化合物的集合；修改马库什权利的原则应该是由于修改而无法生成具有新属性和功能的类或单个化合物。但是，同时也要充分考量个案因素；以马库什所写的符合权利要求的创造性判断应遵循创造性判断的基本方法，即《专利审查指南》中规定的“三步骤”；意想不到的技术效果是创造性判断的辅助因素，通常不适合跨越“三步”直接应用意想不到的技术。其效果是判断专利申请是否具有创造性。

（3）典型意义

本案涉及马库什主张的性质，无效程序中的修改原则以及创造性判断方法。马库什的主张是在化学医学发明专利领域的一种相对特殊的写作权利方式。基于其独特的泛化功能，它被广泛应用于该领域。马什库权利的性质，修改原则和创造性判断标准将直接影响大量化学和药品专利的申请和授权，并受到业界和学术界的高度关注。最高人民法院在本案中明确指出，马库什权利要求的性质为概括性而非化合物集合性质的技术方案，马库什权利要求的修改应当以不产生具有新性能和作用的一类或单个化合物为基本条件，马库什方式撰写的化合物权利要求的创造性判断仍应遵循“三步法”。本案对上述重要法律规则的明确和厘清，对化学医药领域专利申请的撰写与审查具有指导意义。

3. 两案对科技型中小企业申请专利的启示

专利申请文书的撰写是专利申请中科技型中小企业应给予充分关注的问题，在编制说明书和权利要求书时，应注意突出发明的创造性和新颖性，以及明确权利要求的类型和内容。专利权作为一种合法的垄断，受到国家强制力保护的前提是充分公开，发明人如确定通过专利权来对自己的发明创造进行保护，而不是通过技术秘密进行保护，则需要直接、明确地按要求公开技术，不能半含半露、表意不明：技术说明应具有可操作性和创新性，权利要求必须明确而具体。优质的专利申请文书的撰写有助于企业取得专利申请，避免被宣告无效的厄运。

9.3 侵害商业秘密纠纷案

不管是在高科技公司，还是传统行业，商业秘密的外泄都可能对企业造成沉重的打击。2017 年，设计员工跳槽和商业秘密泄露的事件屡见不鲜。2017 年年初，华为消费者终端业务内部发布通报，称 6 名前员工因泄露机密信息而遭刑拘，相关人员主要为工程师与设计师身份。2017 年 2 月，高德软件有限公司以侵犯商业秘密、构成不正当竞争为由起诉“滴滴”公司。高德软件有限公司认为“滴滴”公司伙同高德软件有限公司内部高级经理拉拢掌握核心机密的 6 名员工跳槽，给公司造成严重损失，因此索赔总计 7500 万元。2017 年 5 月，历经 3 个多月的侦查，贵阳市公安局南明分局经侦大队将涉嫌泄露老干妈风味食品有限责任公司商业机密的贾某抓捕归案，涉案金额高达千万元人民币。警方调查结果为，贾某在老干妈风味食品有限责任公司任职期间，掌握老干妈风味食品有限责任公司专有技术、生产工艺等核心机密信息。2015 年 11 月起，贾某以假名做掩护在本地另一家食品加工企业任职，将其在老干妈风味食品有限责任公司掌握和知悉的商业机密用在生产经营中。到了 2017 年年底，又一则百度起诉其自动驾驶事业部高管王某及其目前所经营的美国景驰公司侵犯商业秘密的新闻引起舆论高度关注。百度请求法院判令被告立即停止侵害百度的商业秘密，包括但不限于停止利用该商业秘密从事与百度相竞争的自动驾驶相关业务；并判令被告赔偿其经济损失及合理开支 5000 万元。2010 年 4 月 15 日，王某加入百度，任百度技术副总裁，其后曾任百度高级副总裁、自动驾驶事业部总经理。2017 年 3 月 31 日其从百度离职，并表示将从事自动驾驶相关的创业项目。

9.3.1　“反光材料”商业秘密纠纷案

鹤壁市反光材料有限公司与宋某某、鹤壁睿明特科技有限公司侵害商业秘密纠纷案〔河南省高级人民法院（2016）豫民终 347 号民事判决书〕。

1. 案情摘要

宋某某自 2006 年起在鹤壁市反光材料有限公司（以下简称“反光材料公司”）任业务员，主要负责部分省份的产品销售及客户拓展工作。反光材料公司与宋某某先后签订两份劳动合同，并约定有保密条款和竞业限制条款。反光材料公司对其经营信息制定有保密制度，对客户及潜在客户信息采取了必要的保密措施，同时向宋某某及其他业务员支付了保密费用。鹤壁市睿欣商贸有限公司（以下简称“睿欣公司”，即鹤壁睿明特科技有限公司前身）成立于

2011年6月22日，经营范围为钢材、建材、五金交电、涂板、反光护栏。在睿欣公司经营期间，宋某某以宋翔名义参与办理睿欣公司工商登记手续的相关工作。睿欣公司银行往来账目显示，自2011年8月1日至2015年7月31日期间，睿欣公司与反光材料公司的多笔交易客户重合，宋某某以个人名义从睿欣公司账户取款多次。反光材料公司遂以侵害商业秘密为由，将宋某某等诉至法院。

2. 判决要旨

一审法院认为，宋某某、睿欣公司对反光材料公司的商业秘密构成共同侵权。二审法院认为，根据反光材料公司提供的交易记录及客户来往票据，其中"品种""规格""数量"能够说明客户的独特需求，"成交日期"能够反映客户要货的规律，"单价"能够说明客户对价格的承受能力和价格成交底线，"备注"反映了客户的特殊信息。这些内容构成了反光材料公司经营信息的秘密点。上述经营信息涉及的客户已与反光材料公司形成了稳定的供货渠道，保持着良好的交易关系，在生产经营中具有实用性，能够为反光材料公司带来经济利益、竞争优势。反光材料公司为上述经营信息制定了具体的保密制度，对客户及潜在客户信息采取了必要的保密措施，并与宋某某明确约定了保密条款、竞业限制条款，向宋某某及其他业务员支付了相应的保密费用，可以证明反光材料公司为上述经营信息采取了合理保密措施。综上，可以认定反光材料公司制作的客户名单构成商业秘密。宋某某负有对反光材料公司的忠实义务，其中包括对工作中接触到的经营信息进行保密的义务，其明知公司的相关管理规定及客户名单的非公开性和商业价值，但仍私自与反光材料公司的客户进行交易，且与睿欣公司来往频繁，构成披露、使用、允许他人使用反光材料公司经营信息的行为，侵害了反光材料公司的商业秘密。睿欣公司不正当地获取、使用了宋某某所掌握的反光材料公司拥有的商业秘密。宋某某、睿欣公司对反光材料公司的商业秘密构成共同侵权。因睿欣公司已变更为睿明特公司，故侵权责任应由睿明特公司承担。

3. 典型意义

本案是涉及商业秘密保护的典型案例。商业秘密案件因证据复杂、隐蔽，通常审理难度较大。特别是，因员工离职等带来的商业秘密保护问题一直是司法实践中的难点。本案判决对商业秘密案件中"不为公众所知悉""保密措施""商业价值" 以及赔偿责任的确定等重要法律问题，结合案情进行了细致和全面的阐释，对类似案件的审理具有较强的规则指引意义。此外，本案还着重强调了员工离职后的保密义务，倡导了诚实信用的价值取向。

4. 本案对科技型中小企业商业秘密保护的启示

本案中反光材料公司之所以能够在保护本企业商业秘密的诉讼纠纷中获得胜利，其根本原因在于其对商业秘密的本质有深刻的理解并且懂得使用法律的武器保护其合法利益。商业秘密指不为公众所知悉的，能够为权利人带来利益，且经权利人采取了保密措施的技术信息和经营信息。客户信息是经营信息的一种，而且本案中的客户名单已经由本案的权利人通过保密制度、保密协议、竞业禁止协议、支付保密费等方式进行了保护，尽管其员工对商业秘密进行了侵害，其产生的损失也可以通过要求侵权方赔偿的方式获得补救。因此，科技型中小企业制定严密周全的保密措施对商业秘密的保护是至关重要的。

9.3.2 衢州万联网络技术有限公司与周某某等侵害商业秘密纠纷上诉案

1. 案情摘要

2002 年，衢州万联网络技术有限公司（以下简称“万联公司”）申请注册了域名为 boxbbs.com 的网站，该网站主要从事网络游戏的 BBS 论坛服务。周某某等五人均系其公司员工。2003 年年底到 2004 年年初，boxbbs.com 网站注册用户数已达 55 万多人。2004 年 5 月底至 6 月初，周某某等离开万联公司，在北京注册建立了一个域名为 box2004.com 的网站。周某某等利用其掌握的 boxbbs.com 网站的密码，远程登录并下载了该网站的用户数据库，并于 2004 年 6 月 9 日开通了 box2004.com 网站。同时，周某某等对万联公司 boxbbs.com 网站的程序配置文件中的字符串进行修改，导致 boxbbs.com 网站无法运行。他还通过在其他网站上发布公告、在 QQ 群里发通知等方式将该网站的注册用户引导到 box2004.com 网站。万联公司认为周某某等五被告的行为侵犯了其商业秘密，请求法院判令五被告连带赔偿其经济损失人民币 4 858 000 元及合理费用人民币 15 万元，并互负连带清偿责任。

2. 判决要旨

上海市第二中级人民法院一审认为，网站用户注册信息是涉案网站在长期的经营活动中形成的经营信息，虽然单个用户的注册用户名、注册密码和注册时间等信息是较容易获取的，但是该网站数据库中的 50 多万个注册用户名、注册密码和注册时间等形成的综合的海量用户信息却不容易为相关领域的人员普遍知悉和容易获得。此外，上述用户信息又具有实用性，万联公司也对上述用户信息采取了保密措施。因此，一审法院认定网站数据库中的注册用户信息属于商业秘密，五被告的行为共同侵犯了原告的商业秘密，应当共同承担赔偿损失的民事责任。遂判决五被告共同赔偿原告经济损失 100 万元。周某某等不服提起上诉。上海市高级人民法院二审判决驳回上诉，维持原判。

3. 案例意义

本案是一起涉及网站用户注册信息数据库的商业秘密纠纷案件。本案的创新点主要在于如何认定网站用户的注册信息数据库是否构成反不正当竞争法意义上的商业秘密。对此，法院认为，网站用户注册信息数据库是相关网站的核心资产，假如网站用户注册信息数据库符合“秘密性、实用性、保密性”等要件，就可作为商业秘密依法予以保护。本案的处理对于如何确认网站用户注册信息数据库的归属及其商业秘密性质具有一定的借鉴意义，同时提示网站经营者对网络用户注册信息数据库应采取必要的保密措施，以维护企业竞争力，避免法律风险。

4. 本案对科技型中小企业保护商业秘密的启示

本案中万联公司离任员工通过远程登录并下载了该网站的用户数据库，并将客户引诱至其新设公司网站的行为无疑是不正当竞争行为，其离任员工下载并使用万联公司海量客户信息的行为被认定为侵犯商业秘密。虽然万联公司对客户信息并没有成体系的信息保护制度，但如没有企业密码，是不可能获得海量信息的。因此万联公司在客户信息保护制度建设中有着明显的不足，科技型中小企业在发展中对技术秘密及经营秘密的管理应建立完善的商业秘密管理制度，在技术上避免商业秘密的泄露，如密码对特定员工公开，特定员工权限开放限制等，技术和制度的配合作用才能更好地保护企业的商业秘密。

9.4 典型案例对科技型中小企业知识产权保护的启示

财产规则与责任规则是规范权利保护的基本规则。侵权的终止属于财产规则的范畴，它是基于许多因素的考虑，如困难的定义、谈判成本、交易障碍、战略行为风险和社会公益减损。如果绝对应用适用，很容易导致“市场失灵”。鉴于知识产权损害赔偿的高度不确定性，责任规则所采用的“公共估价”定价模式并不完全符合成本和效率原则。理论上，我们应该辩证地检验这两条规则的利弊，纠正停止补救的绝对概念，并要求替代补偿的有限效果；立法应建立适用的制止侵权标准制度，合理安排知识产权法中停止补偿与替代补偿之间的转换方式，平衡合法权益的分配和资本。

9.4.1 创业之初就要注重知识产权保护

企业创业之初就要重视知识产权保护，重视企业命名和商标命名。企业起名要注重公司名称合法性、专业性、品牌战略、行业特点，比如名字是否侵权，是否符合本行业特点，是否和当地文化冲突等。同时，从现代市场紧密结合的角度来看，我们也应该关注企业名称的“国际化”。

保持商标和企业名称的一致性，是不少企业的需求，但实践中却很难实现。原因之一是公司名称核准和商标注册是两套系统。企业名称由省级工商管理局进行核准，一般以“行政区划 + 企业字号 + 企业类型”形式组成。由于企业名称一般由各省工商管理局管理，又有“行政区划”的前置区分，所以“跨省重名”是合法的，与“注册商标全国范围内的排他性”有别。这就造成同名企业争夺“同一商标文字”的情况，所以后来者即使企业名称被核准，但商标依然无法注册。原因之二是公司名称核准比商标注册时间要短。想要注册商标，一般都先注册公司，也就是说，公司名称核准一般在商标注册之前。商标注册时间较长，需要一年多。这也是公司名称和商标注册不一致的重要客观因素。客观上来说，商标注册成功率比公司名称核准通过率要低很多。

商标取名不仅要能够代表企业，同时又要有自己的闪光点，要能够被人记住，易传播，更要符合法律的规范，否则就会被驳回。如一家特别的公司，他们的商标一共有 38 个字，就是公司的全称。其实这并非一个好的选择，毕竟公司名称不一定具备很强的代表性，用来当做商标，反而不容易被人记住。

9.4.2　用专利权保护技术创新成果

1. 企业应对创新成果及时申请并取得专利权

首先，企业应依据《中华人民共和国专利法》的相关规定，对创新成果及时申请并取得专利权。对于专利权，不能自动取得，国家对其实行申请在先的原则。企业必须履行《中华人民共和国专利法》所规定的专利申请程序，以书面的形式向国务院专利行政主管部门提交必要的申请文件，经过法定的审批程序后，国务院专利行政部门对于符合条件的申请授予专利权。企业应特别注意专利权的适用。当企业开发新产品或新技术时，如果预计新产品或新技术会给自己带来可观的经济效益，并且这一新产品或新技术很容易被模仿，那么就应该先去申请专利，而不是追求短期经济利益，急于将新产品或新技术投放到市场，然后再去申请专利。新颖性是获得专利权的先决条件之一。因此，如果产品在投放市场后申请专利，则国家专利局将驳回申请，以便对新颖性进行审查；即使通过审查，专利也被批准，其他任何单位和个人都可以依据《中华人民共和国专利法》第四十五条的规定申请该专利无效，导致该专利得不到有效保护。可见，企业只有及时申请专利权并获得授权后，才能有效地保护自己的专利权不受侵犯。

2. 企业应建立专门的专利管理制度或机构

企业应在其中建立专业的专利管理制度或机构，并为专业人员提供专利管理。我国《中华人民共和国专利法》第四十二条规定，发明专利权的期限为二十年，实用新型专利权的期限为十年，外观设计专利权的期限为十五年，均自申请日起计算。企业在依法取得专利权后，在专利权保护期限内应依据《中华人民共和国专利法》第四十三条及《中华人民共和国专利法实施细则》第九十八条的规定，专利权人应当自授予专利权的当年开始缴纳年费。授予专利权当年以后的年费应当在上一年度期满前缴纳。专利权人未缴纳或者未缴足的，国务院专利行政部门应当通知专利权人自应当缴纳年费期满之日起 6 个月内补缴，同时缴纳滞纳金；滞纳金的金额按照每超过规定的缴费时间 1 个月，加收当年全额年费的 5% 计算；期满未缴纳的，专利权自应当缴纳年费期满之日起终止。另外，企业设立的专利管理机构还应当负责管理专利许可、专利转让和专利申请权，以及与专利权有关的委托合同，以有效保护专利权，在商业运作中发挥专利权的作用。特别需要注意的是，企业作为委托方与他方签订委托开发合同时，应明确同意专利申请权和专利权属于企业。否则，专利申请权和专利权应在没有协议或未经确认的协议的情况下属于受托人。由此可见，企业对于专利权进行专人管理的必要性。

3. 企业应注意避免因专利人才的流失而导致对本企业专利技术的侵害

现代科技企业的核心竞争力往往是由企业所拥有的人才所决定的，而涉密人才尤其是专利人才的流失直接关系到企业的生存和发展。随着知识经济时代的到来，知识资本人才越来越成为现代企业提升竞争力、加快企业发展的宝贵资源。在我国加入 WTO 后，人才争夺更加激烈的情况下，如何降低人才流失给企业带来的技术方面的损失，确实是企业管理者面临的一大难题。英特尔是一家世界知名公司，已经吸取了这样的教训。在公司成立之初，由天才设计师费根设计的第一代微处理器 8080 获得了成功，该产品为公司创造了巨大的市场。但是发生了一些意外的事，费根在关键时刻离开公司，带走了两位重要的技术人才，重组了一家新公司，推出了一款比 8080 更先进的新产品，并夺走了英特尔的大部分市场。这次打击几乎让英特尔失败。这样的教训是惨痛的。专利的发明人和设计人往往是掌握企业核心技术的人员，这类人才流失往往导致企业生存核心技术的泄漏。一旦发生这种情况，企业的损失将是巨大的，特别是如果这些核心技术人员跳槽去竞争对手，企业将面临严峻的竞争压力。因此，企业应加强核心技术人员的人力资源管理，逐步建立符合市场经济的人力资源管理体系。如企业建立对于核心技术人才的激励机制；建立工作分解机制，强化对核心技术人员的分类管理。对于某一研究项目通过运用工作团队——项目组（或研究小组）来完成，即使某个技术人员跳槽到其他企业，其也会因缺乏这样的工作团队而难以对原企业的核心技术构成实质性的威胁。企业应强化对于核心技术人员流失风险的担保机制。企业可以事先与核心技术人员签订“竞争限制协议”和“保密协议”等限制措施，要求核心技术人员离开企业后一段时间内不与企业发生竞争关系，并有义务为企业保守商业秘密和技术秘密，同时给予相应的补偿。这些措施可以在一定程度上防止核心技术人员的流失，保护企业的专利权。

4. 企业应重视专利权受侵害后自身采取的救济措施

由于专利权保护技术难度大，很多证据很容易丢失或难以获得。因此，在实践中，企业往往放弃对自己专利权的保护，以免麻烦或其他原因，使其损失无限期扩大。事实上，专利权的保护正在增加，如包括海关保护在内的专利权行政保护、专利权司法保护等。另外，在专利权的司法保护中，依据我国《中华人民共和国专利法》第六十一条的规定，当企业有证据证明他人正在执行或即将执行侵犯其专利权的行为，如果法律权益不能及时得到纠正，可以向人民法院申请采取措施，在起诉前停止相关行为和申请财产保全。因此，企业要在生产经营过程中加强专利等知识产权保护意识，关注竞争对手的动态，及时搜集整理被侵权的证据和合理确定要求侵权方赔偿的金额，一旦发生专利侵权更容易获得赔偿。此外，企业应对侵权意图进行警告，使其了解侵犯他人专利权的成本并禁止侵权。

综上所述，被称为“企业发展的生命线和护身符”的企业专利战略，是在市场环境下获取竞争优势最重要的手段，而企业专利权的保护在专利战略中显得尤为重要。

9.4.3 加强研发阶段的商业秘密保护

商业秘密是企业在市场竞争中保持优势的重要因素，商业秘密的价值主要包括两个方面：实际价值或潜在价值。根据价值所产生的时间点，从研究和开发阶段到信息的实际使用形成，它也是一种尚未在实践中使用的潜在价值信息。这是商业秘密的重要元素。例如，上海药明康德新药开发有限公司的化合物的结构在知识产权侵权的案件中被法院确认为商业秘密。在这种情况下，防御者的防守，化合物的制备方法和使用信息都是有价值的，但结构本身并没有具体使用信息和制备方法，没有价值；一些化合物尚未成功合成，许多化合物被用作中间体并且不实用。法院认为，复合研发过程的结果包括结构和综合信息，这些信息不同于业内已知的常见信息。化合物的结构合成可以直接使用或提供进一步的研究目的，这是有价值的。即使是由某些结构合成的化合物也被用作中间体，它们也是一种新的化合物，可以为权利人带来竞争优势，具有可观的经济价值和实用性。对于合成失败的结构式，它在实践中不能直接得到实际的经济效益，但可以拓宽研究思路，具有实用性和价值。可以看出，在信息化阶段，虽然信息的实际价值无法产生，但竞争对手可以通过学习借鉴，少走弯路，节省研发时间，从中获取其潜在价值，因此这样的信息也可以被视为商业秘密。

国际条约、双边协定以及美、英、德、日等国的法律法规，均强调对商业秘密的合理保护。我国判定商业秘密多依据《中华人民共和国反不正当竞争法》，2018 年《中华人民共和国反不正当竞争法》对商业秘密的要件作出了一定修改，将“经济实用性”变更为“商业价值性”，这种改变拓宽了商业秘密保护的范围。在此良好的立法趋势下，企业应紧跟法律潮流，主动根据法律规定界定商业秘密，并通过知识产权管理体系以及内联网、区块链、时间戳等先进技术维护科技型中小企业自身合法权益。

第10章　研究结论及展望

2015年的《政府工作报告》中提出了要实施“中国制造2025”的新概念，揭示了中国制造业要紧跟世界范围的工业4.0的概念，以创新驱动的形式发展现代制造业。作为创新驱动的主力军，科技型中小企业应思考如何把研发创新的技术成果及时地转化为自主知识产权，并将其成果化、产业化，形成健全的知识产权体系。打造企业的核心竞争产品在科技型中小企业的发展过程中，起到了至关重要的作用。研究科技型中小企业的自主知识产权的成长机制及演化过程，探析企业在发展不同阶段采取的知识产权管理策略，对于企业的健康快速发展和政府采取激励措施都存在重要的意义。

10.1　本书总结

本书从综合管理学、经济学和法学不同的视角审视科技型中小企业发展现状，借鉴国内外的相关研究成果后，运用量化与质化结合的科学研究方法，对我国科技型中小企业自主知识产权研究后作出如下结论。

① 笔者利用系统动力学方法构建企业自主知识产权内生系统的流程图，将企业自主知识产权内生机制的运行分解为五个子系统，即企业战略引导子系统、研发支持子系统、知识产权管理与保护支持子系统、产品制造子系统和产品营销子系统，各个子系统间需协同作用。在构建模型和系统仿真后分析得出：公司已有知识产权数量与研发投入比呈正相关关系；公司已有知识产权数量与研发人员占比大致趋势一致；公司的核心技术拥有量与已有知识产权数量呈较大的正相关关系；公司的营业收入与已有知识产权数量并没有较好的相关关系；企业年龄与已有知识产权数量呈负相关关系则可能是因为随着科技型中小企业年龄的增加，研发新产品或申报新知识产权的动力逐渐降低，从而导致企业知识产权的数量并未持续增加，企业通过加大对管理和保护的投入，提高企业的知识产权保护能力，能够有效提高自主知识产权的数量，从而进一步提高新产品的盈利能力，达到良好的循环。科技型中小企业在自主知识产权的保护机制设计中，注意投入的对应性，并在人员配备上与企业知识产权保护相适应。

② 笔者识别出影响自主知识产权成长的外部因素受政策环境、金融环境、技术环境、市场环境和服务支持环境五个因素影响，构建出企业、大学和科研机构、政府、中介和金融机构所构成的多主体协同创新网络结构，由此可知结构系统在促进知识转移扩散、科技成果转化、知识产权交易、知识产权保护等方面发挥重要作用。科技型中小企业自主知识产权开发外部因素的协同作用概念框架，将信息、人才、知识、环境作为自主知识产权开发的输入要素，通过学习机制、创新机制和维护机制实现知识产权成果化的输出效应。

③ 笔者运用协同学理论、自组织理论和耗散结构理论推演出科技型中小企业自主知识产权成长过程的框架，总结出企业自组织成长演化对自主创新动态能力的促进作用及自主创新动态能力对自组织成长演化的内部驱动作用，分析

出企业内部各个子系统之间互为前提、互为作用、互为协作的相互关系，正是基于这种关系企业自主知识产权成长状态才能演变到新的有序状态。企业根据外部环境和内部系统之间的各种因素和关系采取不同的知识产权策略：当企业外部滞后于企业内部自主知识产权的结构和自主创新能力时，企业对外部环境的适应性改变有助于强化企业的自主知识产权成长；当企业系统内部的自主知识产权结构成为其成长的约束时，企业要优化系统的内部结构，调整子系统之间的关系机制，系统的优化与改进将有利于企业的自主知识产权成长；当企业自身自主创新能力不足，进而成为自主知识产权成长的障碍时，注重企业动态创新能力的改善，将极大促进企业的自主知识产权成长。另外，科技型中小企业自主知识产权成长过程的发展规律，是随着技术创新项目的进行和自主知识产权的成长，会形成“创新—自主知识产权—优势形成（知识高地）—创新”螺旋上升的良性循环机制，这也是科技型中小企业自主创新动态能力的演进过程。

④ 企业自主知识产权成长的全生命周期分为自主知识产权的孕育阶段、形成阶段和进化阶段，每一个阶段中企业应识别出不同的风险所在，并在自主知识产权的管理中采取不同的风险措施和预警系统。企业可以按照风险防控流程系统，从风险识别子系统中找到知识产权开发过程中的风险源，识别出潜在的风险要素，然后按照风险评价子系统发出的风险监测警示信号进入预警子系统。风险预警系统会通过对管理风险、人力资本风险、技术风险和市场风险四个维度观测 15 个二级指标的分析，确定知识产权的风险等级属于无风险级、轻微风险级、中等风险级、严重风险级中的哪一个。企业的管理者可根据风险提示采取防控措施。

10.2　管理建议

根据前文的结论，对我国科技型中小企业提出如下建议。

① 企业的管理者应当重视知识产权的管理，增强管理意识。

科技型中小企业的发展核心就是自主创新的能力，管理者要把知识产权管理放在战略的高度上，制定知识产权管理贯穿于产品生命周期全过程的制度，并将制度落实到具体的管理工作中，把知识产权工作纳入技术创新、研究开发、知识产权成果化、生产销售和售后等各阶段工作，使知识产权管理在产品生命周期全过程相关环节的活动中全面有序开展，每个相应环节得到有效控制，提升企业核心竞争力。

② 企业知识产权管理人员应做好国内外法律法规和国家知识产权相关政策的学习和研究。

了解和学习国际知识产权协议、国内外知识产权保护和管理的相关法律法规、管理条例以及与企业相关的知识产权政策等，才能更好地指导企业制定内部知识产权管理制度。企业完成了自主知识开发，需要及时申请知识产权，从而获得法律保护。

③ 自主创新能力是企业长足发展的基石，应充分利用高校专业研究人员资源。

充分利用高校专业研究人员资源，广泛开展对政府、企业、知识产权管理部门人员的培训，以改善目前我国知识产权管理人员不足和素质不高状况。政府、大学科研机构及企业要联合加强人才培养。可以由政府引导，加强企业和大学科研院所的合作，加快高校、科研院所专利技术的产业化、商品化，尽快使企业成为科技创新的主体。

④ 企业要完善知识产权管理的组织机构和人员设置。

企业要设立专门的知识产权管理部门，配备专门的人员，并受企业决策层的直接领导。这一部门的职能是制定企业知识产权管理的各项规章制度，并监督其实施情况；负责企业知识产权的申请、保护工作，开展知识产权管理的策略研究；负责企业员工的知识产权知识培训；建立企业内部知识产权文献“数据库”等。通过人才培养、薪酬考核、股权激励机制和企业文化等方面吸引和留住核心人才。

10.3 研究不足及展望

知识产权是一门综合性的研究学科，本书主要从多学科分析知识产权的发展路径，但笔者主要是从企业管理的角度入手研究科技型中小企业的自主知识产权的成长机理，由于水平所限，本书还存在不足，未来还需要做更深一步的研究和完善。

① 本书提出科技型中小企业自主知识产权的成长要素，从内生和外部两个角度分析了各个要素，但是企业内外部各个要素之间的关系、相互作用以及在自主知识产权成长过程中所占的比重，本书没有深入探讨。关于自主知识产权的内部之间、外部之间和内外部如何形成协同机制共同影响企业的发展还有待研究。

② 对企业知识产权预警提出指标体系，按照四个维度提出了 15 个分析指标，将预警的结果分为无风险级、轻微风险级、中等风险级、严重风险级，但是各个等级的临界标准不详尽，这也为下一步研究的指出了方向。

③ 由于客观条件的原因，本书在知识产权管理中只选取了两个案例进行重点研究，在知识产权法律保护方面选择了几个较有代表性的案例。在研究访谈过程中，受访者容易受自身对企业知识产权认知程度和企业商业保密性条款的限制，使得依据的数据有所偏差。今后可以选取更多的研究方法和样本企业进行进一步的验证，以修正研究结论。

参考文献

陈昌柏，2007. 借鉴国际经验设置我国知识产权战略评价指标 [J]. 中国发展观察（5）：12-13.

陈东泰，2014. 试论企业知识产权管理体系建立 [J]. 法治与社会（1）：205-206.

陈国宏，郭弢，2008. 我国知识产权保护与自主创新能力关系实证研究 [J]. 中国工业经济（4）：25-33.

陈美章，1999. 技术创新与知识产权 [J]. 知识产权（6）：3-6.

陈伟，康鑫，冯志军，等，2011. 高技术企业知识产权开发动力机制研究 [J]. 科技进步与对策（5）：88-91.

陈伟，于丽艳，2007. 企业国际化经营知识产权战略系统耦合研究 [J]. 科学与科学技术管理（12）：93-97.

陈晓红，李喜华，曹裕，2009. 技术创新对中小企业成长的影响：基于我国中小企业板上市公司的实证分析 [J]. 科学与科学技术管理（4）：91-98.

陈业华，陈倩倩，2010. 基于结构方程的科技型中小企业成长机制研究 [J]. 科学与科学技术管理（4）：156-161.

成思危，1999. 复杂性科学探索 [M]. 北京：民主与建设出版社 .

董涛，2009. "国家知识产权管理"与中国经济发展 [J]. 科学研究（5）：641-652.

段瑞春，2005. 创新型企业：知识产权与品牌战略 [J]. 中国软科学（12）：28-32.

范德成，贾爱梅，2004. 我国企业知识产权管理中存在的问题及其对策分析 [J]. 商业研究（5）：74-76.

方琳瑜，宋伟，彭小宝，2008. 我国中小企业自主知识产权成长的自组织机制研究 [J]. 科学与科学技术管理（9）：5-9.

方琳瑜，宋伟，王智源，2009. 我国中小企业自主知识产权脆弱性的评价及其预警 [J]. 经济管理，31（10）：141-146.

方琳瑜，宋伟，姚远，2009. 我国中小企业自主知识产权成长机制研究 [J]. 科学研究（8）：1169-1276.

冯晓青，2010. 论企业知识产权管理体系及其保障 [J]. 广东社会科学（1）：181-186.

冯晓青，2005. 我国企业知识产权管理存在的问题与对策 [J]. 科技管理研究（5）：38-40.

冯晓青，2001. 企业知识产权战略 [M]. 北京：知识产权出版社.

郭晓鸣，2007. 企业知识产权管理系统模型 [J]. 中国发明与专利（3）：62-65

韩玉雄，李怀祖，2005. 关于中国知识产权保护水平的定量分析 [J]. 科学研究（3）：377-382.

郝生宾，张涛，于渤，2011. 企业自主创新能力形成的协同机制研究 [J]. 工业技术经济（1）：34-38.

何瑞卿，黄瑞华，徐志强，2006. 合作研发中的知识产权风险及其阶段表现 [J]. 研究与发展管理（6）：77-82.

侯仰坤，2005. 论知识产权权利的形成过程 [J]. 知识产权（3）：19-23.

胡实秋，宋化民，成金华，2001. 高技术产业发展的系统动力学研究 [J]. 科技进步与对策（12）：87-89.

胡义东，仲伟俊，2011. 高新技术企业技术创新绩效影响因素的实证研究 [J]. 中国科技论坛（4）：80-85.

胡颖慧，陈伟，2013. 高技术企业自主知识产权创造自组织机制及协同竞争模型研究 [J]. 科技进步与对策，30（3）：68-71.

华荷锋，2010. 基于企业生命周期的知识产权融资策略研究 [J]. 科技与经济，23（3）：48-50.

华鹰，等，2011. 企业技术创新与知识产权战略互动关系研究 [J]. 中国科技论坛（2）：54-58.

黄国群，2012. 企业知识产权管理系统及其优化策略研究 [J]. 情报杂志，30（12）：108-113.

黄立军，2002. 企业知识管理预警方法及其应用 [J]. 运筹与管理（5）：103-109.

黄永春，佘海峰，2011. 企业自主知识产权名牌成长能力的构成体系研究——基于价值链理论 [J]. 科学与科学技术管理（9）：117-122.

黄永春，郑江淮，任志成，等，2012. 企业自主知识产权名牌的生成机制研究——基于 PLS-SEM 模型的实证分析 [J]. 科学与科学技术管理（4）：156-165.

蒋逊明，2007. 企业合作研发的知识产权风险及其控制 [J]. 科技管理研究（2）：123-125.

金明浩，2010. 论武汉城市圈知识产权管理实施协作机制的构建 [J]. 武汉大学学报：哲学社会科学版，63（4）：635-640.

金永红，吴江涛，2008. 企业自主知识产权战略管理研究：以上海为例 [J]. 软科学（8）：60-66.

李龙筠，谢艺，2011. 中国创业板上市公司创新能力评估 [J]. 经济学家（2）：93-102.

李敏，刘和东，2008. 知识产权开发与侵权的博弈分析 [J]. 科学与科学技术管理（7）:5-8.

李明星，2009. 以市场为导向的专利与标准协同发展研究 [J]. 科学与科学技术管理（10）:43-47.

李潭，陈伟，2012. 纵向视角下区域知识产权管理系统演化的协调度研究——基于复合系统协调度模型的测度 [J]. 情报杂志（10）：99-105.

李维胜，赵英才，2006. 高技术企业发展模式研究 [J]. 中国科技论坛（2）：86-88.

李迎波，2006. 知识产权管理绩效评价体系研究 [J]. 技术与创新管理（1）：71-74.

李颖，林聪颖，2009. 知识资本的企业知识管理风险预警机制研究 [J]. 科学与科学技术管理（9）：97-102.

林莉，2009. 基于主成分投影法的科技型中小企业成长性评价实证研究：以大连市为例 [J]. 科技管理研究（7）：176-178.

林向义，张庆普，罗洪云，2009. 基于 DEA 的企业自主创新能力评价与提升研究 [J]. 运筹与管理，18（4）：152-158.

刘春，2010. 试论企业知识产权保护体系的建立 [J]. 韶关学院学报（4）：38-40.

刘和东，2007. 自主创新与知识产权保护选择的博弈分析 [J]. 科技管理研究（11）：23-25.

刘宏伟，任学锋，2005. 高技术小企业内生成长战略 [J]. 科学与科学技术管理（5）：150-157.

刘明珍，2006. 中国企业自主知识产权和知名品牌发展研究 [J]. 中国软科学（3）：123-131.

刘志迎，谭敏，2012. 纵向视角下中国技术转移系统演变的协同度研究——基于复合系统协同度模型的测度 [J]. 科学研究，30（4）：534-542.

柳思维，熊曦，方晓萍，2013. 科技投入、自主知识产权与工业品牌成长——来自湖南省的实证调查 [J]. 科技进步与对策，30（3）：72-77.

罗建华，宋新华，2010. 基于知识产权管理的企业技术创新资源投入机制研究——以广西企业为例 [J]. 科学与科学技术管理（4）：102-106.

吕文举，2006. 跨国集团在华知识产权战略研究 [J]. 科技与法律（1）：48-54.

马虎兆，栾明，贾蓓妮，2010. 天津市企业知识产权现状统计分析及对策研究 [J]. 科技进步与对策（2）：93-96.

柒江艺，许和连，2011. 知识产权政策的进口贸易效应扩张或垄断——基于中国高技术产品进口贸易的实证研究 [J]. 财经研究（1）：68-78.

祁明，秦雷，2012. 基于 TRIZ 的多视角下知识产权预警体系 [J]. 科技管理研究（5）：186-189.

仁董钮，孙赫，2012. 知识产权保护对产业创新影响的定量分析——以高技术产业为例 [J]. 世界经济研究（4）：11-15.

沈国兵，姚白羽，2010. 知识产权保护与中国外贸发展：以高技术产品进口贸易为例 [J]. 南开经济研究（3）：135-152.

盛世豪，王立军，2004. 产业集群促进科技型中小企业成长的机制研究 [J]. 科学与科学技术管理（8）：68-72.

史蕾，路正南，2009. 高新技术产业知识产权证券化融资研究 [J]. 科技管理研究（7）：289-291.

宋河发，李大伟，2006. 自主知识产权与国家知识产权战略研究 [J]. 科学与科学技术管理（5）：41-47.

苏世彬，黄瑞华，何瑞卿，2006. 合作创新中转移媒介引发的知识产权风险研究 [J]. 研究与发展管理（4）：72-76.

苏为华，孔伟杰，2010. 基于知识产权保护的国际贸易和技术溢出效应研究 [J] 统计研究（2）：58-65.

粟进，宋正刚，2014. 科技型中小企业技术创新的关键驱动因素研究——基于京津 4 家企业的一项探索性分析 [J]. 科学学与科学技术管理（5）：156-163.

孙林杰，2005. 国外扶持中小企业创新的模式及对我们的启示 [J]. 中国科技论坛（5）：131-135.

孙伟，姜彦福，2009. 企业知识产权管理架构及其选择模型：基于战略管理的视角 [J]. 科学与科学技术管理（2）：23-28.

孙伟，姜彦福，2009. 企业知识产权管理选择模型构建与实证研究 [J]. 科学研究，27（8）：1191-1197.

唐恒，付丽颖，冯楚建，2011. 高新技术企业知识产权管理与绩效分析 [J]. 中国科技论坛（5）：80-85.

唐恒，周化岳，2007. 自主创新中的知识产权中介服务体系：功能、作用机理及实现途径 [J]. 科学管理研究（4）：91-94.

佟晶石，2003. 产学研合作创新体系与自主知识产权 [J]. 中国软科学（1）：113-116.

万小丽，2009. 知识产权管理实施绩效评估中的专利质量指标及其作用研究 [J]. 科学与科学技术管理（11）：69-74.

王海英，2004. 我国民营科技企业知识产权管理战略研究 [J]. 中国软科学（9）：99-104.

王恒山，杨平，沈运红，2008. 科技型中小企业创业成功因素研究 [M]. 上海：上海财经大学出版社 .

王九云，2000. 论企业如何在技术创新中取得更多自主知识产权 [J]. 中国软科学（5）：8-52.

王黎萤，金珺，2010. 生物技术企业专利战略实施现状及对策分析——基于浙江的实证研究 [J]. 科技进步与对策（14）：94-98.

王丽平，胡雪洁，于志川，2013. 科技型中小企业可持续发展关键成功因素的实证研究 [J]. 天津工业大学学报（4）：73-77.

王其藩，1995. 高级系统动力学 [M]. 北京：清华大学出版社 .

王其藩，1988. 系统动力学 [M]. 北京：清华大学出版社 .

王清漩，李杰义，2014. 企业知识产权管理现状调查与优化策略——以浙江省为观察样本 [J]. 前沿（11）：117-119.

王彤，董惠石，2000. 国际互联网上信息安全法律问题的现状和发展 [J]. 铁路计算机应用，9（5）：39-41.

王闻萍，2008. 高新技术企业知识产权战略与核心竞争力关系研究 [J]. 技术与创新管理（1）：16-18.

王岩云，2005. 企业知识产权管理系统论 [J]. 经济与管理，19（10）：83-86.

王一鸣，2005. 关于提高企业自主创新能力的几个问题 [J]. 中国软科学（7）：10-14.

王渊，康建辉，2008. 知识产权预诊——培养我国中小企业知识产权意识的制度创新 [J]. 中国科技论坛（8）：71-74.

王悦亨，李纪珍，陈思澍，2014. 科技型中小企业的定义与生命周期初探 [J]. 创新与创业管理（12）：108-127.

魏纪林，郭枫，2001. 高新技术产业发展中无形资产经营管理的知识产权战略 [J]. 科技进步与对策（6）：57-58.

吴汉东，2011. 知识产权的多元属性及研究范式 [J]. 中国社会科学（5）：39-45.

吴汉东，2006. 知识产权本质的多维度解读 [J]. 中国社会科法学（5）：97-106.

夏玮，刘晓海，2010. 中小企业知识产权使用情况分析与政策建议——从中小企业创新现状、分类与模式的角度 [J]. 科学与科学技术管理（6）：148-152.

徐斐，尹碧涛，2005. 中小企业知识产权的 SWOT 分析与战略思考 [J]. 科技与管理，7（5）：100-102.

许祥秦，赵荣哲，王墨玉，2007. 企业知识管理风险分析与综合评价 [J]. 情报杂志（5）：68-70.

薛元昊，王重鸣，2011. 企业知识产权策略研究现状探析与未来展望 [J]. 外国经济与管理（2）：17-25.

杨晨，黄永春，彭鹏，2008. 企业自主知识产权名牌成长路径的选择模型 [J]. 统计与决策（21）：45-47.

杨光明，2007. 构建重庆知识产权管理打造西部知识经济引擎 [J]. 重庆大学学报（社会科学版），13（3）：83-88.

杨拉克，2007. 中小企业知识产权保护策略研究 [J]. 科技进步与对策（12）：103-105.

杨林岩，赵驰，2010. 企业成长理论综述———基于成长动因的观点 [J]. 软科学（7）：106-110.

杨涛，2010. 完善我国知识产权执法衔接机制的法律思考 [J]. 重庆理工大学学报（社会科学版），24（7）：24-29.

杨扬，陈敬良，2014. 我国高新技术企业知识产权质押融资机制的演化博弈分析 [J]. 工业技术经济（7）：43-48.

杨莹，张莉，2007. 汽车产业自主知识产权与自主品牌 [J]. 科学与科学技术管理（2）.

姚小涛，席酉民，2001. 以知识积累为基础的企业竞争战略观 [J]. 中国软科学（9）：100-104.

叶民强，张世英，2001. 区域经济、社会、资源与环境系统协调发展衡量研究 [J]. 数量经济技术经济研究（8）：55-58.

张铁山，赵光，2009. 集群对高技术企业创新能力的影响分析 [J]. 中国科技论坛（1）：31-35.

张昕光，樊治平，孙永洪，2003. 企业知识管理风险分析与评价 [J]. 东北大学学报（自然科学版）(9)：881-884.

张玉明，段升森，2009. 基于系统动力学的科技型中小企业成长机制研究 [J]. 东北大学学报（3）：221-225.

赵远亮，周寄中，许治，2008. 高技术企业自主创新、知识产权与自主品牌的联动关系及启示 [J] 科学与科学技术管理（1）：58-63.

郑秉秀，2002. 国际贸易中的知识产权壁垒 [J]. 国际贸易问题（5）：26-30.

周寄中，徐倩云，2002. 知识经济中的知识产权制度及其激励功能 [J]. 研究与发展管理（2）：51-55.

周文光，黄瑞华，2009. 企业自主创新中知识创造不同阶段的知识产权风险分析 [J]. 科学研究，27（6）：955-960.

周英男，杜鸿雁，2007. 企业技术创新过程中的知识产权管理选择模型 [J]. 科学研究，25（2）：455-459.

朱国军，杨晨 . 基于战略资源论的企业知识产权资产管理内涵探析 [J]. 科学与科学技术管理，2006（11）：161-165.

朱秀梅，方永刚，沈莹，2008. 集聚经济效应对新创企业资源获取和整合影响的实证研究 [J]. 中国科技论坛（5）：74-78.

庄晋财，2004. 区域要素整合与小企业发展 [M]. 成都：西南财经大学出版社 .

AIAHI H，2000. The facts behind Japan’s technology explode [J]. Managing Intellectual property（5）：19-21.

ALBERTH，JEFFERSON，GARY，et al.，2005. R&D and technology transfer：firm level evidence from Chinese industry [J]. Review of Economics and Statistics（87）：780-786.

ALEXY O，CRISCUOLO P，SALTER A，2009. Does IP strategy have to cripple open in novation？ [J]. MIT Sloan Management Review，51（1）：70-77.

ALFRANCE O，HUFFMAN W E，2003. Aggregate private R&D investments in Agriculture：the role of incentives，public policies，and institutions [J]. Economic Development and Cultural Change，52（1）：1-21.

ANDRÉ O，LAPLUME，PATHAK S，et al. ，2014. The politics of intellectual property rights regimes：an empirical study of new technology use in entrepreneurship [J]. Technovation，34（12）.

ANDREA F，2000. Patent protection，imitation and the mode of technology transfer [J]. Internationl Journal of Industrial Organization（18）：1129-1149.

ARAHI H，2000. The fact behind Japan' s technology explosion [J]. Managing Intellectual Property（5）：19-21.

ARAI H，2006. Japan' s intellectual property strategy [J]. World patent information，28（4）：323-326.

ARELLANO M，BOND S，1991. Some tests of specification for panel data：monte carlo evidence and application to employment equations [J]. The Review of Economic Studies，58（2）：277-297.

ATALLAH G，RODRIGUEZ G，2006. Indirect patent citations [J]. Scientometrics，67（3）：437-465.

AUTANT-BERNARD C，MANGMATIN V，MASSARD N，2006. Creation of biotech SMEs' in France [J]. Small business economics，26（2）：173-187.

BEAVER G，2001. Innovation，high technology and the new enterprise [J]. Strategic Change，10（8）：421-426.

BEKKERS R，2002. Intellectual property rights，strategic technology agreements and market structure：the case of GSM [J]. Research Policy，31（7）：1141-1161.

CALANTONE R J，CAVUSGIL S T，ZHAO Y，2002. Learning orientation，firm innovation capability，and firm performance [J]. Industrial Marketing Management，31（6）：515-524.

CHALMERS O G，2000. Corporate management of intellectual property in Japan [J]. International Journal of Technology Management（19）：121-148.

CHAPMAN R，HYLAND P，2004. Complexity and learning behaviors in product innovation [J]. Technovation，24（7）：553-561.

CHOI S Y，KANG Y S，LEE H，2008. The effects of socio-technical enablers on knowledge sharing：an exploratory examination [J]. Journal of Information Science.

CHOI T Y，BUDNY J，WANK N，2004. Intellectual property management-aknowledge supplycha inperspective [J]. Business Horizons（1）：37-44.

CHRISTENSEN C M，ROSENBLOOM R S，1995. Explaining the attacker’s advantage：Technological paradigms，organizational dynamics，and the value network [J]. Research Policy，24（2）：233-257.

COAD，RAO R，2008. Innovation and firm growth in high-tech sectors：a quantile regression approach [J]. Research Policy（37）：633-648.

COLLINS C J，CLARK K D，2003. Strategic human resource practices，top management team social networks，and firm performance：the role of human resource practices in creating organizational competitive advantage [J]. Academy of Management Journal（46）：740-751.

COLM O'GORMAN，2001. The sustainability of growth in small-and medium-sized enterprises，International Journal of Entrepreneurial Behaviour Research，7（2）：60-75.

CORNELL D，2009. Using government procurement to help grow new science and technology companies：lesson from the US small business innovation researcher（SBIR）program [J]. Innovation：management，Policy Practice，11（1）：127-134.

CURDY D，PHELPS M，2002. Why exclusion is not profitable [J]. Managing Intellectual Property，26（11）：56-59.

DAS T K，TENG B，2008. Between trust and control：developing confidence in alliances [J]. Academy of Management Review，34（3）：491-512.

DAVID M,GOULD,WILLIAIN，1990. The role of intellectual property rights in economic growth [J]. Journal of Development Economics（12）：75-77.

DAVID O，2005. Social networks，the tertius iungens orientation，and involvement in innovation [J]. initiative Science，50（1）：100-130.

DAVIDSSON P，KIRCHHOFF B，HATEMI-J A，et al.，2002. Empirical analysis of business growth factors using Swedishdata [J]. Journal of Small Business Management，40（4）：332-349.

DUNPHY S，HERBIG P，1994. Comparison of innovative capabilities among the Anglo-American countries：the case for structural influences on innovation [J]. Management Decision，32（8）：50-57.

DYER W G，WILKINS A L，1991. Better stories，not better constructs，to generate better theory：a rejoinderto Eisenhardt [J]. Administrative Science Quarterly，16（3）：613-619.

EISENHARDT K M，1989. Building theories from case study research [J]. Administrative Science Quarterly，14（4）：532-550.

FLOOD R，JACKSON M C，1991. Creative Problem Solving：Total Systems Intervention[M]. America：John Wiley& Sons.

FOLEY H C，2012. A new approach to intellectual property management and industrially funded research at Penn State [J]. Research-Technology Management，55（5）：12-17.

FONG P，2003. Knowledge creation in multidisciplinary project teams：an empirical study of the processes and their dynamic interrelationships [J]. International Journal of Project Management（21）：479-486.

FOSS N，2007. Networks，capabilities，and competitive advantage [J]. Scandinavian Journal of Management，15（1）：1-15.

GANGOPADHYAY K，MONDAL D，2012. Does stronger protection of intellectual property stimulate innovation? [J]. Economics Letters（7）：80-82.

GEROSKIPA，2005. Understanding the implications of empirical work on corporate growth rates [J]. Managerial and Decision Economics（26）：129-138.

GHATAK S，2003. Strategy for generation and management of intellectual property in small and medium enterprises（SMEs'）with particular reference to glass and ceramics [J]. Transactions of the Indian Ceramic Society，62（4）：222-228.

GIBB A，LI J，2003. Organizing for enterprise in China：what can we learn from the Chinese micro，small，and medium enterprise development experience [J]. Futures，35（2033）：403-421.

GOLDFARB B，HENREKSON M，2003. Botton-up versus top-down policies towards the commercialization of university intellectual property [J]. Research policy（32）：639-658.

GONZALEZ X，PAZO C，2008. Do public subsidies stimulate private R&D spending? [J]. Research Policy，37（3）：371-389.

GRANSTRAND O，2000. The economics and management of intellectual property：towardsint ellectual capitalism[M]. London：Edward Elgar：209-234.

HEMPHILL TA，2007. Firm patent strategies in US technology standards developmentt [J]. International Journal of Innovation Management（4）：469-496.

JAM B，ORSI F，2002. Establishing a new intellectual property rights regime in the United States origins，content and problems [J]. Research policy（31）：1141-1161.

KANDYBIN A，2009. Which innovation efforts will pay? [J]. MIT Sloan Management Review，51（1）：53-60.

KANWAR S，EVENSON R，2001. On the strength of intellectual property protection that nations provide [J]. Journal of International Economics（53）：169-187.

KARZMI A，2008. Does strategic human resource management matter in high-tech sector?Some learning points for SME managers [J]. Corporate Governance（8）：7-17.

KINGSTON，WILLIAM，2001. Innovation needs patents reform [J]. Research Policy（3）：403-423.

KOLLMER H，DOWLING M，2004. Licensing as a commercialisation strategy for new technology-based firms [J]. Research Policy，33（8）：1141-1151.

LERNER，JOSH，WULF，et al.，2007. Innovation and incentives：evidence from corporate R&D [J]. Review of Economics and Statistics（89）：634-644.

LICHTENTHALER U，2009. Retracted：The role of corporate technology strategy and patent portfolios in low-, medium-and high-technology firms [J]. Research Policy, 38（3）: 559-569.

LICHTENTHALER U,ERNST H, 2010. Technology licensing strategies:the interaction of process and content characteristics [J]. Strategic Organi zation, 7（2）: 183-221.

LUMPKIN G,DESS G, 1996. Clarifying the entrepreneurial orientation construct and linking it to performance [J]. Academy of Management Review, 21（1）: 135-172.

MACDONALD S, TURPIN T, 2008. Intellectual property rights and SMEs' in south-east Asia : innovation policy and innovation practice [J]. International Journal of Innovationand Technology Management（2）: 233-246.

MACPHERSON A, HOLT R, 2007. Knowledge, learning and small firm growth : a systematic review of the evidence [J]. Research Policy, 36（2）: 172-192.

MAHON M, RICHARD G P, 2001, Business growth and performance and the financial reporting practices of Australian manufacturing SMEs' [J]. Journal of Small Business Management, 39（2）: 152-164.

MANSFIELD E, 1986. Patents and innovation : anempirical study [J]. Management Science, 32（2）: 173-184.

MARKUSEN JAMES R, 2001. Contracts, intellectual property rights, and multinational investment in developing countries [J]. Journal of Internation Economics（53）: 189-204.

MAYER H, 2010. Catching up : the role of state science and technology policy in open innovation [J]. Economic Development Quarterly, 3（24）: 195-209.

MILES M B, 1979. Qualitative data as an attractive nuisance : the problem of analysis [J]. Academy of Management Review（24）: 590-601.

NARAYANAN V K, 2000. Managing technology and innovation for competitive advantage[M]. NJ : Prentice-Hall.

NIOSI J, 2009. Bridging Canadian technology SMEs' over the valley of death [J]. International Productivity Monitor（18）: 80-84.

NONAKA I, 2008. A dynamic theory of organizational knowledge creation [J]. Organization Science, 5（1）: 14-37.

NONAKA I, TOYAMA R, 2003. The knowledge-creating theory revisited : knowledge creation as a synthesizing process [J]. Knowledge Management Research&Practice(1): 2-10.

NORCIA V, 2005. Intellectual property and the commercialization of research development [J]. Science and Engineering Ethics, 11（2）: 203-219.

O'REGAN N, ABBY G, DAVID G, 2006. In search of the drivers of high growth in manufacturing SMEs' [J]. Technovation（26）: 30-41.

OHASHI K, 2008. Licensing or not licensing : empirical analysis on strategi c use of patent in Japanese firms[R]. RIETI Discussion Series, 6（21）: 1-15.

PENROSE E, 2005. The theory of the growth of the firm[M]. New York : Oxford University Press : 15-25.

PITKETHLY R H, 2001. Intellectual property strategy in Japanese and UK companies : patent licensing decisions and learning opportunities [J]. Research Policy, 30（3）: 425-442.

PRAHALAD C K, HAMEL G, 2007. The core competence of the corporation [J]. Harvard Business Review, 6（6）: 79-91.

PUGATCH MP, 2004. The International political economy of intellectual property rights[M]. Northampton, MA : Edward Elgar.

REITZIG M, 2004. Strategic management of intellectual property [J]. MIT Sloan Management Review, 45（3）: 35-40.

REITZIG M, 2007. How executives can enhance IP strategy and performance [J]. MIT Sloan Management Review, 49（1）: 36-63.

RIVETTE, K G, KLINE D, 2000. Dis covering new value in intellectual property [J]. Harvard Business Review, 1（2）: 54-66.

ROBSON P, BENNETT R, 2000. SME growth : the relationship with business advice and external collaboration [J]. Small business economics（15）: 193-208.

RUSE-KHAN H G，2009. Time for a paradigm shift-exploring maximum standards in international intellectual property protection [J]. Trade L. & Dev（1）：56.

SCELLATO G，2007. Patents，firm size and financial constraints：an empirical analysis for a panel of Italian manufacturing firms [J]. Cambridge Journal of Economics，1（1）：55-76.

SCHMOOKLER J，1966. Invention and economic growth[M]. Boston：Harvard University Press.

SCHNEIDER J E，2002. Intellectual property：The driving force for growth and funding [J]. Journal of Commercial Biotechnology，8（4）：320-324.

SHEN T，LIU T T，2003. Research on tech SME intellectual property innovation mode [J]. International Business and Management，6（2）：57-63.

SMITH M，HANSEN F，2002. Managing intellectual property：astrategic point of view [J]. Journal of Intellectual Capital，3（4）：366-374.

SUBRAHMANYA M，2009. Nature and strategy of product innovations in SMEs'：a case study-based comparative perspective of Japan and India [J]. Innovation：Management，Policy&Practice（11）：104-113.

TEECE D J，PISANO G，SHUEN A，1997. Dynamic capabilities and strategic magement [J]. Strategic Management Journal，18（7）：509-533.

VOULGARIS F，MICHAEL D，CONSTANTIN Z，2000. On the evaluation of greek industrial SMEs' performance via multicriteria analysis of financial ratios [J]. Small business economics（15）：127-136.

WERNERFELT B，2004. A resource-based view of the firm [J]. Strategic Management Journal（5）：375-395

WU J F，RUNGTING T，2007. CEO stock option pay and R&D spending：a behavioral agency explanation [J]. Journal of Business Research，60（5）：12-16.

YANG D，2005. Culture matters to mult inationals' intellectual property businesses [J].

Journal of World Business，40（2）：281-301.

YANG J，2011. Innovation capability and corporate growth：an empirical investigation in China [J]. Journal of Engineering and Technology Management（1）：1-13.

YASUMOTO S，2013. Japanese mediascape：intellectual property and the value chain [J]. Frontiers of Legal Research，1（1）：166-183.

YIN R K，1981. The case study crisis：some answers [J]. Academy of Management Review（26）：58-65.

YOUNG B，HEWITT-DUNDAS N，ROPER S，2008. Intellectual Property management in publicly funded R&D centres—A comparison of university-based and company-based research centres [J]. Technovation，28（8）：473-484.

YUM K，KWAN，EDWIN L，et al.，2009. Intellectual property rights protection，and North-South trade；How good is the TRIPS agreement [J]. Japan and the world economy（3）：191-201.

ZOLLO M，WINTER S，2002. Deliberate learning ang the evolution of dynamic capabilities [J]. Organization Science（13）：339-351.

附　录

附录 1　27 家科技型中小企业数据表（2015 年）

公司名称	注册资本 / 万元	企业年龄	营业收入 / 万元	职工总数 / 人	已有自主知识产权 / 项	核心技术拥有量 / 项	研发投入比 /%	研发人员占比 /%
成都运达科技股份有限公司	8 400	8	31 080	317	50	37	6.41	62.38
神宇通信科技股份公司	6 000	11	25 138	209	25	4	4.81	20.08
佛山市南华仪器股份有限公司	3 060	18	12 542	321	73	5	6.89	39.16
武汉中科创新技术股份有限公司	3 150	11	7 657	139	10	14	6.86	23.45
武汉理工光科股份有限公司	4 166	14	17 299	297	69	14	10.06	29.63
上海飞凯光电材料股份有限公司	6 000	12	32 323	300	4	3	6.43	24.14
珠海汇金科技股份有限公司	4 200	9	11 523	176	33	14	7.58	21.59
深圳市雄帝科技股份有限公司	4 000	19	17 362	301	78	13	9.48	25.91
深圳市宏电技术股份有限公司	5 001	17	17 580	276	71	7	8.76	51.09
上海润欣科技股份有限公司	9 000	14	99 605	170	34	20	6.67	30.59
北京腾信创新网络营销技术股份有限公司	4 800	13	69 271	212	26	8	4.23	35.85

续表

公司名称	注册资本/万元	企业年龄	营业收入/万元	职工总数/人	已有自主知识产权/项	核心技术拥有量/项	研发投入比/%	研发人员占比/%
深圳市优博讯科技股份有限公司	6 000	8	20 139	300	61	15	12.05	45.33
福建博思软件股份有限公司	5 104	13	9 702	519	59	14	14.40	77.84
上海维宏电子科技股份有限公司	4 500	7	10 791	238	86	22	12.31	39.08
北京龙软科技股份有限公司	4 836	12	8 465	215	79	21	12.54	21.40
长沙景嘉微电子股份有限公司	10 000	8	16 306	318	48	13	18.24	59.75
北京耐威科技股份有限公司	6 300	6	16 700	127	31	21	7.86	43.31
湖北久之洋红外系统股份有限公司	9 000	13	25 164	189	20	13	6.41	5.82
南京全信传输科技股份有限公司	6 075	13	18 658	284	63	11	8.57	14.44
深圳市名家汇科技股份有限公司	9 000	13	20 626	306	44	16	4.79	14.71
北京品恩科技股份有限公司	3 646	12	11 321	285	74	7	14.40	87.02
深圳市众鸿科技股份有限公司	3 900	9	15 894	212	89	17	15.93	69.34
成都佳发安泰股份有限公司	5 380	12	20 827	227	47	17	5.07	26.87
深圳中盟科技股份有限公司	10 348	12	26 848	275	35	23	7.17	30.18
深圳蓝海华腾股份有限公司	3 900	8	21 148	279	39	11	9.17	34.41

续表

公司名称	注册资本/万元	企业年龄	营业收入/万元	职工总数/人	已有自主知识产权/项	核心技术拥有量/项	研发投入比/%	研发人员占比/%
四川迅游网络股份有限公司	3 000	6	14 425	146	13	3	7.37	50.68
北京腾信创新股份有限公司	4 800	13	69 271	212	26	9	4.23	35.85

附录 2　科技型中小企业自主知识产权调查问卷

尊敬的先生 / 女士：

您好！感谢您在百忙之中能够抽出时间参与本项问卷调查。本次调查问卷的目的是探究企业自主知识产权发展及管理现状，及在发展过程中所面临的难题。您所填内容无对错之分，且我们承诺对您所提供的内部信息予以保密。

您对本问卷调查所做出的贡献，我们不胜感激！

企业名称：____

注册地址：____

企业注册时间为：____________________________________

问卷填写人职务：________________　　姓名：________________

联系电话：____________________　　电子邮件：________________

一、企业基本情况

1. 贵企业注册登记类型为（　　）

A. 国有企业　B. 外资企业　C. 合资企业

D. 民营企业　E. 其他（请注明：　　　　）

2. 贵企业的职工人数为（　　）

A. 300 人之下　B. 300~500 人　C. 501~1 000 人

D. 1001~3000 人　E. 3001~5000 人　F. 5001~10000 人

G. 10 000 人以上

3. 企业所属领域为（　　）

A. 能源（石油、煤、电力等）　B. 交通运输　C. 建筑业和房地产

D. 金融　E. 食品饮料　F. 医药物　G. 化工

H. 轻纺服装　I. 机电　J. 汽车　K. 建材

L. 金属　M. 木材家具　N. 信息产业　O. 日杂

P. 橡胶塑料　Q. 造纸印刷　R. 家电　S. 农林牧渔

T. 商业贸易　U. 文化传媒　V. 社会服务业

W. 其他（请注明）________________

您的企业提供的产品为 __________________________

4. 企业经营方式为（　　）

A. 技术创新型　B. 生产加工型　C. 服务型

D. 商贸型　E. 出口导向型　F. 其他（请注明）____________

5. 贵企业去年主营业务收入为（　　）

A. 500 万元之下　B. 500 万元 ~1000 万元　C. 1000 万元 ~5000 万元

E. 5000 万元 ~1 亿元　F. 1 亿元 ~10 亿元　G.10 亿元以上

6. 贵企业的营业收入增长率为（　　）

A. 小于 0　　B. 0~3%　　C. 3%~5%

D. 5%~10%　　E. 10% 以上

7. 贵企业研发经费投入占年销售额的比重为（　　）

A. 20% 以上　　B.10%~20%　　C.5%~10%

D. 5% 以下　　E. 其他

二、企业知识产权部分

1. 企业专利数据现状：

	国内专利申请			国外专利申请
	发明	实用新型	外观设计	
最近 3 年专利申请总量 / 项				
有效专利数量 / 项				

其中，自主创新______项，受让______项。

2. 企业已注册商标______项；在用商标______项；驰名商标______项。

3. 企业已明确界定为商业秘密的数量为______项。

4. 企业最近 3 年的知识产权交易状况：（请不要留空白，如没有相应交易，可填“0”）

	专利数量 / 件	商标数量 / 件	著作权数量 / 件	其他知识产权数量 / 件
购买的数量				
出售的数量				

5. 企业通过（　　）方式或途径来维护公司的品牌（商标）

A. 通过商标异议程序　　B. 定品牌战略，积极推广

C. 发生商标侵权后才处理　　　　　　D. 消极应对

6. 企业有无品牌战略？如果有，贵公司在宣传或推广公司品牌（商标）上投入情况______

A. 有，占销售收入____%　　　　B. 没有　　　C. 很少，没有统计

7. 企业在品牌推广和商标保护中碰到的最大困难是______（请在□打√，可多选）

□ 商标侵权严重　　　　　　□ 执法不严　　　　　□ 费用太高

□ 人才缺乏　　　□ 政府支持不够　　　□ 垄断影响

□ 自身资金缺乏　　□ 其他____________

8. 企业是否进行过著作权（版权）登记？______

A. 是，登记数量____件　　　　　　B. 否

9. 企业知识产权数量为零的主要原因是（　　）（多选）

A. 没有需要保护的技术、产品或服务

B. 不清楚如何运用知识产权保护制度

C. 知识产权保护成本太高

D. 没有意识到知识产权问题

E. 其他：______________

10. 企业知识产权收益的直接经济效益（　）

A. 目前没有　　　　B. 有但很少

C. 有。知识产权收益近三年每年约占企业利润的______%，约为______万元

11. 企业近三年的技术创新相关成果：

企业近三年年均在学术期刊、学术会上公开发表论文______篇；

企业近三年年均进行各级各类技术成果鉴定______项；

企业近三年年均技术创新成果______项；

其他技术创新成果有________________

12. 企业认为自身的知识产权工作正处于下列哪一发展阶段（ ）

A. 起步阶段，刚刚开始重视专利申请

B. 发展中期，专利申请正处于数量累积过程

C. 较为成熟，开始由数量累积转向重视申请质量和申请布局

D. 成熟期，以重视申请质量为主，有目的地进行申请布局

13. 企业知识产权管理机构设置和人员配备情况是（ ）

A. 有独立的知识产权管理部门和专职知识产权管理人员，有知识产权专职管理人员____人，知识产权管理人员数量占研发人员数量的比例为____%

B. 知识产权隶属技术研发部门管理，但有专职知识产权管理人员，有知识产权专职管理人员____人，知识产权管理人员数量占研发人员数量的比例为____%

C. 知识产权由企业法务部门管理，但有专职知识产权管理人员，有知识产权专职管理人员____人，知识产权管理人员数量占研发人员数量的比例为____%

D. 未设置知识产权管理部门，管理人员由企业内部技术人员或法务人员兼职，有知识产权兼职管理人员____人

E. 没有知识产权管理部门和知识产权专兼职管理人员

14. 企业在知识产权管理方面制定的相关制度为（ ）（多选）

A. 制定了知识产权战略、战略推进办法或类似文件

B. 有针对知识产权投入与产出的相关财务制度

C. 有将技术转化成专利的管理制度

D. 有针对专利创造、专利申请和专利授权的奖励制度

E. 有针对专利实施的奖励政策

F. 其他：________________

15. 企业具备的内部知识产权管理流程是（　　）（多选）

A. 启发技术人员将创意转化为发明成果的技术管理流程

B. 对发明成果进行内部评估，将其转化为专利申请的管理流程

C. 从专利申请开始到专利确权的专利审批过程管理流程

D. 专利确权后的运用、保护管理流程

E. 其他：________________

16. 企业具备的知识产权管理基础条件为（　　）（多选）

A. 内部知识产权管理系统或管理平台

B. 相关技术领域的专利信息数据库

C. 专利申请文件辅助撰写软件

D. 专利信息分析软件和工具

E. 其他：________________

17. 影响企业为研发人员申请专利的动力因素为（　　）（多选）

A. 内部激励机制　　B. 发明人积极性

C. 专利申请预算　　D. 领导重视程度

E. 专利经济收益　　F. 技术创新能力的体现

G. 竞争环境的要求　　H. 国家政策激励

I. 所属产业创新活跃且需有力的专利保护

J. 其他：________________

18. 企业由知识产权管理规章制度为（　　）（多选）

A. 专利管理制度　　B. 商标管理制度

C. 著作权管理制度　　D. 技术合同管理制度

E. 保密制度　　F. 奖励制度

G. 其他：________________

19. 企业是否有知识产权奖励制度

（1）是，包括（　　）（多选）

A. 奖金奖励　　B. 收益提成　　C. 精神奖励

D. 升职奖励　　E. 其他：____________

（2）否，因为（　　）（多选）

A. 没有奖金来源　　B. 促进作用有限

C. 有副作用　　D. 其他：__________

20. 企业人员参加各种各类知识产权培训情况（　　）

A. 没有　　B. 有，每年人次：__________

企业人员每年培训情况（　　）

A. 没有　　B. 有，每年人次：__________

21. 企业了解知识产权制度和相关信息的主要途径是（　　）（多选）

A. 购买书籍文献

B. 同行企业的告知

C. 关注政府网站以及政府机构举办的论坛和峰会

D. 咨询政府管理部门或法律顾问

E. 参加外部知识产权培训

F. 其他：________________

22. 企业进行专利申请的目的是（ ）（多选）

A. 保护技术研发成果　　　　B. 实施专利，提高市场竞争力

C. 为产品上市扫清障碍　　　D. 有利于广告宣传

E. 拥有一定数量的专利是获得政府政策支持的必要条件

F. 其他：________________

23. 您的企业是否关注国内外竞争对手的专利动态：

（1）是，做法是（ ）

A. 建立竞争对手专利数据库或专门进行专利分析

B. 采购商业专利数据库或购买专利信息

C. 偶尔在公开网站上检索专利数据

D. 其他：________________

（2）否，因为（ ）

A. 没有必要　　　　B. 忙于企业经营，无暇顾及

C. 不知道如何做　　D. 其他：________________

24. 如果获得专利授权，您的企业计划维护专利的期间和影响因素分别是：

（1）期间为（ ）

A. 1~5 年　　　　B. 5~10 年

C. 10~15 年　　　D. 15~20 年

E. 长期维持所拥有的专利　　F. 其他：________________

（2）影响因素为（ ）

A. 因技术的生命周期而定

B. 因产品的市场周期而定

C. 因专利维持费用而定

D. 认为专利是智慧财富，只要授权就长期持有

E. 其他：________________

25. 在签订合同（如劳动合同、委托开发合同、购销合同）过程中，您的企业是否关注其中的知识产权条款：

（1）是，做法为（　　）（多选）

A. 合同中设有固定的知识产权条款　　B. 企业法律顾问专职负责审查

C. 技术人员审查　　D. 其他：________________

（2）否，因为（　　）（多选）

A. 认为合同的重点不是知识产权条款

B. 知识产权纠纷很少发生，所以不审查

C. 不清楚知识产权条款的作用

D. 其他：________________

26. 您的企业是否通过购买或通过许可实施过他人的专利：

（1）是，途径为（　　）（多选）

A. 选准专利后主动与权利人联系

B. 专利权人主动上门推销

C. 通过中介机构建立联系

D. 被诉侵权后经协商获得权利人许可

E. 其他：________________

（2）否，因为（　　）（多选）

A. 没有合适的专利　　B. 专利权人要价太高

C. 依靠自主创新，不使用他人专利　　D. 专利许可交易的市场不成熟

E. 其他：________________

27. 新产品研发阶段，您的企业是否进行专利检索、分析等工作，以确保产品不侵犯他人知识产权：

（1）是，做法为（　　）（多选）

A. 企业内部人员进行调查

B. 委托专业中介机构

C. 其他：________________

（2）否，因为（　　）（多选）

A. 没有新产品研发

B. 不知道如何调查

C. 没考虑过

D. 先抢占市场，其他问题日后再说

E. 其他：________________

28. 您的企业若发现其他企业侵犯了自己所持有的知识产权，将如何处理？（　　）（多选）

A. 积极提起诉讼

B. 向对方发出侵权警告函，通过协商解决

C. 诉讼或谈判成本太高，不予理会

D. 其他：________________

29. 若您的企业被其他企业（尤其是国外企业）指称侵权，将如何处理？（　　）（多选）

A. 搁置一边，不予理睬

B. 尽快通报政府或行业组织，获取政府支持

C. 约请对方就此问题进行协商

D. 企业内部研究可能后果再作决策

E. 委托律师或中介机构应对

F. 其他：________________

30. 近 5 年来，您的企业发生过的各类知识产权纠纷的次数分别是：

	专利纠纷	商标纠纷	著作权纠纷	商业秘密纠纷	其他不正当竞争纠纷
国内纠纷数量					
涉外纠纷数量（起诉）					
涉外纠纷数量（被诉）					

31. 您的企业是否有运用知识产权投融资的经历？

（1）是，方式为（　　）（多选）

A. 进行知识产权质押融资

B. 利用知识产权作价出资

C. 其他：________________

（2）否，因为（　　）（多选）

A. 不知道知识产权可以用于投融资

B. 知识产权的价值不好评估

C. 无人担保

D. 缺少知识产权交易平台

E. 银行不放贷

F. 其他：________________

32. 您的企业是否有知识产权战略？其定位是什么？

33. 您的企业在自主知识产权管理过程中，采取何种保障措施确保预期目标及效果的实现？

34. 您的企业在自主知识产权管理过程中，采取何种预警系统及效果如何？

35. 您的企业加强自主创新，提高自主知识产权产业化的措施是什么？

附录3 访谈提纲

1. 贵公司发展历程及现状？
2. 贵公司目前拥有知识产权的状况（原始取得和受让取得）？
3. 近年来贵公司的知识产权增长情况如何？
4. 贵公司是否专设知识产权部门或人员（管理知识产权事务），职责及数量是什么？
5. 贵公司知识产权部门的组织架构是怎样的，由谁来负责领导？知识产权部门与其他部门的关系是怎样的？如何协同创新？
6. 贵公司对研发人员的自主创新成果是否给予奖励？是否有其他人才激励政策？
7. 贵公司如何对员工进行知识产权培训和教育？
8. 贵公司是如何进行知识产权管理的，是否有具体的知识产权管理制度？其流程是怎样的？
9. 贵公司自主知识产权产业化情况如何，核心技术产品收入占总营业收入的比例是多少？核心技术产品的市场占有率是多少？竞争对手的知识产权情况怎样？

10. 贵公司对自主知识产权发展是否有战略规划？
11. 贵公司的研发部门是否与其他科研机构有合作或共同开发项目？
12. 贵公司所在地的政府是否给予自主创新的优惠政策？是否有直接的财政补助、政府贴息贷款或者税收优惠？
13. 贵公司是否对自主知识产权进行过评估（商标及专利）？
14. 贵公司是否将自有知识产权资本化，或是否有资本化的计划？
15. 贵公司目前是否有融资的计划？融资的渠道有哪些？
16. 贵公司是否设立产学研研发基地或自主创新孵化器？
17. 贵公司核心技术人员流失情况如何？
18. 贵公司如何储备人才？
19. 贵公司如何控制研发失败的风险？
20. 贵公司如何预防核心技术被泄露、核心产品被山寨的风险？
21. 贵公司是否涉及知识产权诉讼情况，如何保护自主知识产权权益不受侵害？
22. 贵公司如何从产品的角度提高客户满意度，采取什么样的措施提高客户忠诚度，对于客户提出的具有创新性的建议时，公司如何反馈？
23. 贵公司希望能从知识产权方面的政策和法律层面得到哪些支持？
24. 贵公司有没有开发上下游产品，或互补产品，形成专利墙？
25. 贵公司如何防止竞争对手通过技术改造开发竞争性产品？